Jennie Ashmore

Bilder aus Blatt und Blüte

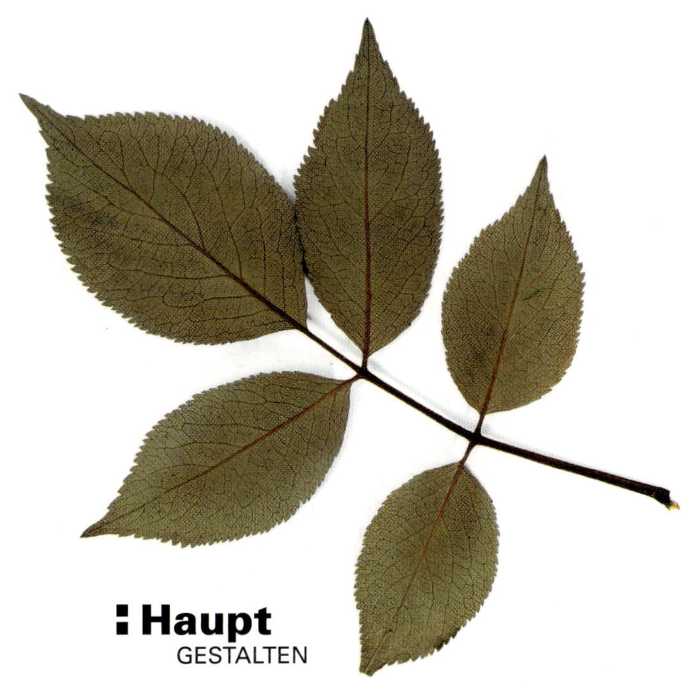

Haupt
GESTALTEN

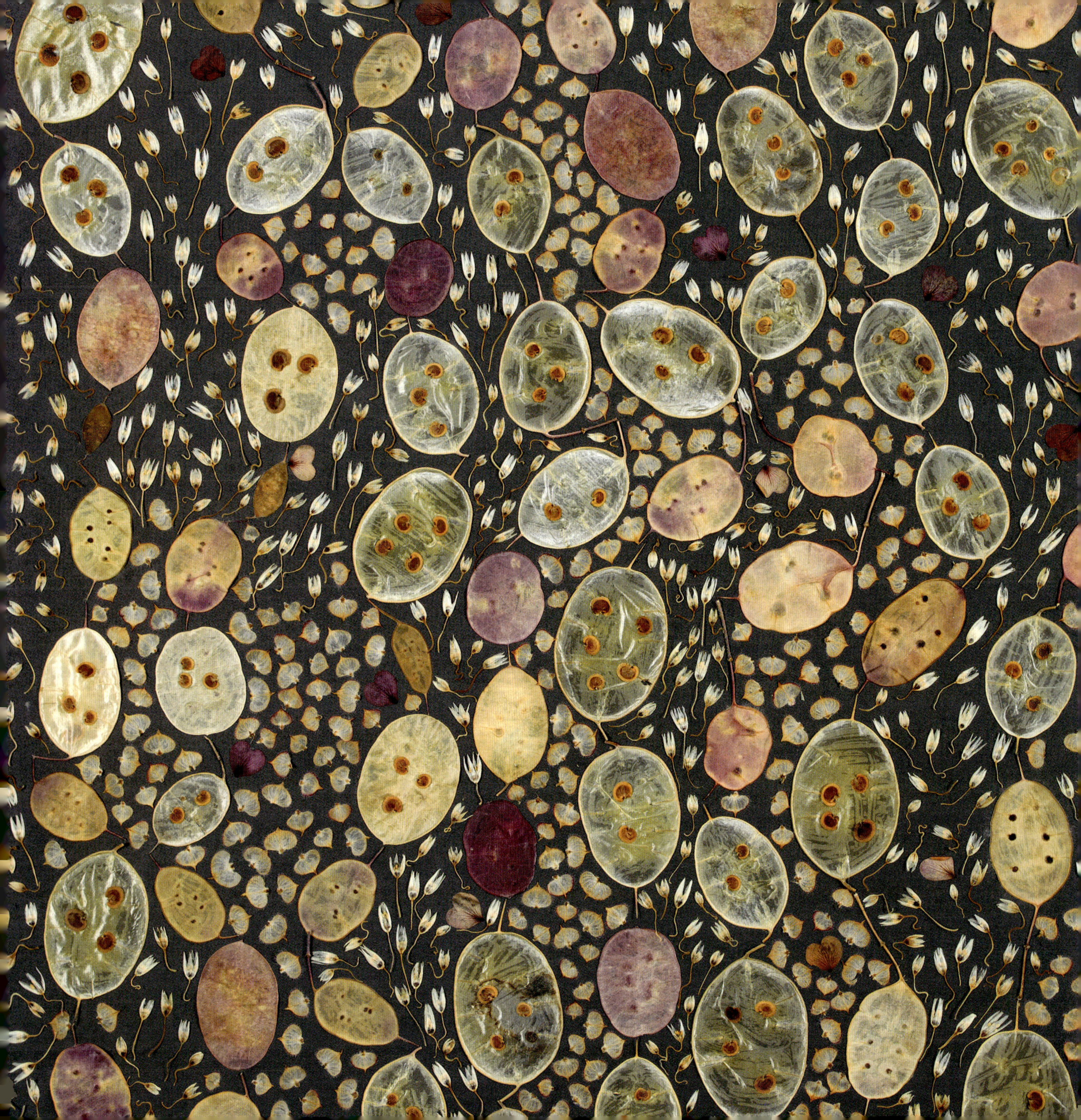

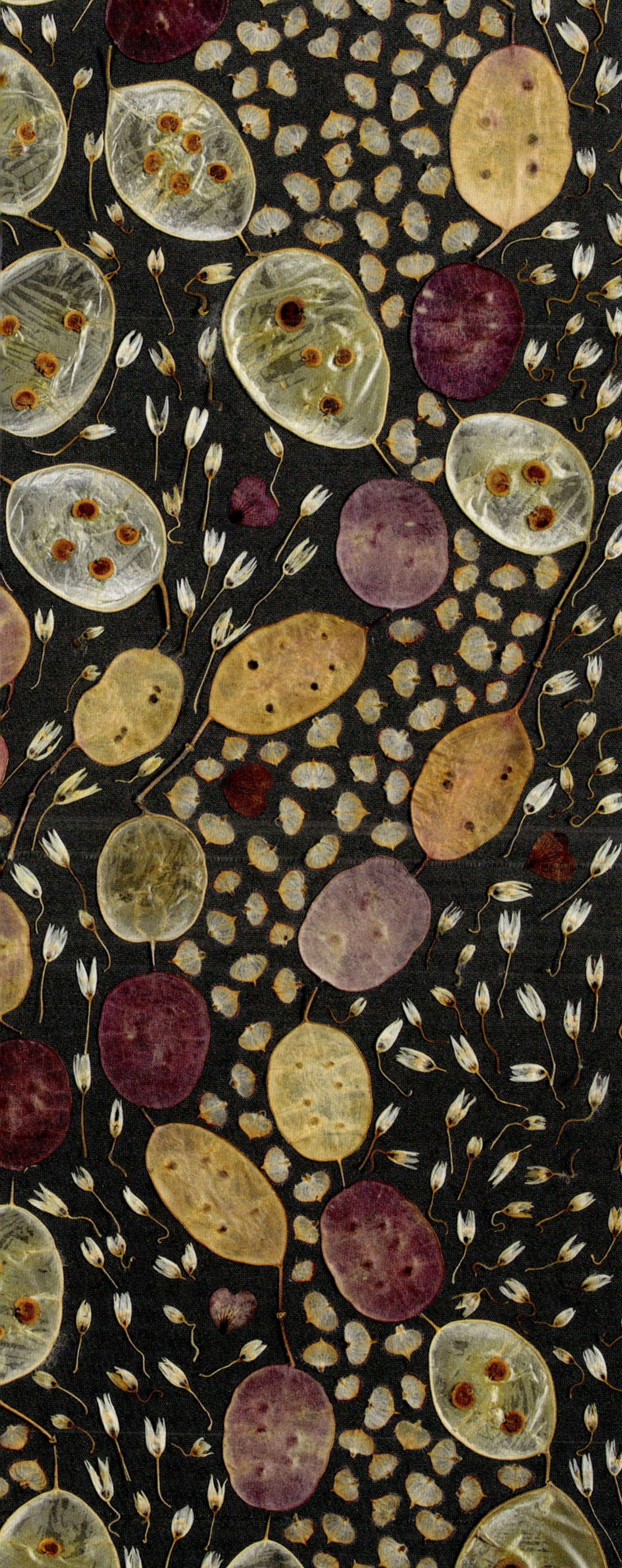

Jennie Ashmore

Bilder aus Blatt und Blüte

Pflanzen sammeln, pressen und komponieren

Haupt Verlag

BITTE BEACHTEN SIE: Sammeln Sie nur Wildpflanzen, die Sie sicher erkennen und bestimmen können, da Verwechslungen mit giftigen Arten lebensbedrohliche Folgen haben können. Entnehmen Sie am Fundort stets nur geringe Mengen einer Pflanze, um ihren Fortbestand nicht zu gefährden. Pflücken Sie keine seltenen, geschützten oder giftigen Pflanzenarten. Informationen zu geschützten Wildpflanzen in Ihrer Region erhalten Sie bei Ihrer örtlichen Naturschutzbehörde. In Naturschutzgebieten ist das Sammeln von Wildpflanzen grundsätzlich verboten!

Die englischsprachige Originalausgabe erschien 2019 unter dem Titel *The Art of Pressed Flowers and Leaves* bei Batsford, 43 Great Ormond Street, London WC1N 3HZ, einem Imprint von Pavilion Books Company Ltd

Aus dem Englischen übersetzt von Waltraud Kuhlmann, D-Bad Münstereifel
Redaktion der deutschsprachigen Ausgabe: Ute Orth, D-Freiburg
Satz der deutschsprachigen Ausgabe: Die Werkstatt Medien-Produktion GmbH, D-Göttingen

Printed in China

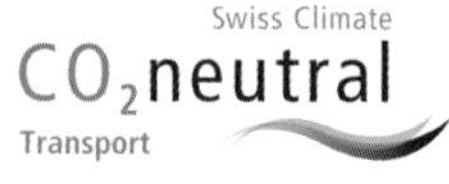

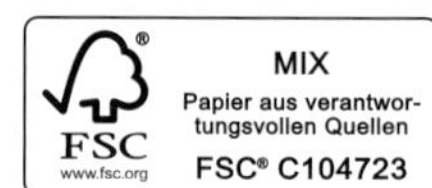

Um lange Transportwege zu vermeiden, hätten wir dieses Buch gerne in Europa gedruckt. Bei Lizenzausgaben wie diesem Buch entscheidet jedoch der Originalverlag über den Druckort. Der Haupt Verlag kompensiert mit einem freiwilligen Beitrag zum Klimaschutz die durch den Transport verursachten CO_2-Emissionen und verwendet Papier aus verantwortungsvollen Quellen.

Diese Publikation ist in der Deutschen Nationalbibliografie verzeichnet.
Mehr Informationen dazu finden Sie unter http://dnb.dnb.de

ISBN 978-3-258-60206-6

Der Haupt Verlag wird vom Bundesamt für Kultur mit einem Strukturbeitrag für die Jahre 2016–2020 unterstützt.

Wünschen Sie regelmäßig Informationen über unsere neuen Titel zum Gestalten? Möchten Sie uns zu einem Buch ein Feedback geben? Haben Sie Anregungen für unser Programm? Dann besuchen Sie uns im Internet auf **www.haupt.ch**. Dort finden Sie unser Online-Magazin, aktuelle Informationen zu unseren Neuerscheinungen und können unseren Newsletter abonnieren.

VORHERIGE SEITE
Samenschoten des Silberblatts, umspielt von Bärlauchblüten und Braunelle-Blütenkelchen, auf dunklem Hintergrund (2015). 54 × 54 cm

RECHTS *Kirklea Gardens* (2018). Wildkräuterblüten und -blätter, gesammelt in Kirklea Gardens, Schottland. 38 × 38 cm

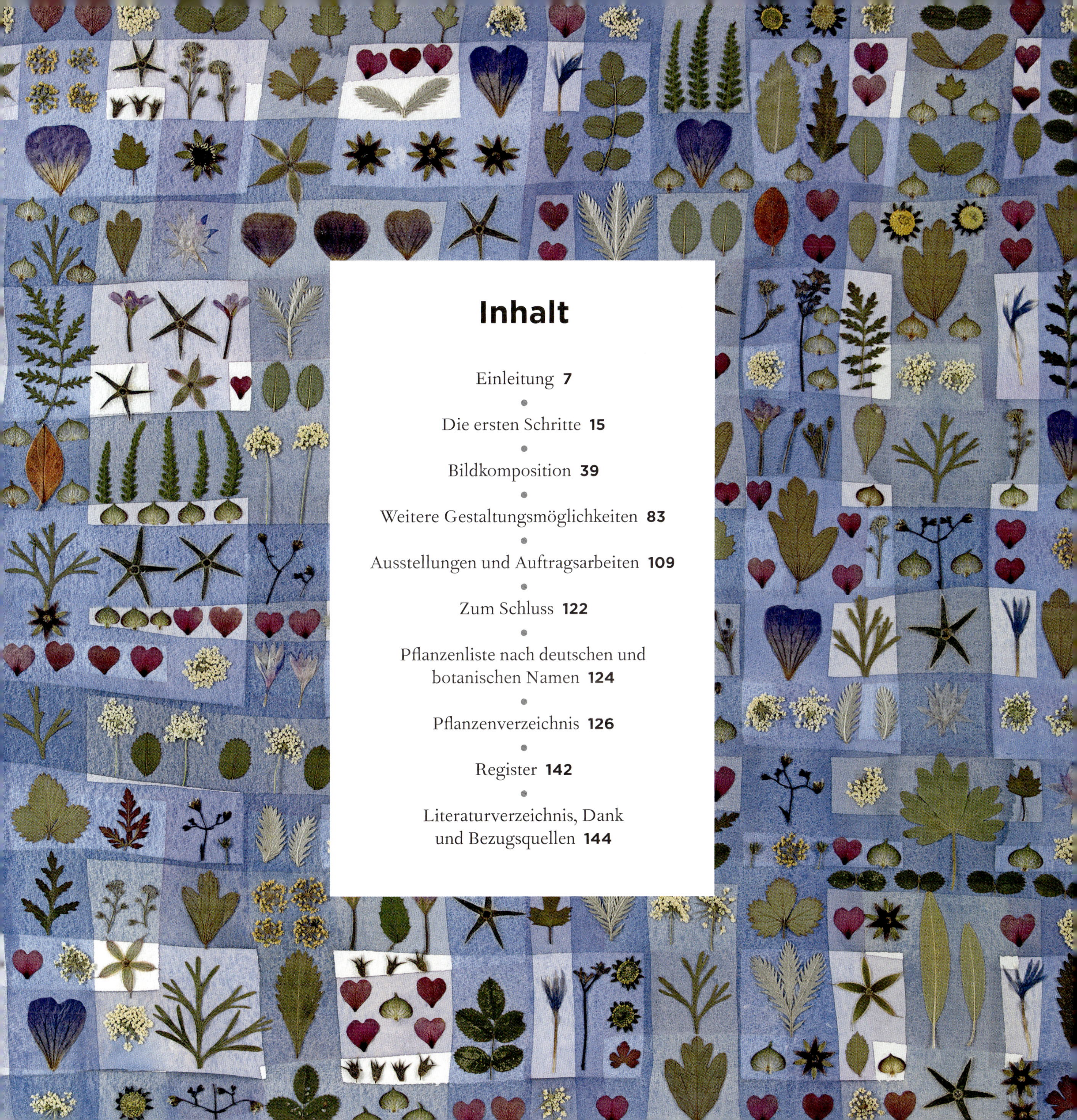

Inhalt

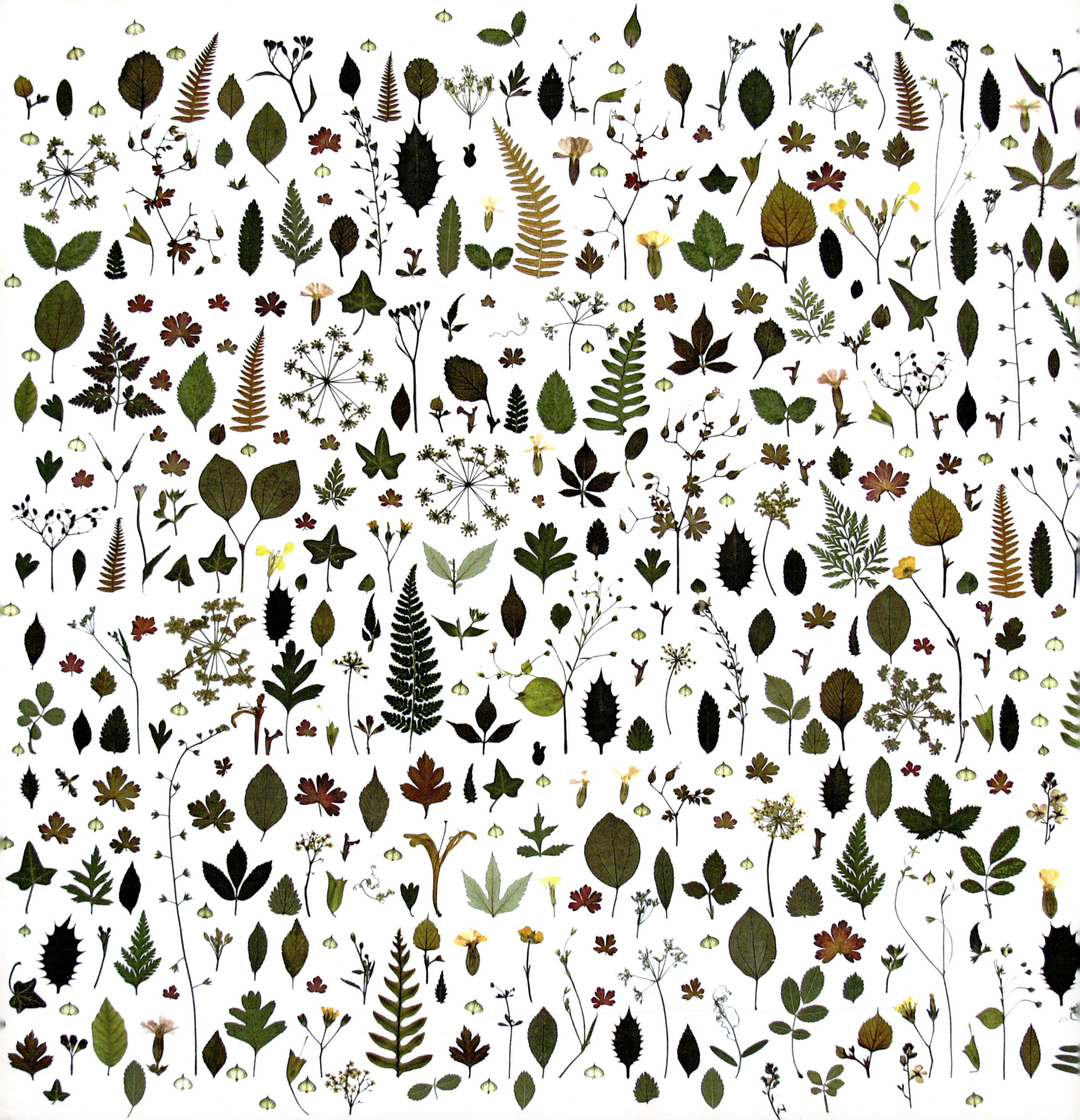

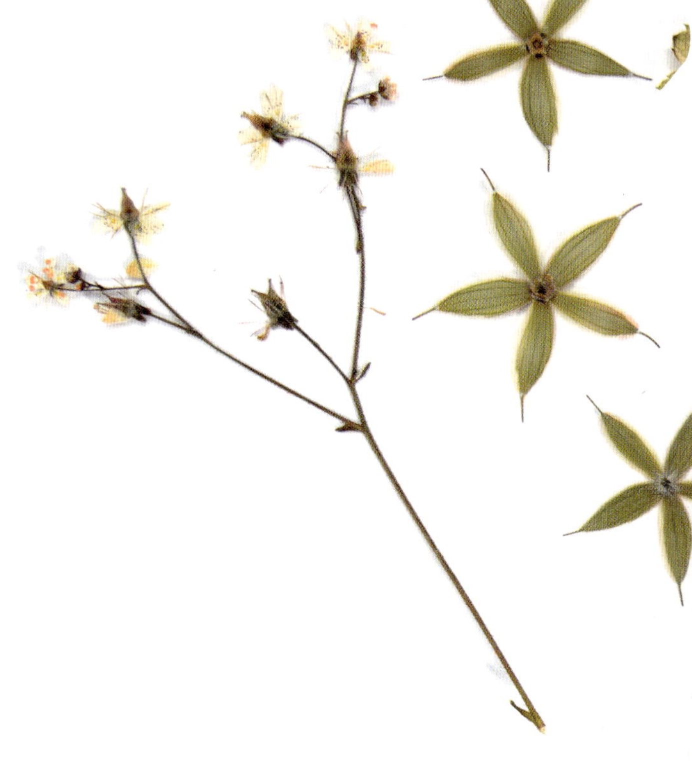

EINLEITUNG

LINKS *Threave Flora* (2016).
Typische Wildkräuterblüten und -blätter aus der Pflanzenwelt von Threave Garden in der Region Dumfries and Galloway, Schottland. 80 × 80 cm

Aus Liebe zur Natur

Dieses Buch vereint die Jahre meiner praktischen Arbeit mit natürlichen Materialien aus Wald und Garten. Ich hatte das große Glück, eine Technik zu entdecken, mit der ich als Künstlerin meine Liebe zur Natur ins Bild setzen und die Schönheit von ganz alltäglichen Pflanzen wie Brennnesseln und Gänseblümchen zum Ausdruck bringen konnte. Sie erlaubte mir aber auch, ungewöhnliche Arten aus besonderen Gärten einzuarbeiten und die auf meinen botanischen Spaziergängen gesammelten Pflanzen zu bestimmen.

Ich hoffe, dass meine Arbeit die vergessene Tradition des Sammelns und Konservierens heimischer Pflanzen wieder aufleben lässt. Sie ermöglichte es mir, die Natur aus einem neuen Blickwinkel zu betrachten und gepresstes Pflanzenmaterial innovativ in Szene zu setzen.

Die Werke in diesem Buch entstanden aus Liebe zur Natur. Mögen sie die Schönheit und Leuchtkraft eines natürlichen Musters und das komplexe Design einer Pflanzenform zum Ausdruck bringen. Ich möchte Sie dazu anregen, die Flora Ihrer heimischen Umgebung einmal genauer zu betrachten und hoffe, dass Sie dabei neue Details entdecken, aber auch auf die Verletzlichkeit der Natur in Zeiten des Klimawandels und Artensterbens aufmerksam werden.

Ich habe jeden Arbeitsschritt detailliert beschrieben und zeige Ihnen eine Reihe einfacher, aber äußerst effektiver Möglichkeiten, um getrocknetes Pflanzenmaterial zu verwenden. Bis auf eine einfache Schablone, ein Cuttermesser und Kleber benötigen Sie dafür keine besonderen Utensilien. Die Technik des Pflanzenpressens ist absolut einfach und hat eine lange Tradition.

Entdecken auch Sie, dass jede Pflanze einzigartig und jede Jahreszeit besonders ist. Das Sammeln, Pressen und Komponieren von natürlichen Materialien ist meditativ und wohltuend – eine Erfahrung voller Vorfreude und unerwarteter Überraschungen.

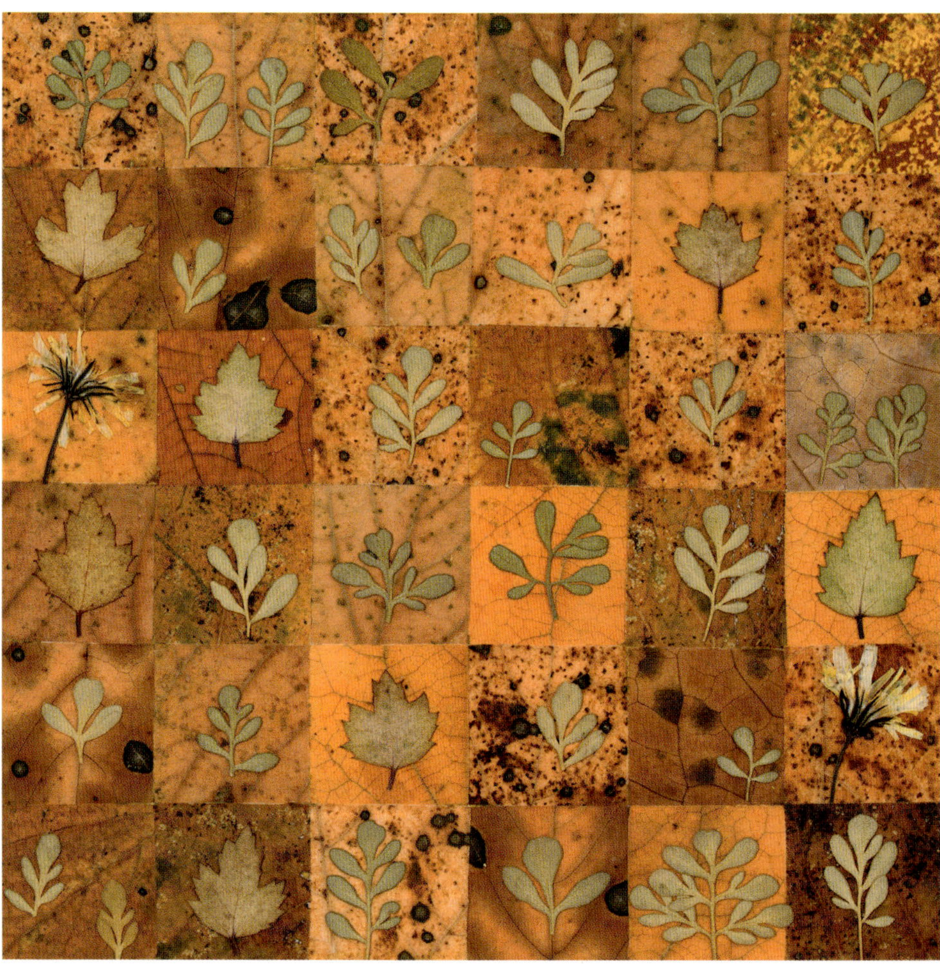

OBEN *Orange* (2017). Hoheria, Weinraute und Rainkohl auf Blättern von Zaunwinde, Linde, Kirsche, Himbeere und Brombeere. 15 × 15 cm

Die Kunst des Pflanzenpressens

Bereits vor 400 Jahren sammelte und verwahrte der Mensch Blüten, Blätter, Farne, Moose und Flechten. Die Entdeckungsreisenden jener Zeit kehrten zurück aus fernen Ländern – beladen mit unbekannten botanischen Arten, die gepresst, getrocknet und archiviert wurden. Viele ihrer Schätze sind noch heute in naturhistorischen Museen und botanischen Gärten zu bestaunen. Begierig dokumentierte man die geheimnisvolle Welt der Natur anhand von Materialsammlungen oder durch Malen und Zeichnen.

Der Großteil solcher Sammlungen umfasste Wildpflanzen aus aller Welt. Die *Royal Horticultural Society* in Großbritannien verfügt zudem über eine Sammlung getrockneter Ziergartenpflanzen. Man archivierte die unterschiedlichsten Pflanzenarten nach dem Pressen und Trocknen in Herbarien. Diese Sammlungen wurden systematisch katalogisiert, indem man die Arten auf Papierblättern befestigte, die in Kästen oder in speziellen Räumen und Gebäuden gelagert wurden.

In viktorianischer Zeit war es besonders unter Laienbotanikerinnen beliebt, aus gepressten Blüten und Blättern oder mit verschiedenen Arten von Farnen, Blütenpflanzen, Algen und Gräsern Alben und Bücher zu gestalten. In ganz England unternahmen Pflanzenliebhaber Rundgänge in der Natur und bestimmten eifrig ihre gesammelten Schätze. Ganze Bücher und Alben fertigten sie mit Liebe an, bestimmten und beschrieben die Pflanzen und vermerkten Fundort, Zeit sowie Datum. Viele dieser Alben sind einzigartige Kunstwerke – geprägt von der natürlichen Schönheit von Blatt und Blüte. Diese hochwertige Kunst findet sich auch in viktorianischen Stickereien, auf Tapeten, Tapisserien, Teppichen und einer Fülle von funktionalen Objekten wieder. So ziert das Farnmotiv nicht nur Schmiedearbeiten, sondern auch Textilien und Keramik. William Morris, der vielleicht bekannteste „Designer" dieser Zeit, ist noch heute weltweit berühmt für seine exquisiten Textilien und Tapeten, die sich durch außergewöhnliche florale Dessins auszeichnen.

Gepresste Pflanzen zierten nicht nur Lesezeichen und Notizzettel, auch Pappkörbchen mit kunstvollen Collagen aus gepressten Algen galten als beliebte Souvenirs aus dem Urlaub am Meer.

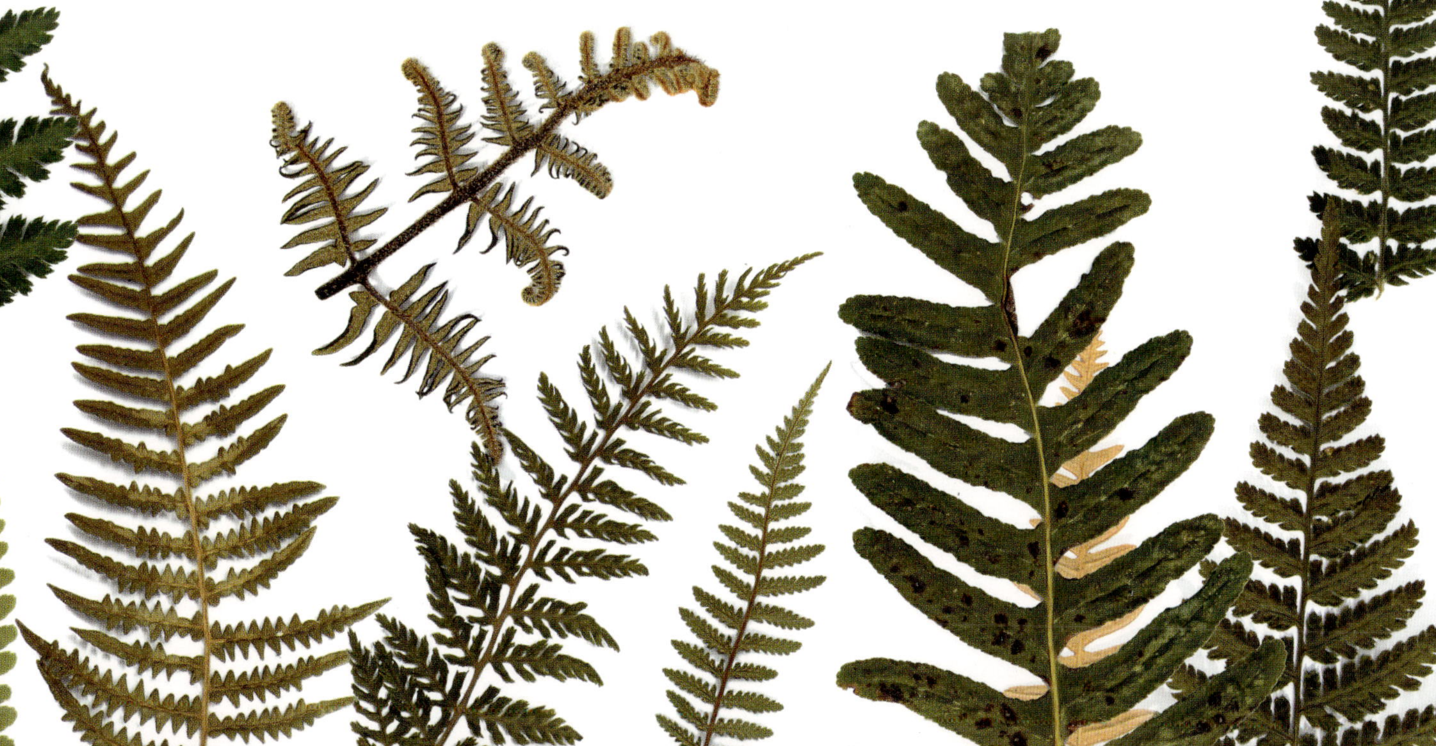

Collagen aus Blatt und Blüte

Mit dem Pressen von Pflanzenmaterial begann ich während meiner Zeit in Wales in den 1980er-Jahren. Dort packte mich die Leidenschaft fürs Gärtnern und die Liebe zur Natur.

Damals verschenkte ich in der Familie zu Weihnachten einfache, selbst angefertigte Bilder aus gepressten Blüten und stellte fest, wie vielseitig sich getrocknete Blüten und Blätter verwenden lassen. Mit der Zeit wurden meine Arbeiten komplexer. Weil ich damals auch Patchwork-Quilts nähte, kam ich schließlich auf die Idee, das Pflanzenmaterial wie einen Patchworkstoff unter Einsatz einer Schablone zuzuschneiden. Das war für mich der Durchbruch, denn so konnte ich meine Werke aus vielen unterschiedlichen Blattarten komponieren. Durch das Zerschneiden der Blätter entwickelte ich eine Methode zur Gestaltung von Mustern, die zunächst meist geometrisch und symmetrisch ausfielen. Doch ich mochte diese einfachen geometrischen Muster.

Im Laufe der Jahre arbeitete ich viele Stunden draußen in Wäldern, Parks und Gärten, wodurch ich sowohl mit wild wachsenden als auch kultivierten Bäumen und Pflanzen in Berührung kam. Ich habe alle Arten von Pflanzenmaterial gesammelt und verfüge über ein großes Archiv gepresster Blätter und Blüten. Dies war eine Zeit voller aufregender Entdeckungen, in der ich vieles über die Natur gelernt habe.

Anfänglich sammelte ich in Wäldern und Gärten in der Nähe meines Wohnorts. Man muss nicht weit gehen, um etwas zum Pressen zu finden – selbst das sogenannte Unkraut am Wegesrand wie das Gänseblümchen *(Bellis*

UNTEN LINKS Mohn und Borretsch

MITTE Ob mit oder ohne Blütenblätter gepresst, Gänseblümchen sind sehr vielseitig verwendbar und zudem leicht zu finden.

RECHTS Wald-Scheinmohn und Atlantisches Hasenglöckchen

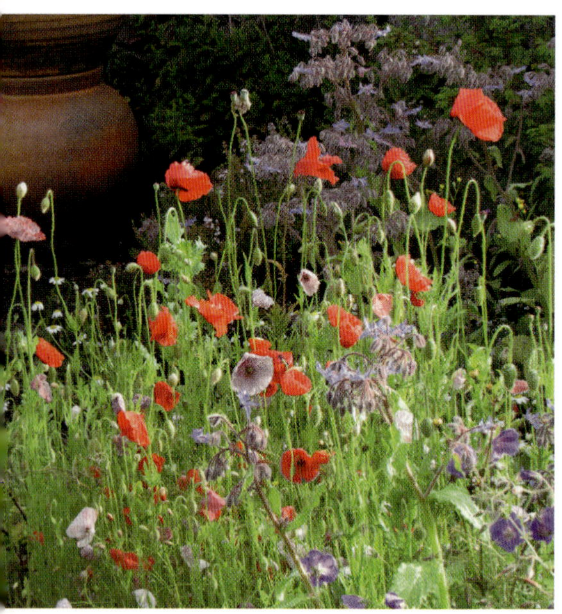

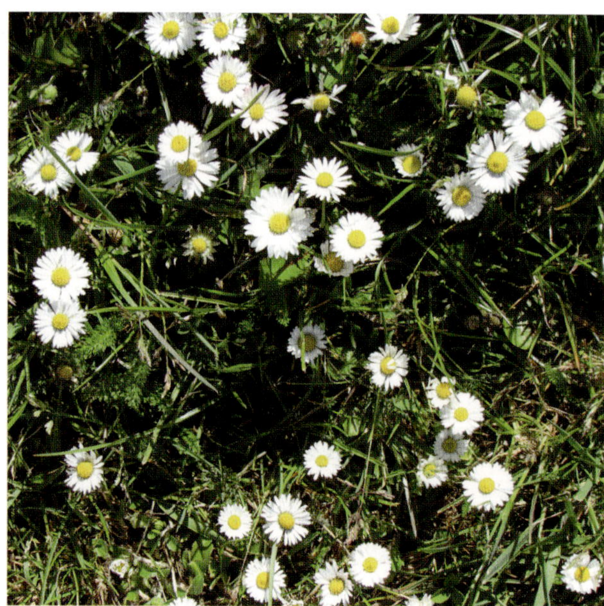

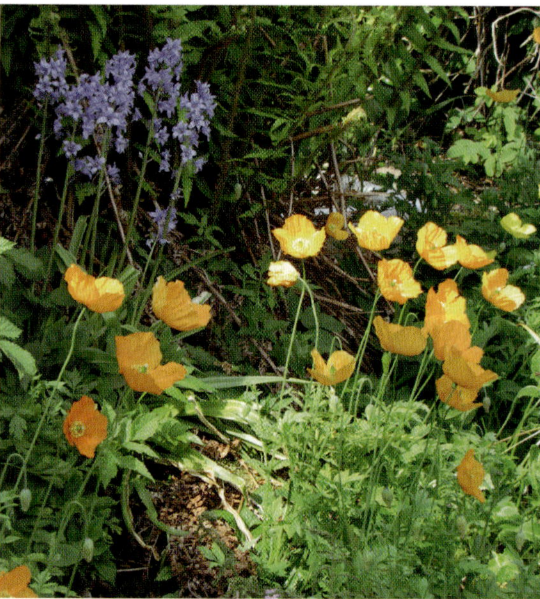

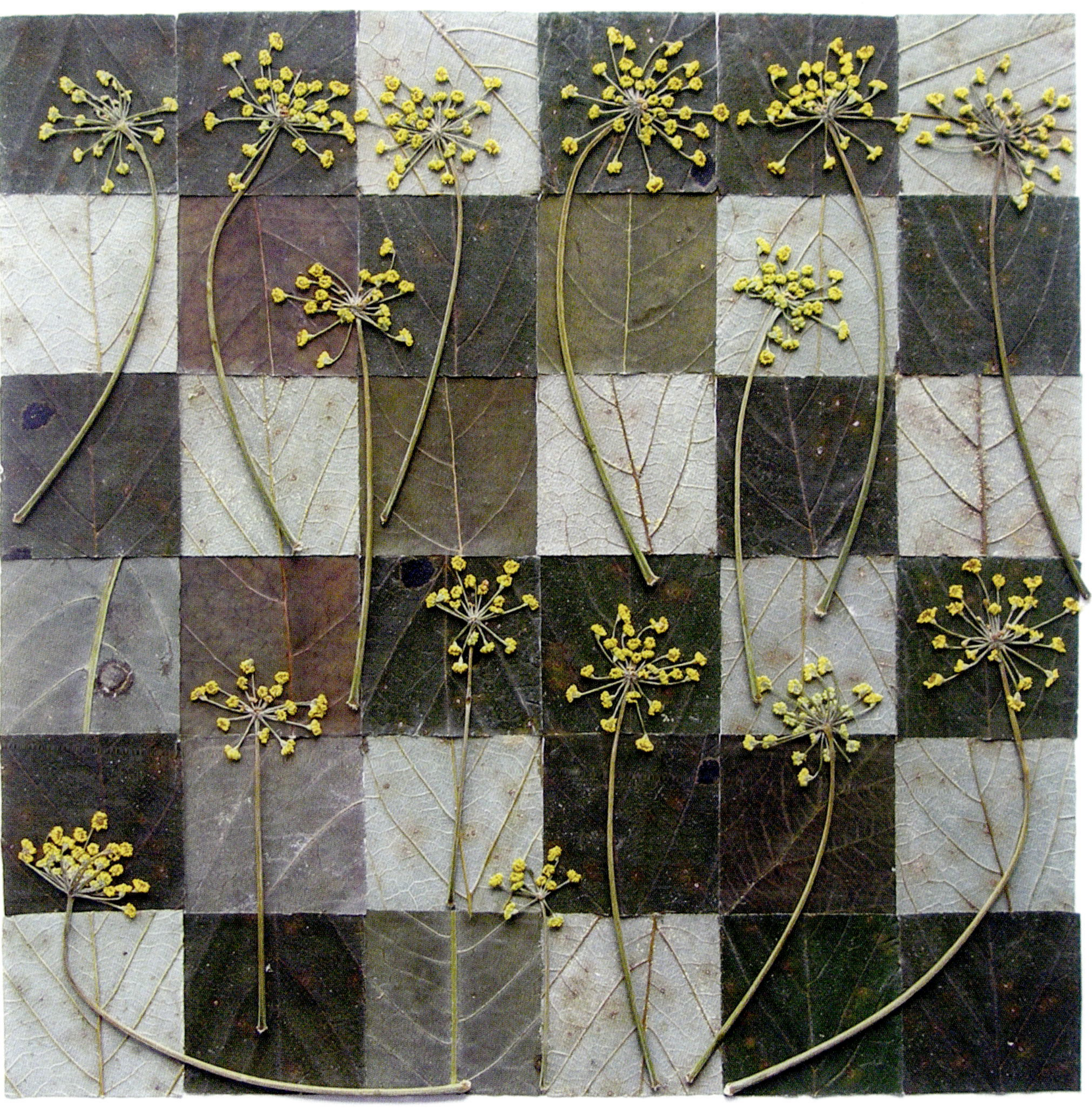

RECHTS Frühe Collage (1998) aus Berg-Ahorn-Blättern und Fenchel-Blütenständen. 15 × 15 cm

perennis) oder die Große Brennnessel *(Urtica dioica)* haben ihren besonderen Reiz. In unserer unmittelbaren Umgebung wächst so viel natürliches Material, dass man sich kaum entscheiden kann, was man sammeln soll.

Anfangs experimentierte ich mit Blättern von Berg-Ulme *(Ulmus glabra)* und Gemeiner Rosskastanie *(Aesculus hippocastanum)*, weil sie so groß sind und ich aus jedem Blatt mehrere Quadrate zuschneiden konnte. Ich hatte jedoch weder eine Ahnung, wie sie nach dem Pressen ausfallen und wie sie sich verarbeiten lassen würden noch, ob mir das Ergebnis gefallen würde.

Einer der interessantesten Aspekte beim Pressen von Pflanzenmaterial ist, dass sich nicht vorhersagen lässt, wie es später aussehen wird. Doch diese Ungewissheit macht die Arbeit so spannend. Mit der Zeit gewinnt man mehr Sicherheit und lernt einzuschätzen, wie das Ergebnis ausfallen wird – das setzt jedoch oft langes Experimentieren voraus. Indem Sie sämtliche Blätter- und Blütenarten einmal ausprobieren, lernen Sie, welche Ihre Lieblinge sind. Bleiben Sie stets offen und lassen Sie sich nicht frustrieren, wenn sich das, was Sie für gut pressbar hielten und von dem Sie sich eine hübsche Farbe versprachen, als langweiliger Braunton entpuppt.

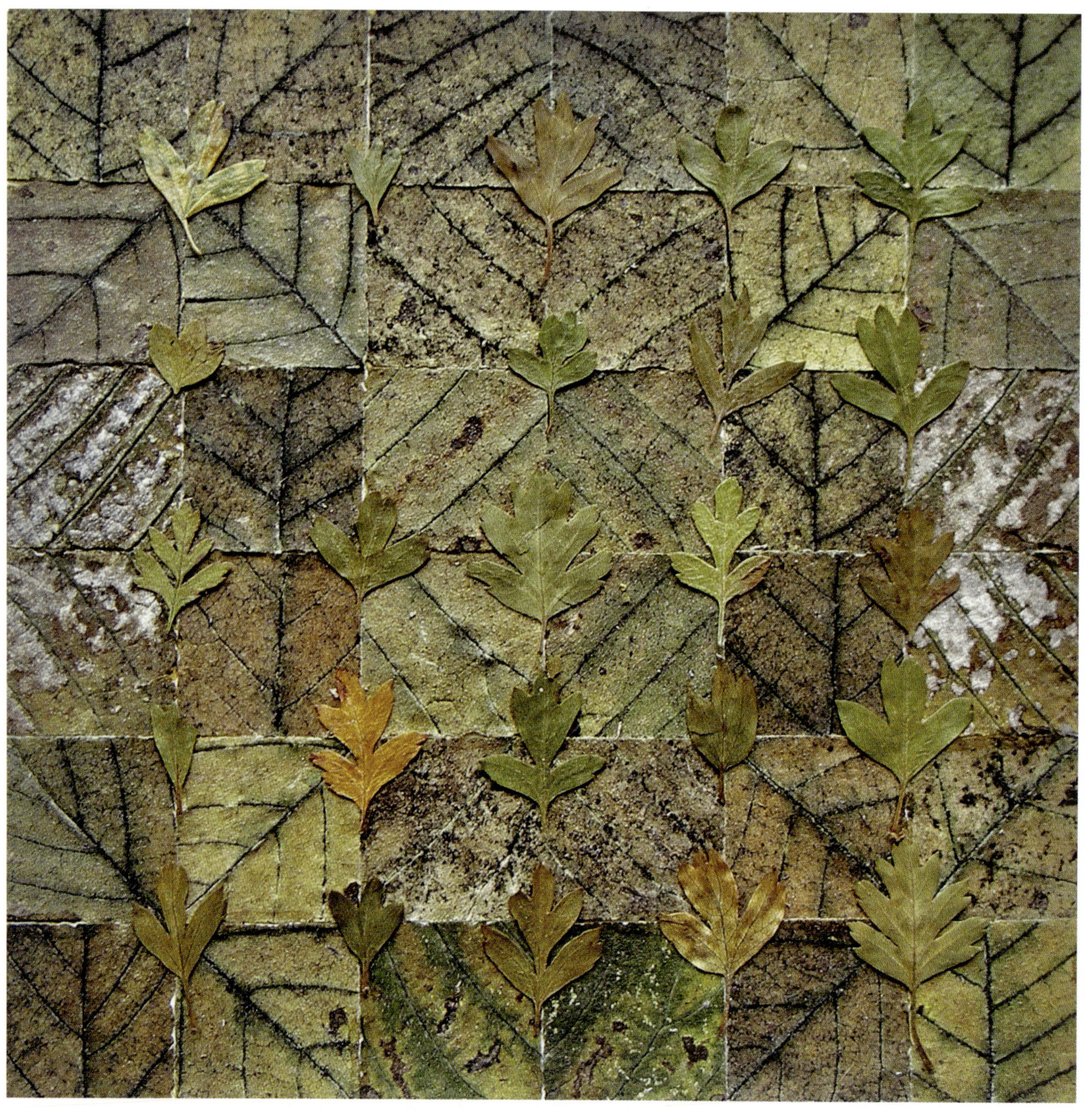

LINKS Frühe Laub-Collage (1998) aus Berg-Ulmen- und Weißdornblättern. 15 × 15 cm

RECHTS Unterschiedliche Texturen und Farben von Berg-Ahorn-Blättern

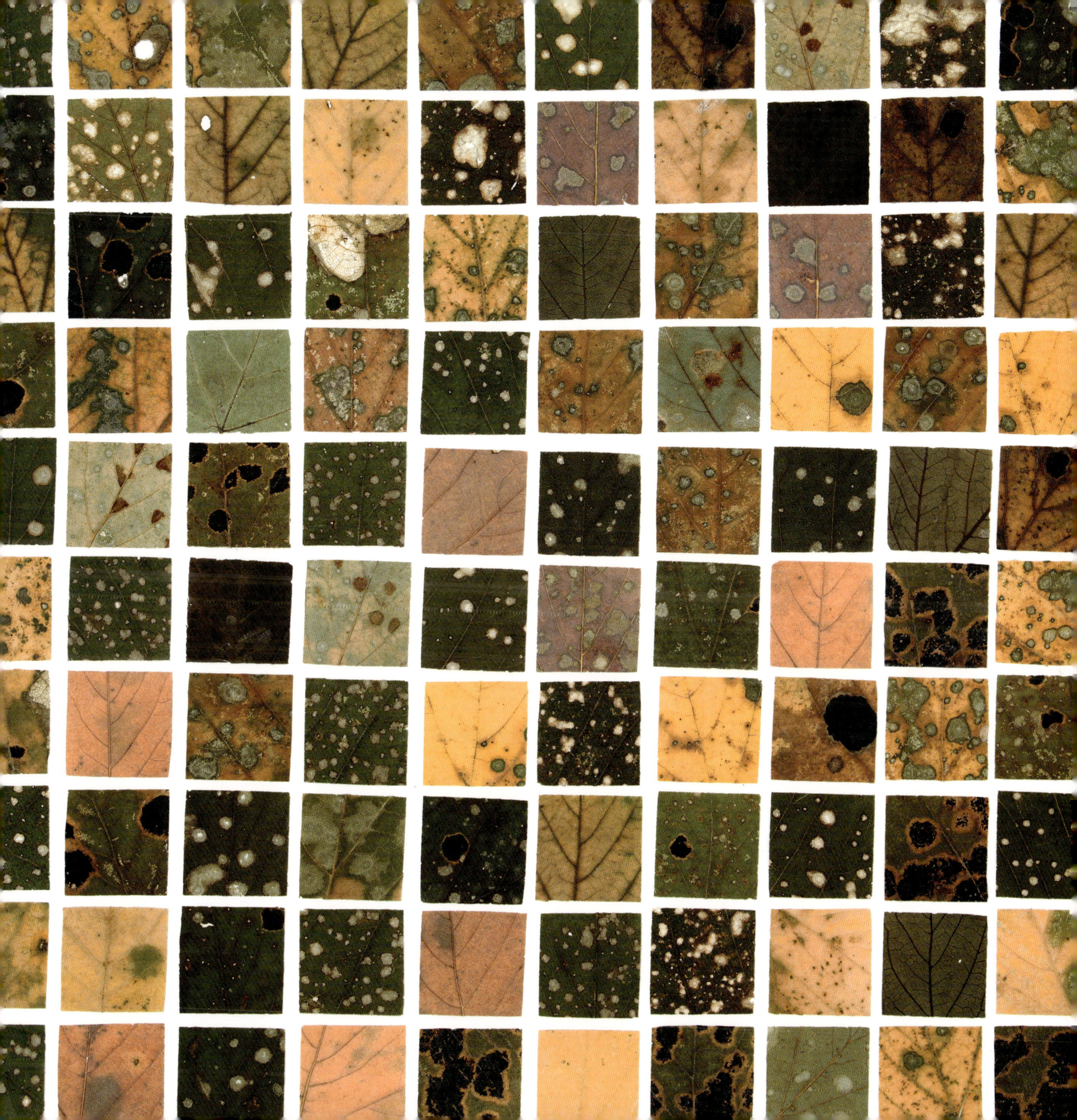

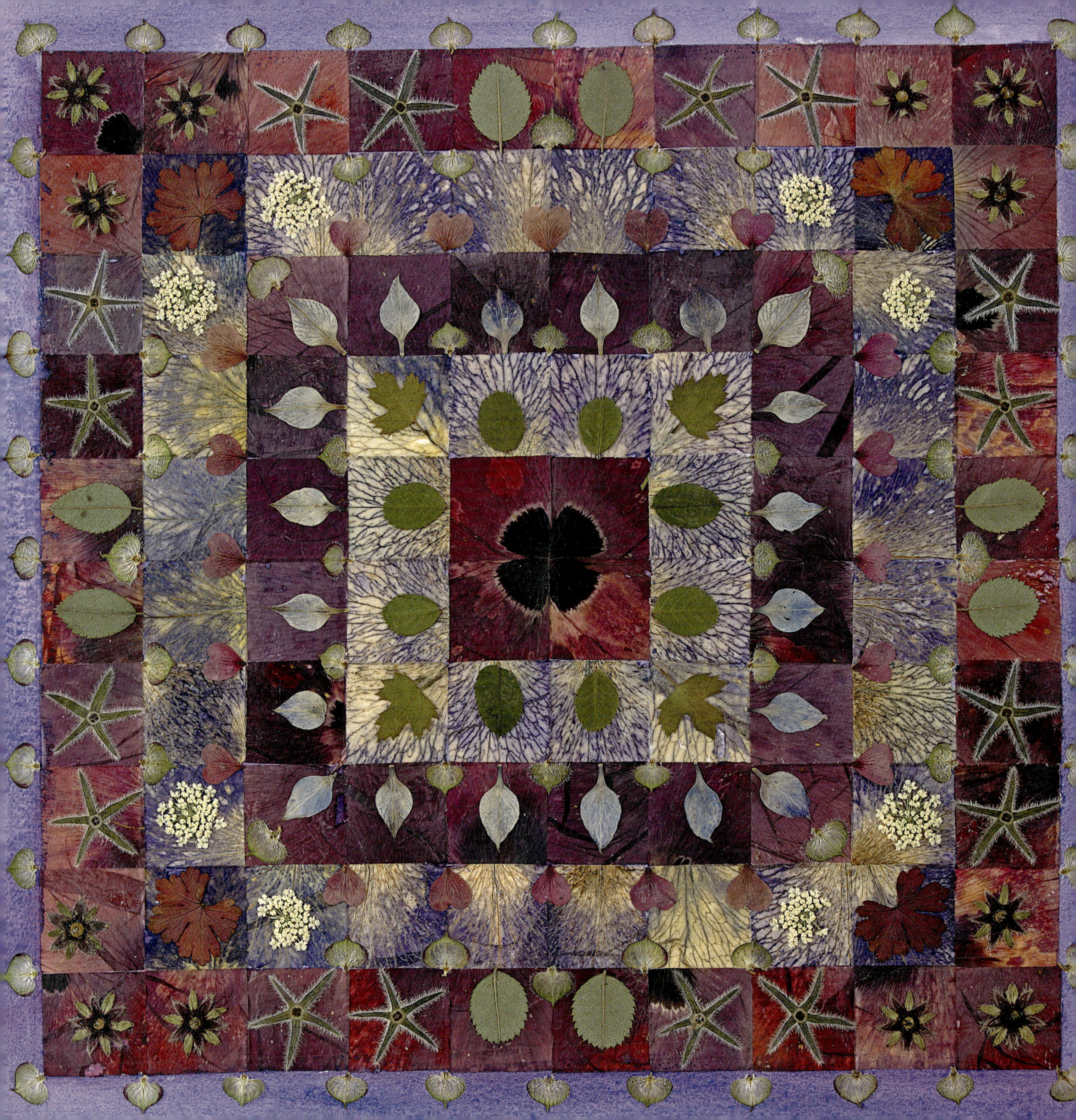

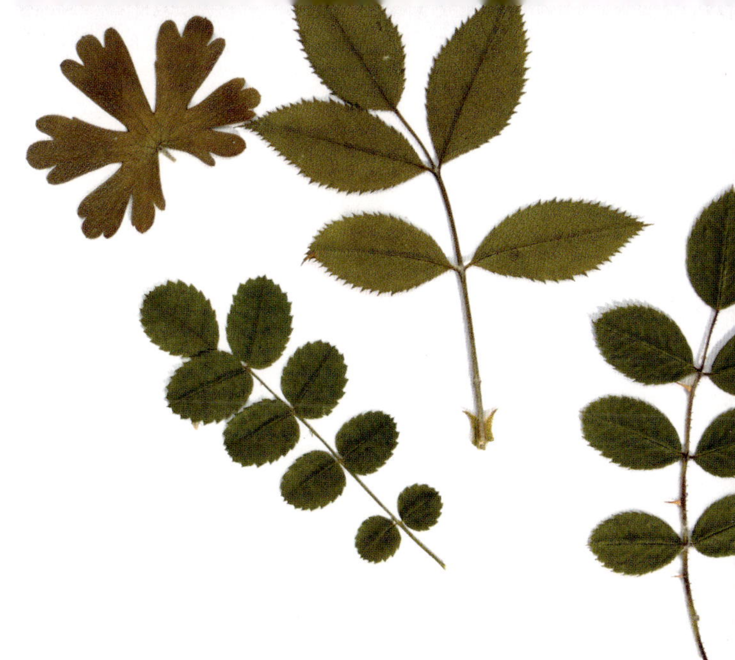

DIE ERSTEN SCHRITTE

LINKS *Kirklea Garden* (2017). Collage in leuchtenden Sommerfarben aus Blütenblättern von Iris und Mohn, mit kleinen Blättern und Blütenständen. 30 × 30 cm

Pflanzenmaterial sammeln

Material zum Pressen können Sie an jedem interessanten Fundort sammeln, der gut erreichbar ist: in Gärten, an Hecken, in Wäldern und Parks und selbst auf Brachen oder am Wegesrand.

Mich zieht es – inspiriert von der Natur – stets an Orte, die mir etwas bedeuten. Daher sammele ich immer in bestimmten Gärten, auf Waldspaziergängen oder an unüblichen Plätzen.

Das Sammeln erfolgt saisonal. Dabei sollte man wissen, wann die Pflanzen am schönsten oder interessantesten sind und direkt gesammelt werden können. Lassen Sie sie nicht stehen, um sie ein andermal zu holen. Bis dahin können sie gefressen, weggeweht, erfroren oder beim Heckenschnitt oder durch einen eifrigen Gärtner entfernt worden sein.

Sammeln Sie am besten bei trockener Witterung. Feuchte oder nasse Blätter schimmeln beim Pressen. Mitunter muss ich erst mit einem Tuch oder Küchenpapier die überschüssige Feuchtigkeit von den Blättern tupfen und sie dann auf Zeitungspapier trocknen. Dann lege ich Papier darauf und beschwere sie mit Büchern oder einem ähnlichen Gewicht. So bleiben die Blätter während des Trocknens flach. Lässt man sie offen liegen, verformen sie sich und rollen sich zusammen.

Auf meinen Sammeltouren habe ich stets eine Plastiktüte und eine kleine Umhängetasche dabei, manchmal auch eine kleine Plastikdose für Filigranes. Trennen Sie Blätter und Blüten, wenn Sie viel Material auf einmal sammeln, denn es ist relativ zeitaufwendig, eine große Menge Mischmaterial zu sortieren. Kleine Teile können dabei zerdrückt werden. Besonders Blüten welken schnell. Um einen Blütenvorrat anzulegen, pflücken Sie also besser öfter kleinere Mengen. Das Pressen dauert seine Zeit und ein großer Berg Pressmaterial kann schnell recht arbeitsintensiv werden. Das Material sollte nach dem Sammeln zügig gepresst werden. Planen Sie also ausreichend Zeit ein.

Laub können Sie direkt vom Baum pflücken oder vom Boden auflesen. Achten Sie aber auf kleine Schnecken, die sich gerne auf abgefallenen Blättern niederlassen, und vergessen Sie nicht, dass aufgelesenes Laub oft nass ist.

Denken Sie unbedingt daran zu fragen, ob Sie in einem privaten oder öffentlichen Garten sammeln dürfen. In der Regel freuen sich die Besitzer, wenn Sie kleinere Mengen sammeln wollen. Nehmen Sie jedoch keine seltenen Arten oder Pflanzen, die offensichtlich sehr besonders sind. In freier Natur ist das normalerweise kein Problem, aber auch dort sollten Sie keinesfalls seltene Wildblumen oder unter Schutz stehende Pflanzen sammeln. Ich würde z. B. nie eine wilde Orchidee pflücken oder irgendeine bekanntermaßen seltene Pflanze. Kennen Sie jedoch eine reich bewachsene Wildblumenwiese, kann es in Ordnung sein, wenn Sie vorsichtig von einigen Arten pflücken, ohne jedoch die Pflanzen mit der Wurzel auszureißen. Und vergessen Sie nicht, bestimmte Pflanzen zum Pressen können Sie auch im eigenen Garten anpflanzen.

OBEN RECHTS In meinen sommerlichen Garten wachsen Kornblumen, Gänseblümchen, Mohn und andere für Sammler brauchbare Pflanzen.

RECHTS Winterlaub im Frost

GANZ RECHTS Zum Pressen vorbereitete bunte Gartenblumenmischung

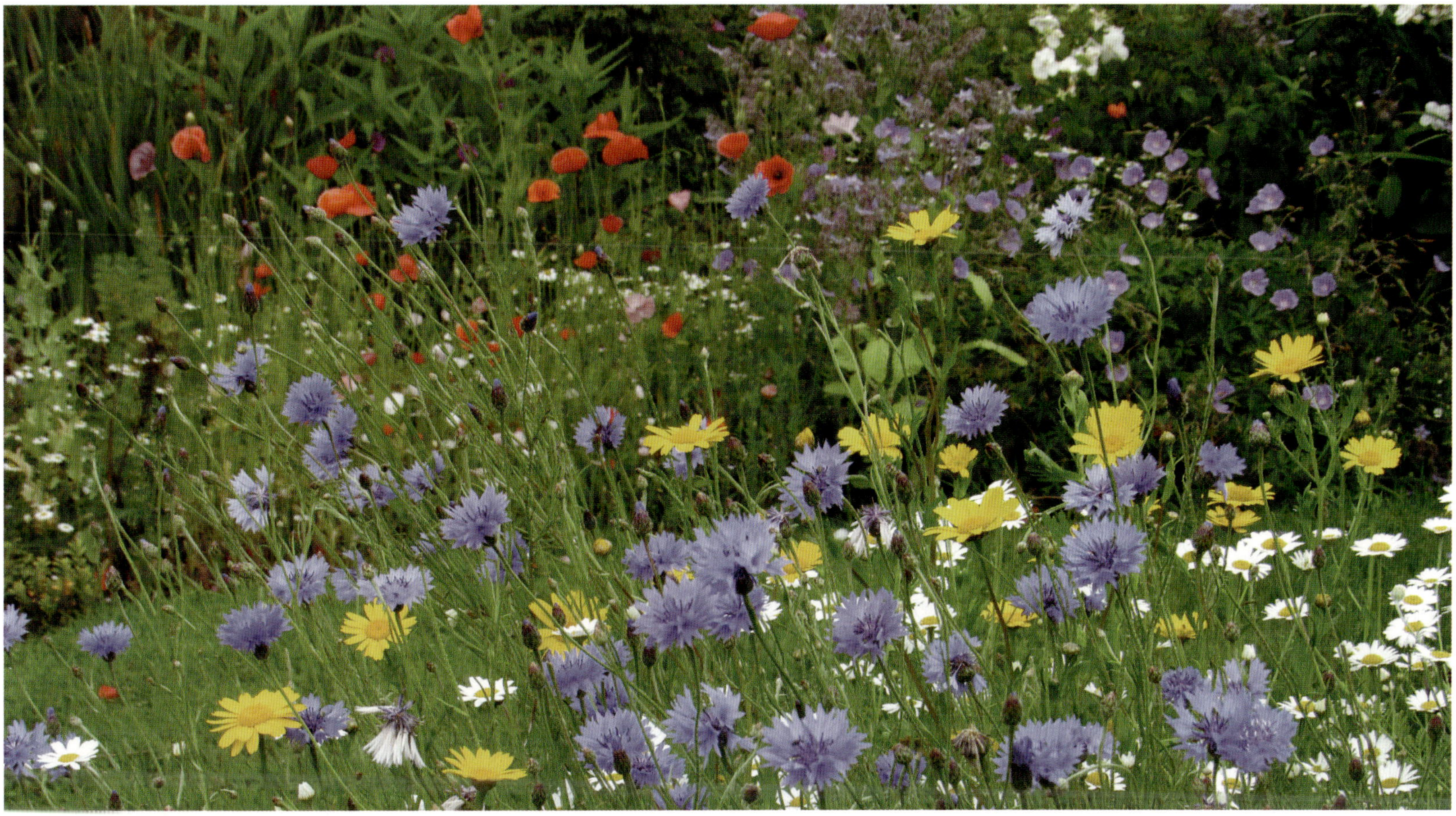

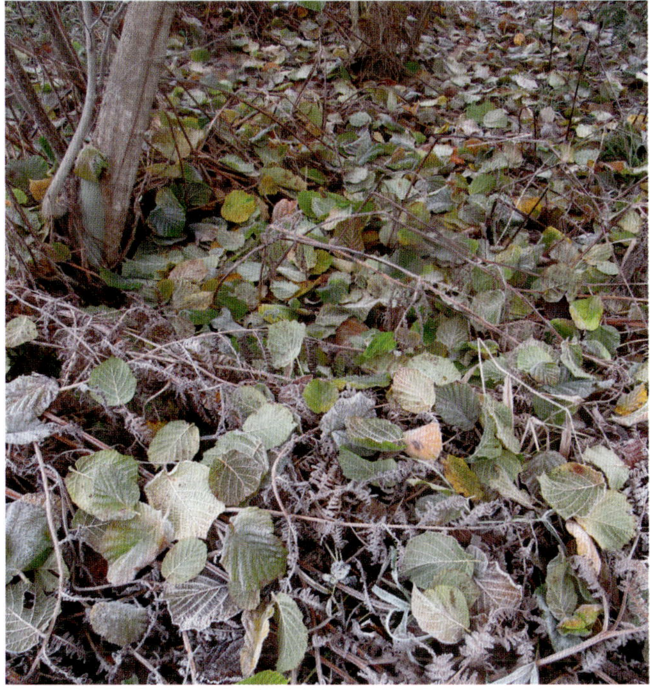

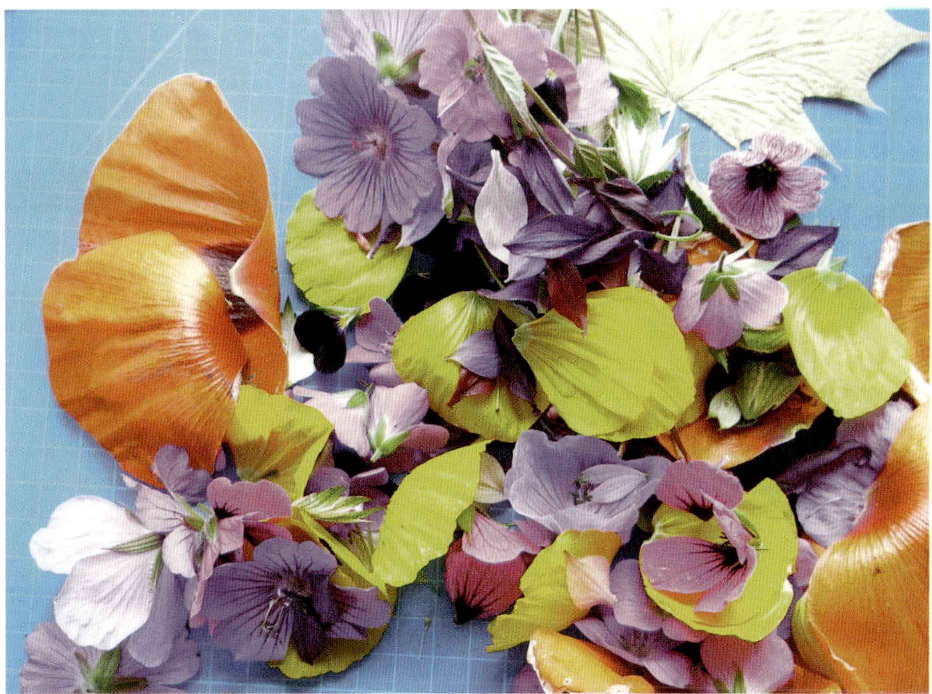

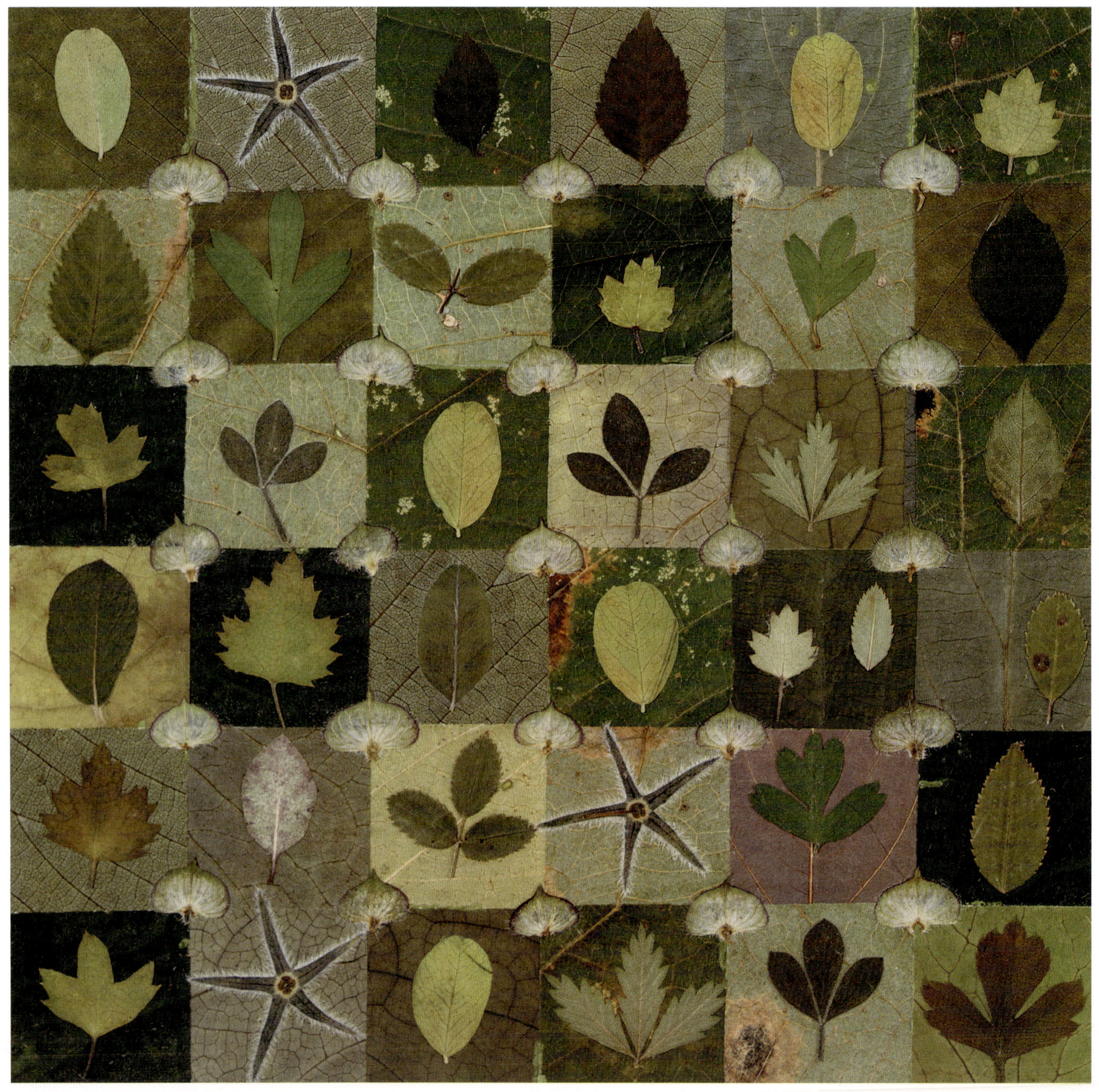

Die Farben der Natur

LINKS Esche, Hoheria, Rose, Braunelle, Besenginster, Weide, Blutwurz, Weißdorn und Borretsch auf Holunder- und Berg-Ahorn-Laub (2017). 15 × 15 cm

Tendenziell sind die Farben, die die Natur in Großbritannien zu bieten hat, dezent, vergänglich und hübsch. Die der Gartenflora sind vielfach strahlender, weisen zahlreiche Abstufungen unterschiedlicher Intensität auf und haben eine enorme Vielfalt zu bieten. Ich halte beide Welten gerne auseinander, betrachte jede als eigenständig und verschiedenartig und unterteile meine gepressten Pflanzen daher in Garten- und in Wildmaterial.

Konzentriere ich mich bei einem Bild ausschließlich auf Gartenpflanzen, fällt es farbenfroher aus und reflektiert die lebhaften Farben, die man in einem wunderschönen Garten findet. Nachdem ich meine nähere und weitere Umgebung aber genauer inspiziert und viele heimische Wildblumen sowie Material von wild wachsenden Bäumen und Sträuchern gesammelt hatte, gefiel es mir, auch weitverbreitete Pflanzen wie die Große Brennnessel *(Urtica dioica)* oder die Brombeere (*Rubus* spp.) zu verwenden.

Grün

In der Pflanzenwelt ist Grün in all seinen Abstufungen – vom leuchtenden Frühlingsgrün bis hin zu Salbei-, Minz-, Laub-, Dunkel- oder Flaschengrün – mit zahlreichen Zwischentönen die vorherrschende Farbe.

Grün verhält sich jedoch nach dem Pressen und Trocknen am unberechenbarsten: Grüntöne können hellere oder dunklere Abstufungen annehmen, einige werden allmählich braun oder ockerfarben. Ich habe festgestellt, dass es viele darunter gibt, mit denen man letztendlich wenig anfangen kann. Ist ein Bild einmal fertiggestellt, schwinden die Grüntöne in der Regel stärker als die anderen Farben, sobald das Material dem Licht ausgesetzt ist. Das mag enttäuschend sein, doch mit etwas Kreativität, durch sorgfältiges Sammeln und ein gewisses Maß an Experimentierfreude können Sie es umgehen.

Einen der besten Grüntöne für eine Collage habe ich mit der Großen Brennnessel *(Urtica dioica)* erzielt. Ihre Blätter haben eine hübsche matte Textur und bewahren ihr dunkles Grün gut. Durch das Pressen verlieren die Brennhaare ihre Wirkung, aber beim Sammeln tragen Sie am besten Handschuhe.

Auch Berg-Ahorn *(Acer pseudoplatanus)* hat ein schönes Blattgrün. In der Spätsaison ist das Laub häufig gepunktet oder hat andere Makel, die dem gepressten Blatt interessante Effekte verleihen.

Das leuchtende Frühlingsgrün aller Pflanzenarten verändert sich durch das Pressen stark in Richtung Hellbraun, Ocker, Beige und Braun. Diese Farbtöne bilden ein sehr subtiles Farbspektrum.

Das Laub der Europäischen Stechpalme *(Ilex aquifolium)* hat nicht nur eine interessante Form, sondern zeichnet sich auch durch ein kräftiges Dunkelgrün aus. Sammelt man die glänzenden Blätter früh in der Saison, lassen sie sich trotz der spitz gezackten und gewölbten Form gut glatt pressen. Älteres Ilexlaub lässt sich aber nicht mehr flach pressen. Ich verwende es häufig, da sich seine charakteristische Form gut zur Mustergestaltung eignet.

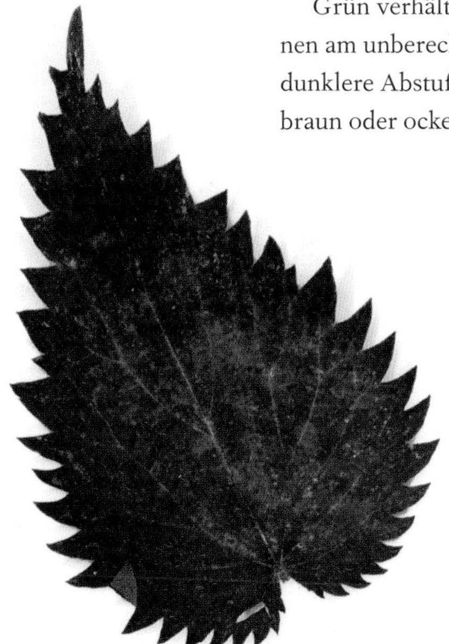

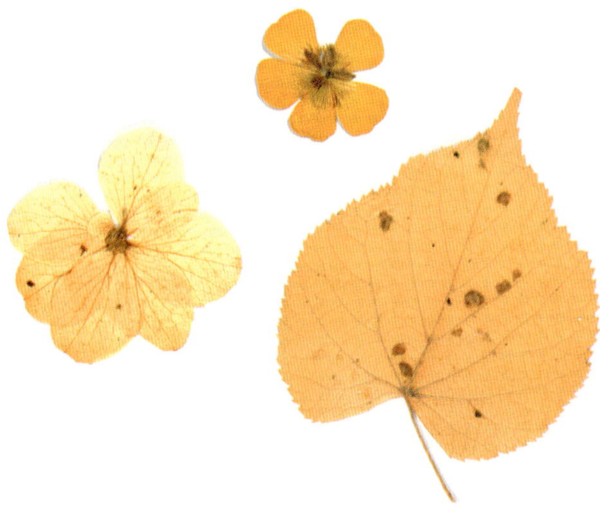

Gelb

Das gelbe Herbstlaub vieler Pflanzen wie der Holländischen Linde (*Tilia × vulgaris*), der Berg-Ulme (*Ulmus glabra*), der Himbeere (*Rubus idaeus*) und der Vogel-Kirsche (*Prunus avium*) tendiert nach dem Pressen meist zu Orange und Braun. Selten bleibt die gelbe Farbe ihrer Blätter erhalten.

Auch die Echte Zaunwinde (*Calystegia sepium*) färbt sich im Herbst gelb und behält mitunter ihr kräftiges Buttergelb bei, was jedoch von Jahr zu Jahr unterschiedlich sein kann.

Ein weiteres schönes Blattgelb findet man sowohl bei Wald-Engelwurz (*Angelica sylvestris*) als auch bei Arznei-Engelwurz (*A. archangelica*). Ihr Laub kann eine wunderschöne grünlich-zitronengelbe Farbe annehmen.

Auch im Herbst gepflücktes Brombeer- (*Rubus* spp.) oder Himbeerlaub (*Rubus idaeus*) weist einen schönen Gelbton auf. Probieren Sie es aus, es lohnt sich! Gelbe Blütenpflanzen wie Scharbockskraut (*Ficaria verna*), Scharfer Hahnenfuß (*Ranunculus acris*) und Stängellose Schlüsselblume (*Primula vulgaris*) lassen sich sehr gut pressen und behalten dabei ihre Farbe bei. Der gelbe Wald-Scheinmohn (*Meconopsis cambrica*) zeigt beim Pflücken ein schönes Zitronengelb, das sich durch Pressen in ein sehr dekoratives, zartes Orange verwandelt. Von den Gartenpflanzen liefert die Henne mit Küken (*Tolmiea menziesii*) ein sehr gutes grünliches Gelb. Sie bietet eine Mischung von unterschiedlichen Grün-Gelb-Tönen und hat eine matte Textur. Es lohnt sich, alle Gelbtöne einmal zu auszuprobieren. Sie sind immer für eine Überraschung gut!

RECHTS Samenstände von Fenchel und Blüten der Großen Knorpelmöhre auf Himbeer- und Kirschblättern (2017). 15 × 15 cm

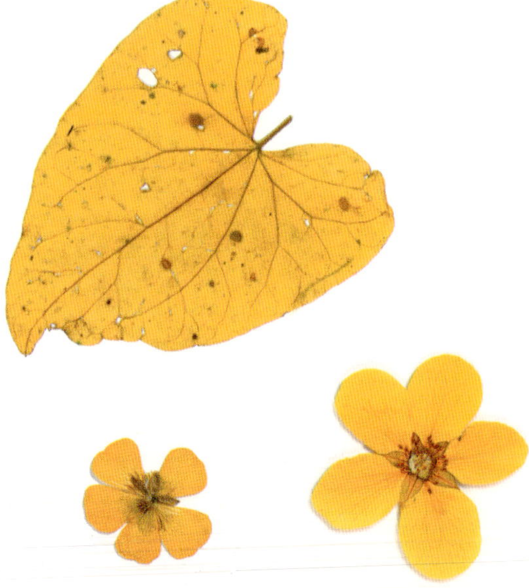

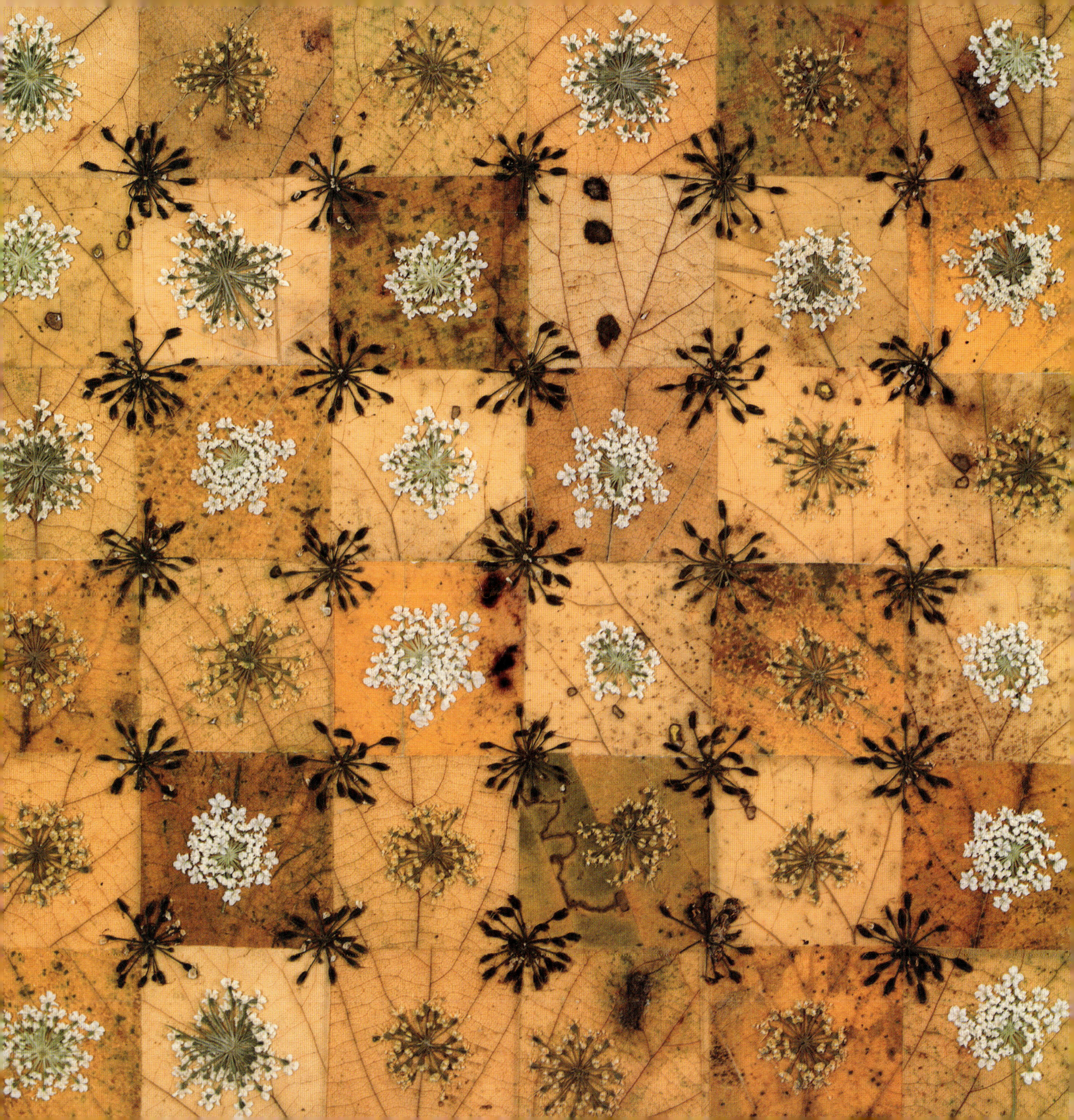

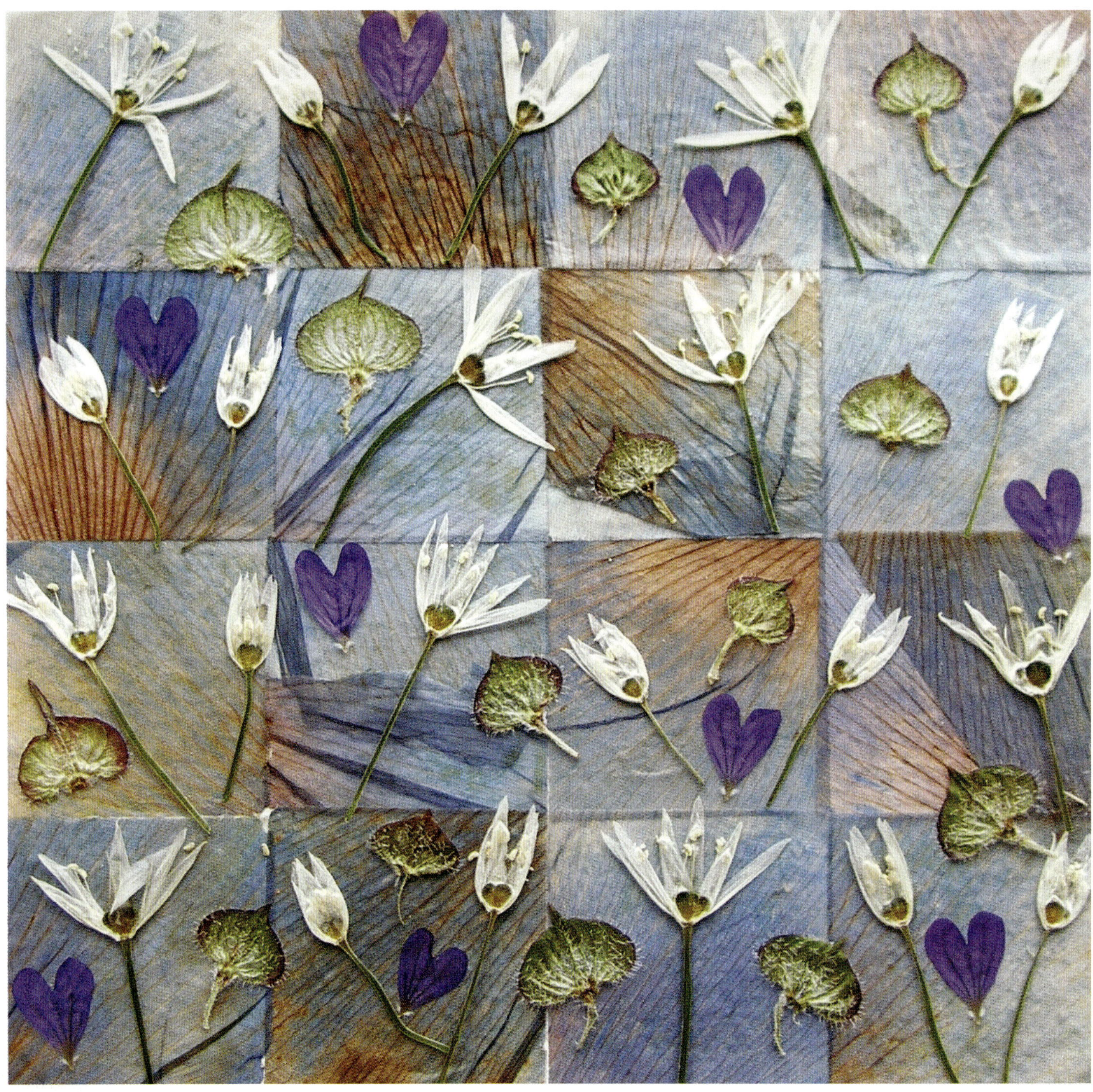

LINKS Collage aus Blütenblättern von Tibet-Scheinmohn mit Blüten von Bärlauch und Bill-Wallis-Geranie sowie Braunelle-Blütenkelchen (2004). 10 × 10 cm

Blau

Blau ist eine in der freien Natur vergleichsweise selten vorkommende Blütenfarbe. Ich habe die Blütenblätter von Acker-Vergissmeinnicht *(Myosotis arvensis)*, Ausdauernder Ochsenzunge *(Pentaglottis sempervirens)* und Lungenkraut (*Pulmonaria* spp.) gepresst. Bei allen bleibt die Farbe gut erhalten. Wesentlich mehr blaue Blütenpflanzen sind im Garten zu finden: Das Blütenblatt des Tibet-Scheinmohns *(Meconopsis betonicifolia)* kann gepresst sehr schön aussehen und sein unverkennbares Kobaltblau beibehalten, das sich manchmal jedoch zu Blaugrau verfärbt oder vollständig verblasst. Tibet-Scheinmohn konnte ich in einem sehr speziellen, von Mauern umgebenen Garten sammeln, wo viele blaue Mohnpflanzen kultiviert wurden.

Die Jungfer im Grünen *(Nigella damascena)*, die Kornblume *(Cyanus segetum)*, das Garten-Stiefmütterchen *(Viola wittrockiana)* und das Veilchen (*Viola* spp.) weisen unterschiedliche Blaustufen auf und gedeihen im Garten meist prächtig.

Hortensien (*Hydrangea* spp.) gibt es in vielen verschiedenen Formen. Sie sind bekannt für ihre blauen, violetten und pinkfarbenen Blüten. Vor allem die blauen Hortensienblütenblätter verwende ich oft. Ich schneide die komplexen Köpfe ab und presse jede Blüte einzeln. Das kann zeitaufwendig sein, doch die Blütenblätter haben eine derart schöne Form und Farbe, dass sich der Aufwand lohnt.

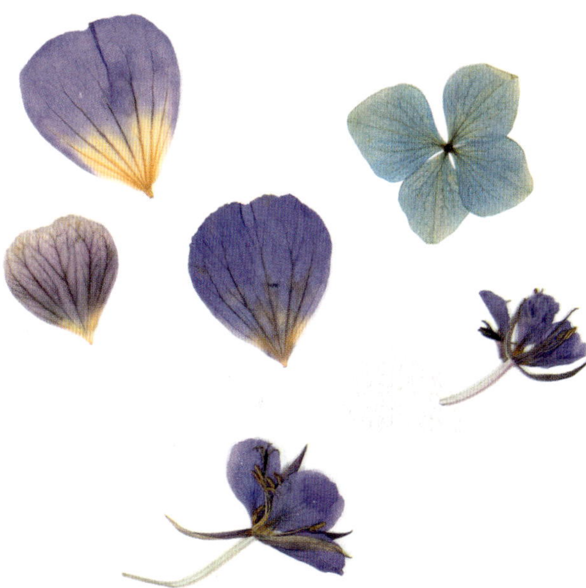

Violett

Die für diese Collage verwendeten Blätter und Blüten stammen von Gartenpflanzen. Iris (*Iris* spp.) ist eine der hübschesten Blütenpflanzen, die man sammeln kann. Sie hat sehr schöne lilafarbene Blütenblätter, die nach dem Pressen eine wundervolle seidige Textur bekommen. Die Iris behält ihre Farbe im getrockneten Zustand gut bei.

Auch das Purpurglöckchen (*Heuchera* spp.) ist eine sehr interessante Gartenpflanze. Seine Blätter sind sowohl auf der Ober- als auch auf der Unterseite stark gemustert und weisen häufig ein kräftiges Violett oder Pink auf.

Einige der robusten Storchschnabel- oder Geranienarten (*Geranium* spp.) sind violett. Ihre Blütenblätter lassen sich gut einzeln pressen.

Der weitverbreitete Perückenstrauch *(Cotinus coggygria)* bezaubert durch sein violettes Laub. Seine hübsch geformten Blätter haben eine interessante dunkle Einfärbung, die ich gern in meinen Werken einsetze.

Die meist im Gewächshaus gehaltene Prinzessinnenblume (*Tibouchina* spp.) ist eine sehr anmutige Pflanze mit wunderschönen lilafarbenen Blüten.

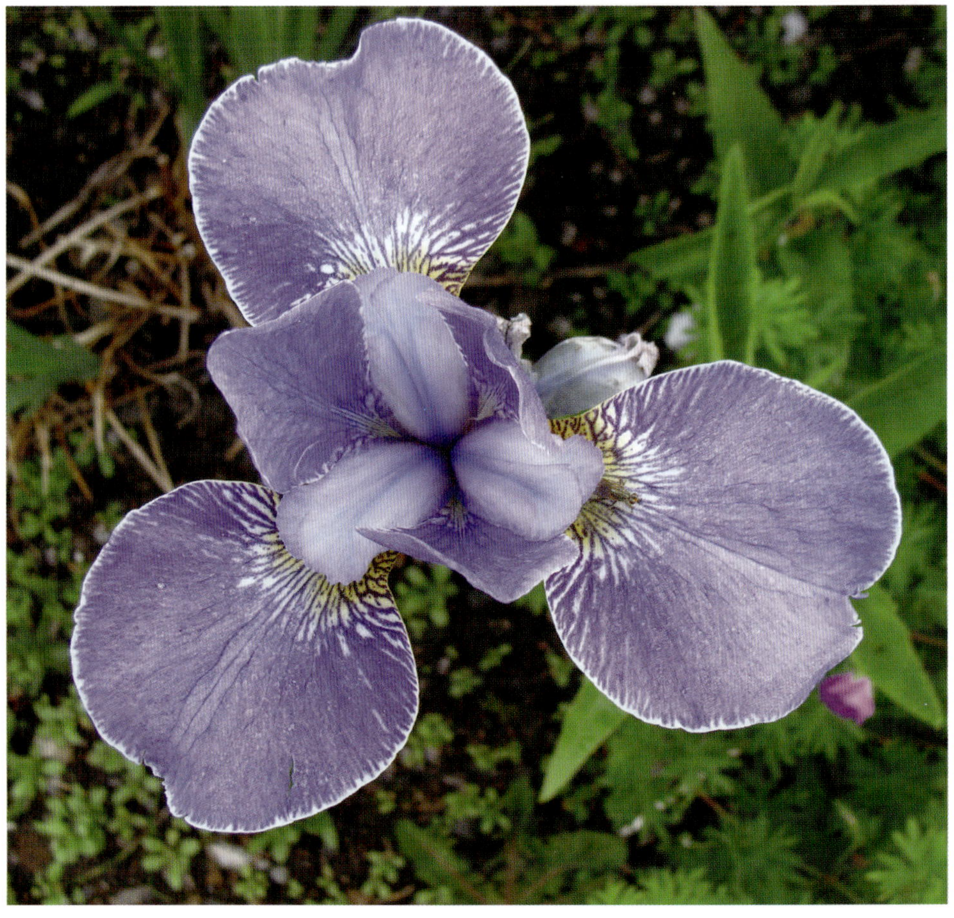

OBEN Blütenkopf einer Iris

RECHTS Mohn- und Irisblütenblätter unter Geranienblütenblättern, Kornblumen, Perückenstrauch, Jungfer im Grünen, Borretsch, Waldmeister (Wohlriechendes Labkraut) und diversen Kleinteilen (2017). 15 × 15 cm

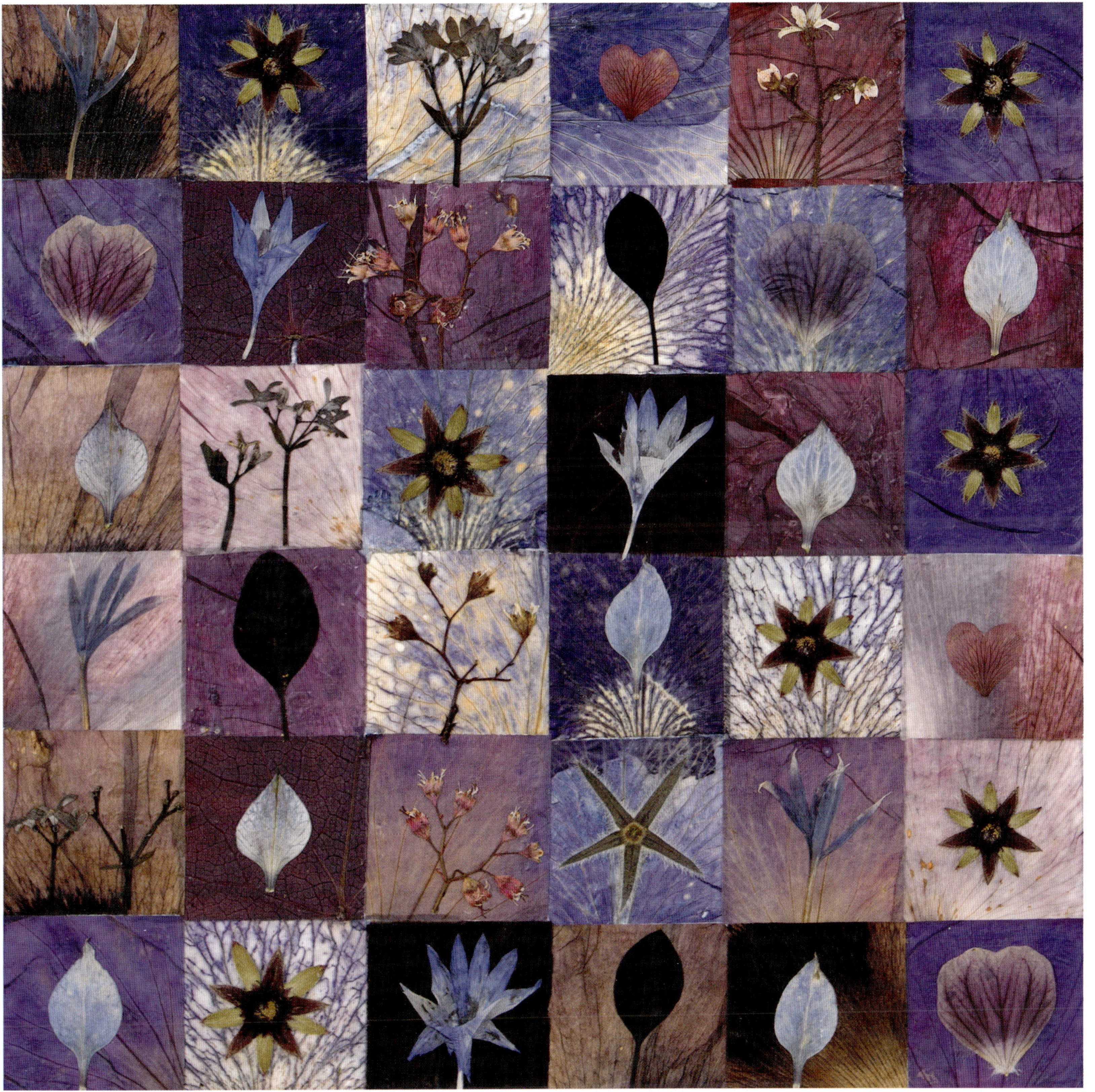

Rot und Pink

Mohn (*Papaver* spp.) ist für Sammler eine äußerst nützliche Pflanzengattung. Er weist eine große Bandbreite an unterschiedlichen Rot- und Pinktönen auf und lässt sich ohne Farbverlust gut pressen. Ich kultiviere zahlreiche Arten in meinem Garten, um immer reichlich Blütenblätter zur Hand zu haben.

Das Laub der Heidelbeere (*Vaccinium* spp.) hat eine fantastische Herbstfärbung und eine hübsche symmetrische Form. Die Blätter können von leuchtend rot über orange bis hin zu gelb gefärbt sein. Farbenfrohes Herbstlaub zahlreicher Bäume und Sträucher finden Sie in Arboreten oder botanischen Gärten. Der Herbst ist eine besondere Zeit, um Pressmaterial in prächtigen Rot-, Violett-, Gold- und Orangeabstufungen zu sammeln. Der Perückenstrauch (*Cotinus coggygria* 'Flame') fällt besonders auf durch seine rotorangefarbenen, interessant texturierten Blätter. Weitere wichtige Pflanzen mit dieser Herbstfärbung sind Wilder Wein *(Parthenocissus quinquefolia)*, Zierreben, Ahorn (*Acer* spp.), Judasbaum (*Cercis* spp.) und Amberbaum (*Liquidambar* spp.). Die meisten Rot-, Violett- und Orangetöne bleiben nach dem Pressen gut erhalten.

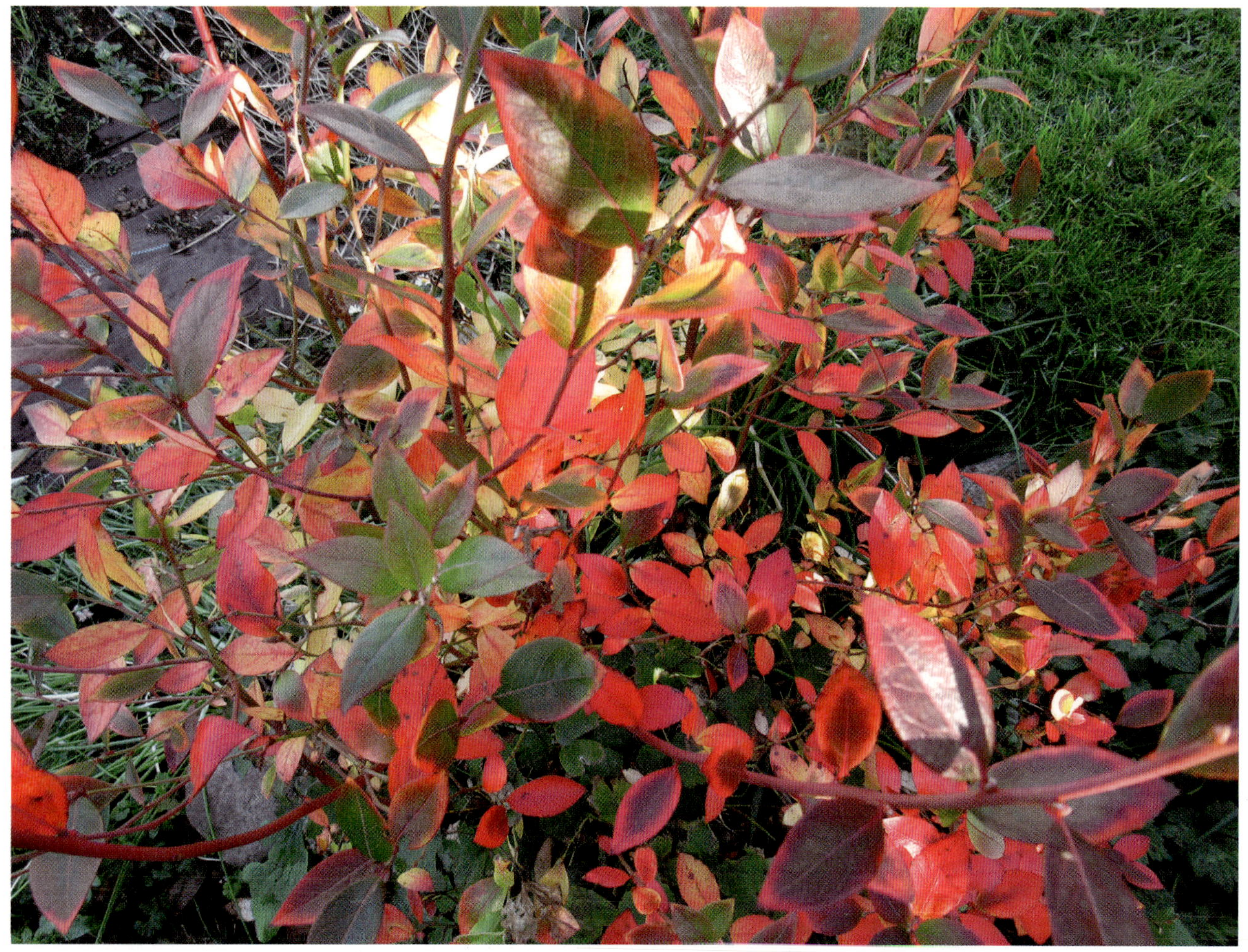

LINKS Heidelbeerlaub

RECHTS Collage aus Blättern von Wildem Wein und Heidelbeere (2017). 15 × 15 cm

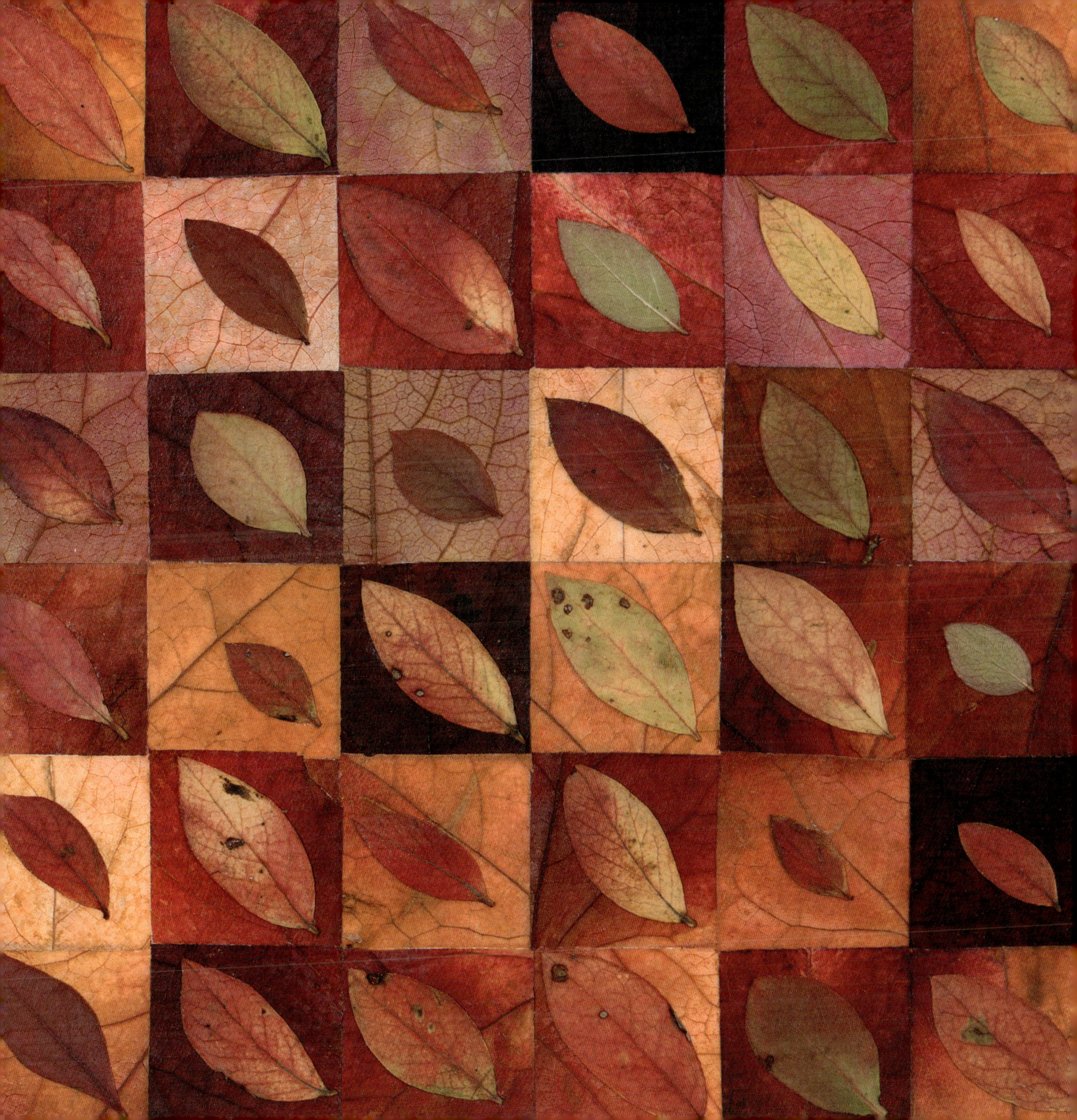

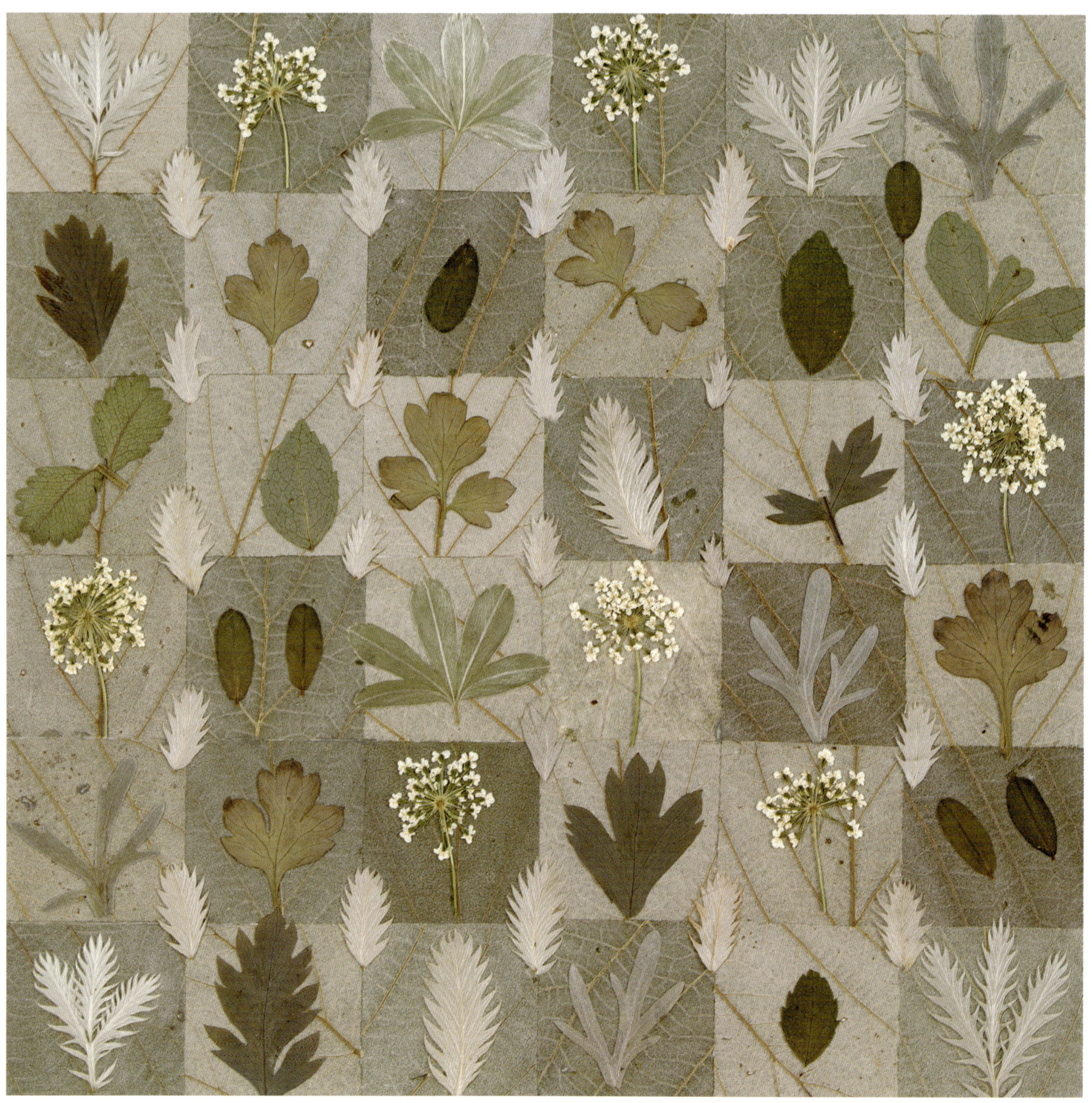

Silber und Grau

Viele Gartenpflanzen haben silberfarbenes Blattwerk. Besonders geeignet für Collagen sind *Jacobaea maritima*, Weißfilziges Greiskraut, und Mannstreu (*Eryngium* spp.). Das Einjährige Silberblatt *(Lunaria annua)* hat hübsche silberfarbene Samenschoten, die sich gut pressen und für Bilder aus Blatt und Blüte verwenden lassen (siehe Seite 61).

Das weitverbreitete Gänsefingerkraut *(Potentilla anserina)* ist dank seiner interessant geformten Blätter und der auffällig silbrigen Blattunterseiten vorzüglich für florale Kunstwerke geeignet.

Alpen-Frauenmantel *(Alchemilla alpina)* ist eine reizende Steingartenpflanze mit silberner Blattunterseite und ungewöhnlicher Blattform (siehe Seite 77).

Die Blätter der Himbeere *(Rubus idaeus)* haben eine graue Unterseite, die gut zu silberfarbenem Laub passt. Auch die interessant geformten Blätter des Echten Mädesüß *(Filipendula ulmaria)* sind auf der Unterseite grau.

Weiß

Weiße Blütenpflanzen sind recht verbreitet. Ich halte immer Ausschau nach möglichst reinweißen Blüten, da sie ihre Farbe gut beibehalten. Es gibt aber auch Weißtöne – wie die der Blütenblätter von weißen Rosen (*Rosa* spp.) –, die sich schnell bräunlich verfärben.

Das Gänseblümchen *(Bellis perennis)* hat sehr hübsche Blüten, die sich gut pressen lassen. Man kann die Blütenblätter nach dem Trocknen auch entfernen, und übrig bleibt ein sehr vielseitig verwendbarer Samenstand.

Doldenblütler *(Apiaceae)* wie der Wiesen-Kerbel *(Anthriscus sylvestris)* und der Giersch *(Aegopodium podagraria)* haben hübsche Dolden mit weißen Blüten, die Sie sowohl als ganze Samenstände als auch einzeln pressen können.

BITTE BEACHTEN SIE Zu der Pflanzengruppe der Doldenblütler gehören einige sehr giftige Exemplare wie der Gefleckte Schierling *(Conium maculatum)* und der Riesen-Bärenklau *(Heracleum mantegazzianum)*. Sammeln Sie davon keinerlei Pflanzenteile. Können Sie die Pflanze nicht eindeutig bestimmen, so lassen Sie sie bitte stehen!

Farbänderungen

Verlieren Sie nicht den Mut, wenn sich Ihr Pflanzenmaterial durch das Pressen farblich verändert hat. Ich habe immer Wege gefunden, mit getrocknetem Material zu arbeiten, sodass das Bild auch nach Jahren, in denen es dem Licht ausgesetzt ist, seine Attraktivität behält. Tatsächlich verändern sich die Collagen mit der Zeit. Sie reifen und nehmen mitunter die Optik eines historischen Stoffes an. Selbst wenn die Farbe vollkommen verblasst, bleibt das Design bestehen und Ihre Arbeit verliert nicht den optischen Reiz. Neben der Farbe wurde das künstlerische Werk aus weiteren Elementen komponiert. Dazu zählen die verwendeten Formen, die Materialtextur und die eingesetzten Kontraste. Jedes Jahr und jede Saison sind anders und dementsprechend stark können auch die Laub- und Blütenfarben variieren. Das Sammeln ist stets spannend, weil man immer wieder neue Schätze findet. Einige Pflanzen, die beim Pflücken nicht sehr vielversprechend daherkamen, können sich nach dem Pressen als wirkliche Schönheiten entpuppen – und umgekehrt. Entdecken Sie die Vielfalt der Natur!

LINKS Auf den Rückseiten von Himbeerblättern sind Sterndolde, Gänsefingerkraut, Große Knorpelmöhre sowie diverse graue und silberfarbene Kleinteile arrangiert (2017). 15 × 15 cm

Pressen und Vorbereiten

In all den Jahren, in denen ich Bilder aus Blatt und Blüte anfertige, habe ich viel dazugelernt. Ein paar hilfreiche Tipps habe ich für Sie zusammengetragen.

Das Material vorbereiten

1 Holzige Blattstiele schneide ich immer ab. Auch fleischiges Material, das man bei einigen Pflanzen findet, entferne ich grundsätzlich.

- Funkien (*Hosta* spp.) haben einen sehr dicken, wässrigen Stängel. Man kann ihn herausschneiden, sodass zum Pressen nur die flachen Blattteile übrig bleiben. Wenn Sie das gesamte Funkienblatt pressen, schimmelt es durch die im Stängel enthaltene Feuchtigkeit.
- Bestimmtes Laub wie das von Rhododendron (*Rhododendron* spp.) ist ledrig und dick und daher nach dem Pressen nicht sehr attraktiv.
- Ein Großteil der glänzenden Blätter wie die der Lorbeerkirsche *(Prunus laurocerasus)* ist ungeeignet.

2 Schneiden Sie Blätter, die über die Größe des Papierblatts hinausragen, in Teilstücke. Pressen Sie ganze Blüten mit viel Sorgfalt. Sie müssen flach gedrückt werden, dennoch ist ein gewisser Druck erforderlich, damit die Blütenblätter flach aufliegen. Blüten können knittern und sind dann nicht mehr verwendbar.

- Drücken Sie Blüten von Gänseblümchen *(Bellis perennis)* und Hahnenfuß (*Ranunculus* spp.) kräftig mit den Fingern zusammen, bevor Sie das Papier darauf legen.
- Pressen Sie Blütenblätter von Mohn (*Papaver* spp.) so rasch wie möglich nach dem Sammeln und behandeln Sie die Blütenblätter sehr vorsichtig, da sie sich beim Verarbeiten einrollen können und sich nur schwer wieder glätten lassen. Geben Sie nicht auf! Die Mühe lohnt sich, denn Mohn gehört zu den bestgeeigneten Blüten für Collagen.

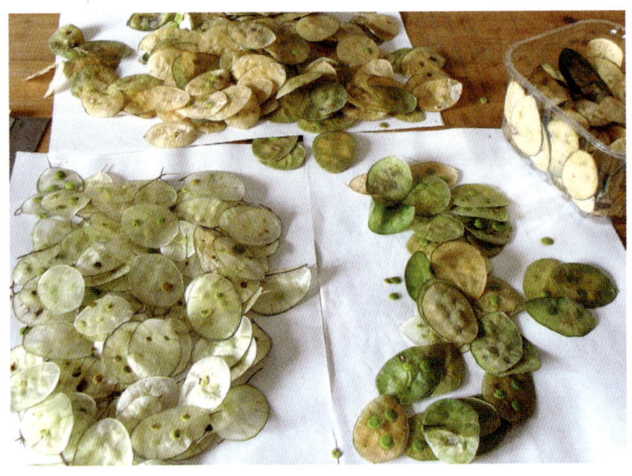

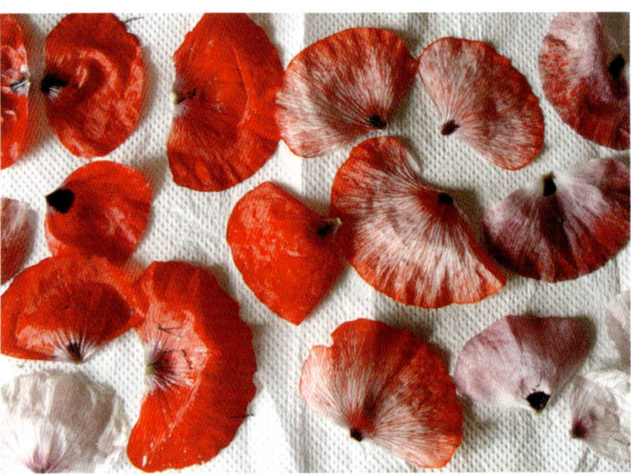

GANZ LINKS Beim Silberblatt entfernt man die äußeren Hüllen, um die hübschen silberfarbenen Blättchen darin freizulegen. Die in der Schote enthaltenen Samen können mit gepresst werden.

LINKS Zum Pressen vorbereiteter Gartenmohn

Das Material pressen

1 Ich verwende alte Telefonbücher zum Pressen. Sie haben genau die richtige Größe und ein ideales Gewicht. In meinem Atelier habe ich etwa 80 Stück, die ich im Laufe der Jahre gesammelt oder geschenkt bekommen habe. Jahr für Jahr kommen sie erneut zum Einsatz. Das Wichtigste beim Pressen ist, das Material zu beschweren oder Druck darauf auszuüben. Ich lege das Pressmaterial in eines der Telefonbücher und stapele darauf die anderen. Ohne aufgebrachtes Gewicht werden die Blätter beim Trocknen nicht glatt.

- Auch alte Enzyklopädien und dicke aussortierte Bücher können sehr nützlich sein, doch vergessen Sie nicht, dass das Pflanzenmaterial auf den Buchseiten Flecken hinterlassen kann.
- Für kleinere Materialmengen sind Blumen- oder Pflanzenpressen ideal. Sie eignen sich auch, um Kinder mit dem Thema vertraut zu machen.
- Eine einfache Pressvorrichtung ist im Handumdrehen selbst gebaut: Legen Sie das Material zwischen mehrere Lagen Papier, bis ein etwa 4 cm hoher Stapel entstanden ist. Diesen platzieren Sie auf einem Holzbrett (z. B. auf einem alten Zeichenbrett). Darauf kommt ein weiteres Brett oder ein Karton. Beschweren Sie das Ganze mit Ziegelsteinen oder Büchern.

2 Als Zwischenlage verwende ich preiswertes Fotokopierpapier. Löschpapier eignet sich ebenso bestens, doch es ist sehr teuer. Alternativ können Sie zwischen die Telefonbuchseiten auch die weißen Rückseiten von alten Anschreiben oder Rechnungen legen. Lassen Sie zwischen den einzelnen Lagen jeweils etwa 2 cm Platz.

3 Sämtliches Pflanzenmaterial wird je nach Dicke ein oder zwei Monate gepresst, wobei kleinere Teile nicht solange benötigen. Prüfen Sie das Material nach einem Monat. Sobald es glatt und vollständig trocken ist, ist es fertig.

RECHTS (1) Ein Stapel nach Themen beschrifteter Telefonbücher voller Pressmaterial. **(2)** Fertig gepresste Zaunwinde. Verwendet wurden ein Holzbrett, Papierlagen unter sowie Papier und Brett auf dem Material und ein schweres Gewicht. **(3)** Zum Pressen in ein Telefonbuch zwischen Papierblätter gelegtes Laub von Wildem Wein.

1

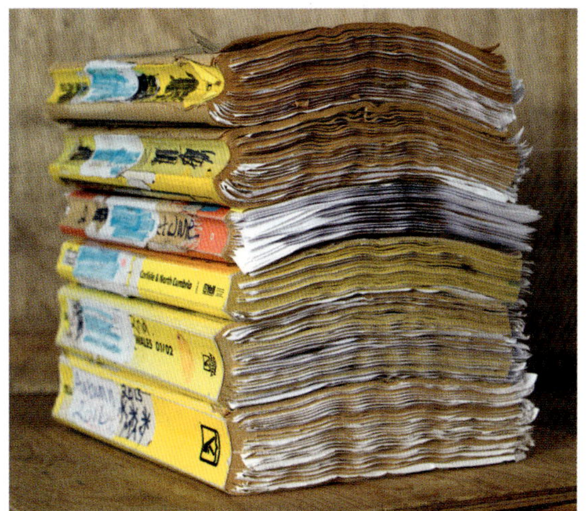

2

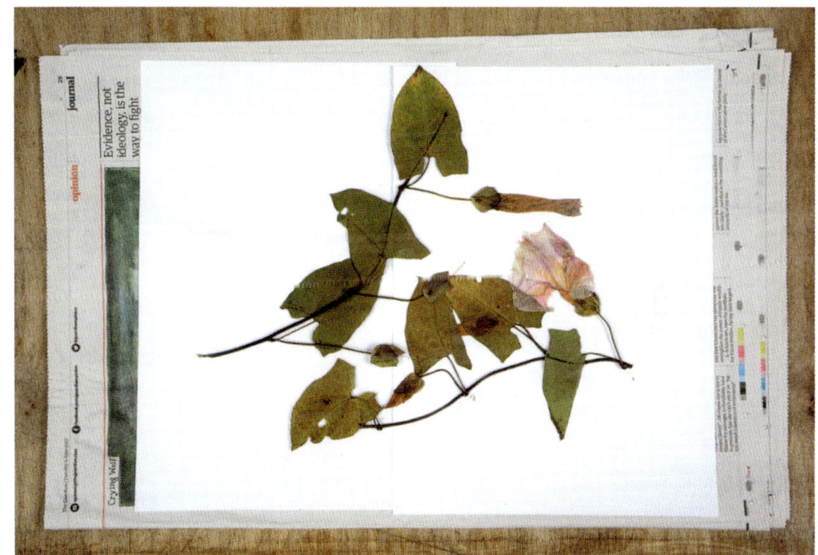

3

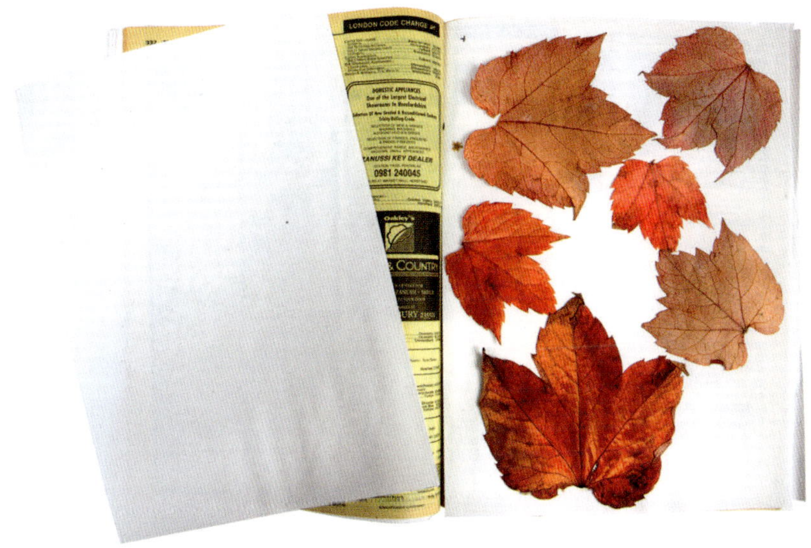

Pflanzenteile pressen

Manchmal muss man statt der ganzen Pflanze Teile davon pressen. Dies lernen Sie am besten durch Ausprobieren. Je nach Pflanze lassen sich bei bestimmten Pflanzenteilen besonders gute Ergebnisse erzielen.

- Die Blüten von Rhododendron (*Rhododendron* spp.) und Azaleen (*Azalea* spp.) sind von der Form her recht kompliziert und lassen sich nur schwer pressen. Um sie und ähnliche Blüten dennoch verwenden zu können, zerlege ich die Blüte und presse die Staub- und die Kelchblätter separat. Bei vielen Gartenblumen wie dem Nepal-Fingerkraut 'Miss Willmott' (*Potentilla nepalensis* 'Miss Willmott') und den meisten Storchschnäbeln oder Geranien (*Geranium* spp.) können Sie ebenso vorgehen.
- Herzförmige Blütenblätter, etwa von *Potentilla nepalensis* 'Miss Willmott', eignen sich besonders für Arbeiten zum Valentinstag oder für eine Hochzeit.
- Dahlien (*Dahlia* spp.) haben komplexe Blüten, doch auch hier gilt, dass man die Blütenblätter abzupfen und einzeln pressen kann.
- Die Jungfer im Grünen *(Nigella damascena)* 'Persian Jewels' ist eine hübsche blaue, einjährige Pflanze, deren Blüte mit dem sehr nützlichen „Nadelkranz" Sie zerlegen können, um die schön geformten und gut pressbaren Blütenblätter zu erhalten. Bei Kornblumen *(Cyanus segetum)* und Borretsch *(Borago officinalis)* können Sie ähnlich vorgehen. Borretschkelchblätter sind besonders gut geeignet zum Pressen.
- Ich bin immer auf der Suche nach kleinen, hübsch geformten Laubblättchen – wie die von zahlreichen Steingartenpflanzen, Akeleien (*Aquilegia* spp.) oder Rosen (*Rosa* spp.) –, die ich einzeln abzupfen und pressen kann.

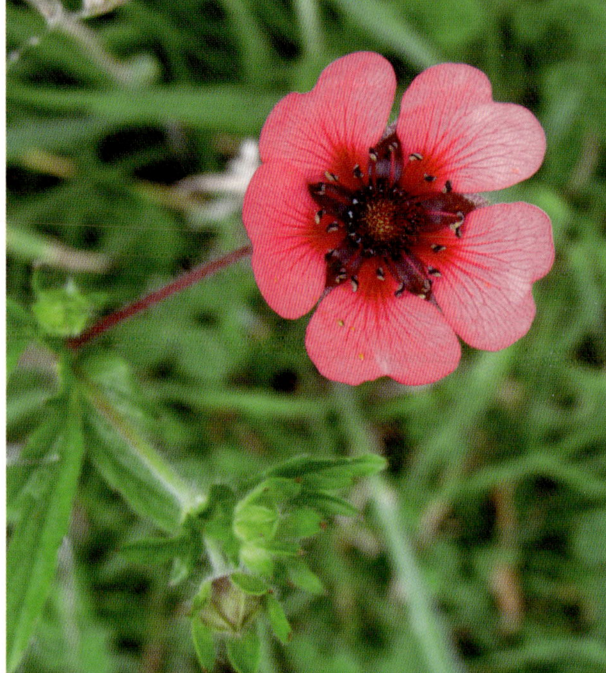

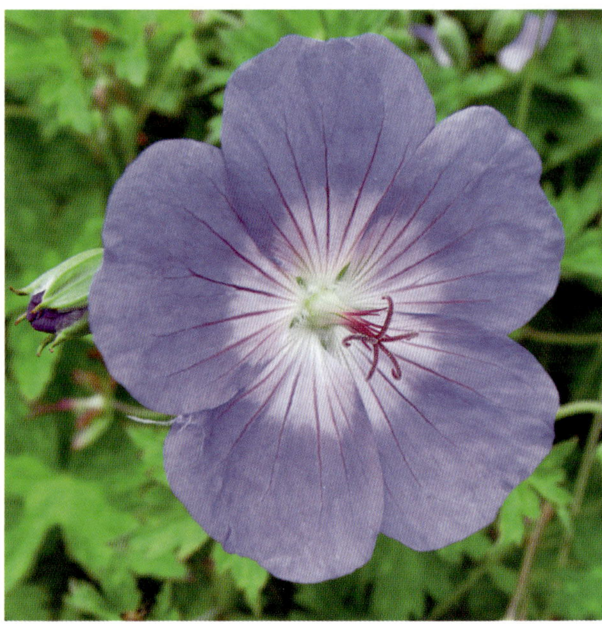

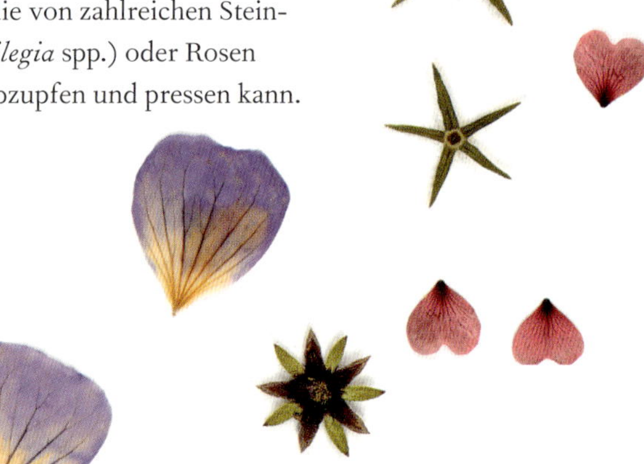

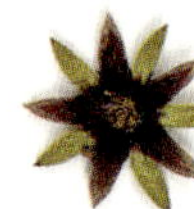

GANZ OBEN *Potentilla nepalensis* 'Miss Willmott' hat sehr hübsche herzförmige Blütenblätter.

OBEN Storchschnabelblüte

LINKS Kleinteile von Storchschnabel, Potentilla und Borretsch

- Bäume wie die Gemeine Esche *(Fraxinus excelsior)*, Eberesche *(Sorbus aucuparia)*, Weide (*Salix* spp.), Espe *(Populus tremula)* und Hänge-Birke *(Betula pendula)* sind gute Lieferanten kleiner Blättchen, die Sie am besten im Frühling sammeln.
- Ich zupfe die Laubblättchen von Echtem Mädesüß *(Filipendula ulmaria)* ab. Ihre interessante Form ist für Collagen sehr nützlich.
- Das Schmalblättrige Weidenröschen *(Epilobium angustifolium)* ist sehr komplex und hübsch. Ich pflücke einzelne Blüten von den Blütenständen, einschließlich der noch nicht geöffneten Knospen. Seine Blätter verfärben sich im Spätsommer zu einem traumhaft schönen Rotorange.
- Das Gänseblümchen *(Bellis perennis)* hat gepresst eine ganz bezaubernde Form. Ich zupfe die Blütenblätter der Blattrosette ab und verwende auch das mittige Blütenkörbchen.

Pressen in der Mikrowelle

Pflanzenmaterial kann man auch in der Mikrowelle pressen und trocknen, wodurch sich der Arbeitsvorgang von Wochen auf Minuten verkürzen lässt. Ich habe diese Methode allerdings nicht ausprobiert, sondern ziehe den langsamen, natürlichen Ablauf vor. Dennoch könnte es sich bei kleineren Materialmengen lohnen, diese Technik zu testen, und vielleicht kommen hervorragende Ergebnisse dabei heraus. Scheuen Sie sich also nicht, etwas Neues zu auszuprobieren.

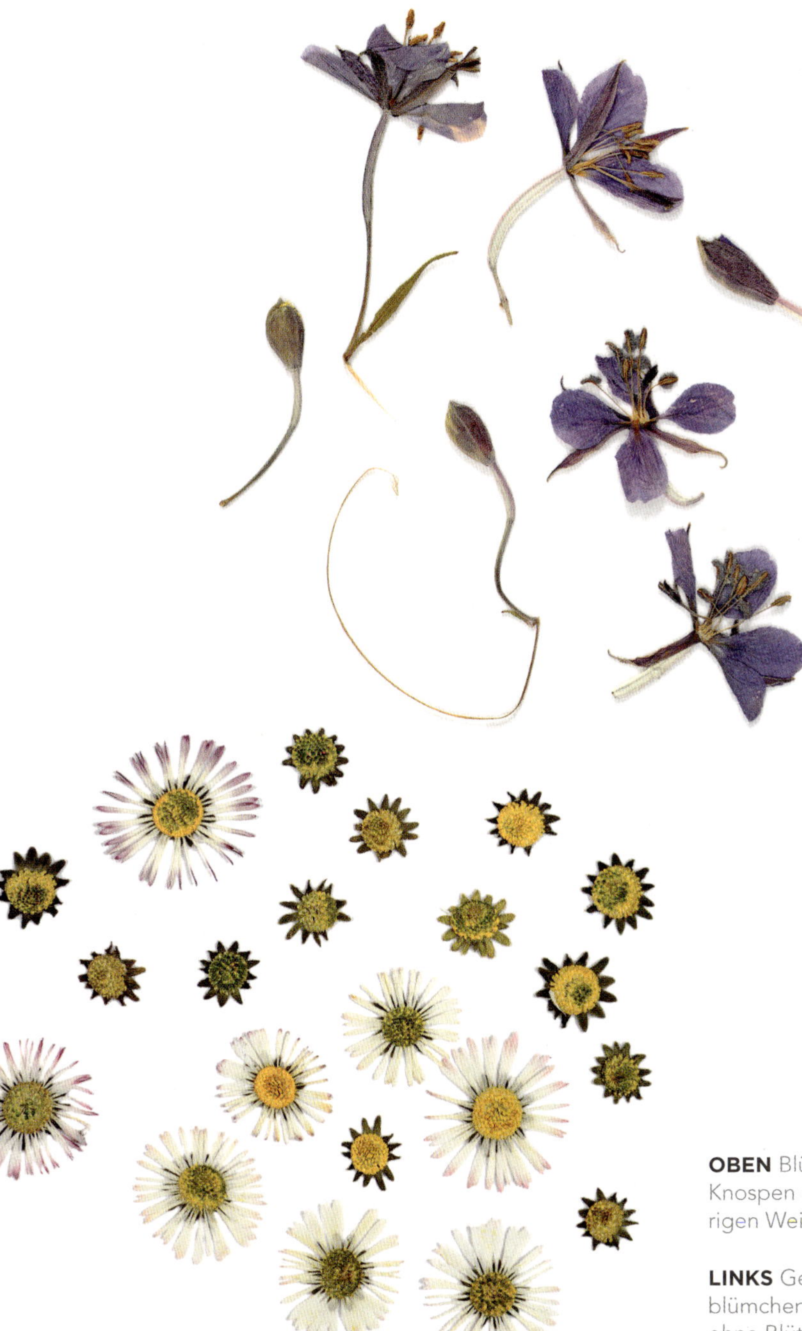

OBEN Blütenblätter und Knospen des Schmalblättrigen Weidenröschens

LINKS Gepresste Gänseblümchenköpfe mit und ohne Blütenblätter (Entfernen Sie die Blütenblätter nach dem Pressen.)

Beschriften

Dokumentieren Sie, wo und wann Sie das Material gesammelt haben, und bestimmen Sie möglichst alle Pflanzen. Dicke Pressbücher nach etwas durchsuchen zu müssen, von dem man weiß, dass man es gepresst hat, und es nicht zu finden, kann sehr zeitraubend sein. Deshalb beschrifte ich meine Bücher oder klebe eine Liste des enthaltenen Materials als Deckblatt auf. Zudem bewahre ich verschiedene Projekte in unterschiedlichen Büchern auf.

Aufbewahren

Ist ein Pressbuch voll, wird es mit einem irgendwie gearteten schweren Gewicht beschwert. Ich verwende dafür Stapel alter Telefonbücher, Bücher und sogar Ziegelsteine. Wer eine Buchpresse hat, muss sie wie eine Blumenpresse zuschrauben.

Der Pressstapel sollte trocken und nicht zu kühl stehen. In der Regel dauert es einige Monate, bis das Pflanzenmaterial weiterverarbeitet werden kann. Sie können den Trocknungsvorgang etwas beschleunigen, indem Sie das Papier wechseln, was allerdings zeitaufwendig sein kann. Zudem könnte der kostbare Inhalt dabei beschädigt werden.

Ich bewahre das fertige Material in denselben Büchern auf, in denen es gepresst wurde – so behalte ich den Überblick über meinen Fundus. Sie können gepresstes Material natürlich auch in Prospekthüllen oder Briefumschlägen lagern. Es lässt sich jahrelang aufbewahren, solange es trocken liegt. Ich habe über die Jahre zu viel gesammelt und werde nie alles aufbrauchen können. Häufig verschenke ich altes Material bei Workshops.

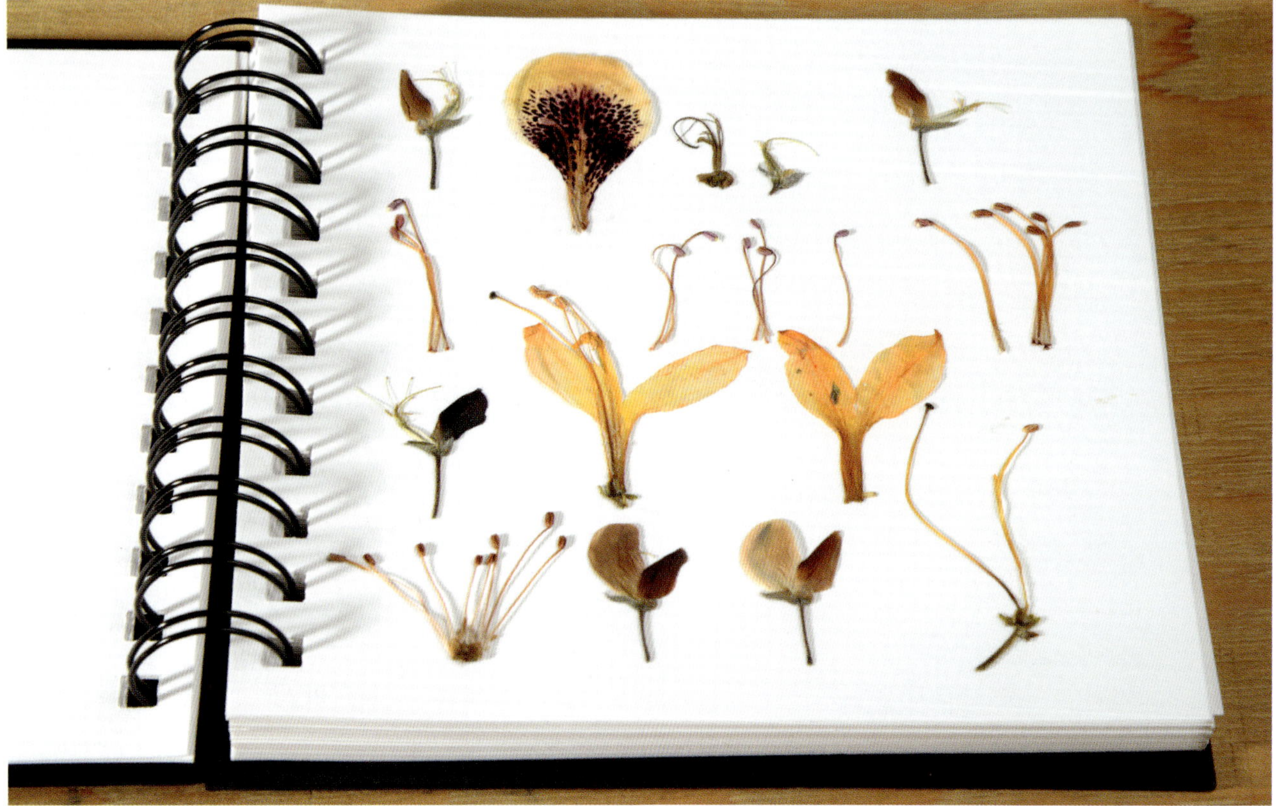

LINKS Fertig gepresste Pflanzenteile, die nun beschriftet werden können.

Papier und Karton auswählen

Meine Collagen erstelle ich meist auf den Bögen eines Aquarellblocks. Aquarellpapier hat eine gute Textur und wellt sich nicht, wenn ich das gepresste Material mit Aquarellfarbe kombiniere (siehe Seite 74). Passepartout-Karton oder jeder andere dickere Karton ist gut geeignet, ebenso Leichtschaumplatten, die es in vielen Farben und selbst in Schwarz gibt. Dünnes Papier oder dünnen Karton sollten Sie jedoch nicht verwenden, es/er würde sich durch den Kleber und die Farbe wellen.

Es gibt wunderschöne handgeschöpfte Papiere, die mitunter bereits kleine Blüten enthalten. Falls Sie solch dünnes Papier verwenden, ziehen Sie es am besten vorher auf Karton auf.

Auf welcher Art von Papier oder Karton Sie Ihr Kunstwerk am liebsten erstellen, werden Sie sicherlich durch Experimentieren herausfinden. Zudem kann man sehr gut Papier selbst schöpfen und Blatt und Blüte bereits dem Papierbrei zugeben.

Das Pflanzenmaterial aufkleben

Ich arbeite mit Copydex, einem lösungsmittelfreien Latexkleber (siehe Seite 41), den man leicht wieder vom Papier lösen kann, falls man zu viel genommen hat. Er erlaubt auch, Teilstücke oder einzelne Quadrate wieder abzulösen, wenn ein Design nicht gelungen ist.

Geben Sie nur eine geringe Menge Kleber auf das Pflanzenmaterial oder ein Stück Karton, denn er trocknet rasch. Verstreichen Sie den Kleber mit einem Streichholz auf der Unterseite des Laubblatts oder Quadrats. Kleben Sie dieses mit Druck auf den Untergrund und komponieren Sie Ihr Werk sorgfältig Schritt für Schritt.

Wollen Sie einzelne Blütenblätter oder Blüten aufkleben, sollten Sie ebenfalls nur wenig Kleber verwenden – ein Tropfen genügt bereits – und ihn mit einem Streichholz aufstreichen. Ich spitze meine Streichhölzer an, um den Kleber besser auftragen zu können.

UNTEN LINKS Blättchen heimischer Bäume

UNTEN RECHTS Streichen Sie mit einem angespitzten Streichholz nur wenig Kleber auf die getrockneten Blüten und Blätter.

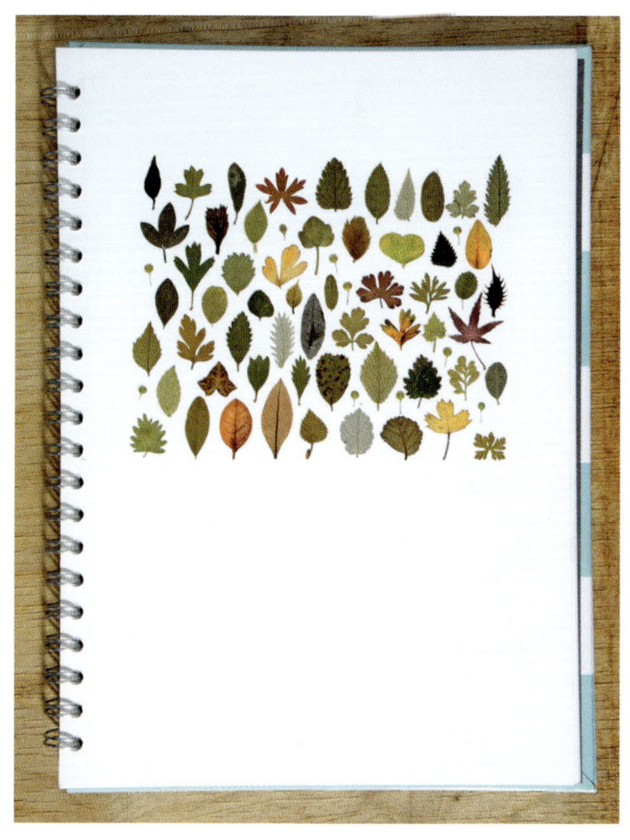

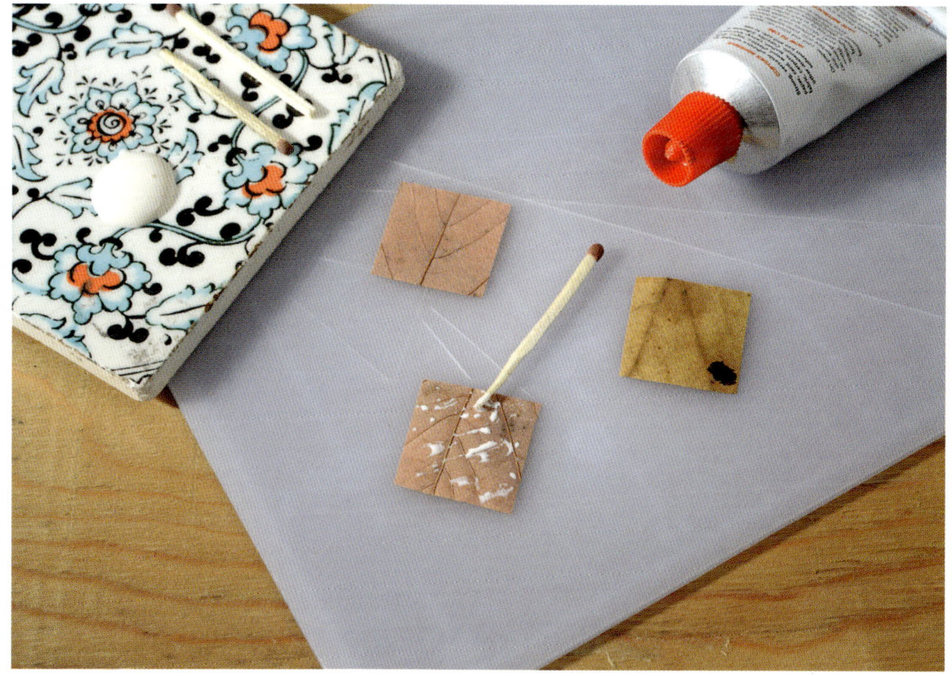

Erste Experimente

Als ich anfing, Collagen aus Pflanzenmaterial anzufertigen, war ich gespannt, wie sich die Farben verändern würden und wie einfach es sein würde, das Material zu verarbeiten. Die Farben veränderten sich in der Tat – einige der Collagen waren nicht zu gebrauchen, während andere wunderschön wurden.

Besonders gerne sammelte ich das Laub von Berg-Ulme *(Ulmus glabra)*, Stumpfblättrigem Ampfer *(Rumex obtusifolius)*, Gemeiner Rosskastanie *(Aesculus hippocastanum)*, Vogel-Kirsche *(Prunus avium)* und Berg-Ahorn *(Acer pseudoplatanus)*.

Die Blätter des Stumpfblättrigen Ampfers eignen sich vor allem aufgrund ihrer Farbe und fleckigen Textur sehr gut. Ich war stets auf der Suche nach Laub mit ungewöhnlicher Textur und experimentierte mit allen erdenklichen Sorten. Bald stellte ich fest, dass einige der wunderschön aussehenden, leuchtend grünen Frühlingsblätter ihre Farbe nicht behielten. Leider verblasst das leuchtendste Laub von allen – das der Rotbuche *(Fagus sylvatica)* – zu einem tristen graugrünen Ocker. Es gibt aber auch Laub – wie das von Bärlauch *(Allium ursinum)* –, dessen Farbe und Textur sich nach dem Pressen intensivieren.

Laub verändert sich auch im Laufe einer Jahreszeit und bekommt eine kräftigere Farbe. Stets versuchte ich, fleckiges und durch Insekten geschädigtes Blattwerk zu ergattern und wurde bei Ahornlaub fündig. Im Herbst sind die Blätter mit hübschen schwarzen Punkten übersät, u. a. verursacht durch den Ahorn-Runzelschorf (eine Pilzerkrankung). Solche Blätter tauchen in meinen Arbeiten immer wieder auf.

Mit der Zeit erkannte ich, dass der Standort die Arten und Eigenschaften von Pflanzen beeinflusst. Damals lebte ich in Wales. Ich sammelte vielerlei Baumlaub in meiner Umgebung und fand in den Wäldern eine gute Artenauswahl vor. Als ich in den Südwesten Schottlands zog, stellte ich fest, dass einige dieser Arten fehlten. Pflanzen wie die Breitblättrige Mehlbeere *(Sorbus latifolia)*, der Feld-Ahorn *(Acer campestre)* und die Gewöhnliche Waldrebe *(Clematis vitalba)* waren schwer zu finden, dafür aber andere wie die Kartoffel-Rose *(Rosa rugosa)*, die dort am Strand im Sand wuchs. Und in vielen Gärten wuchs Tibet-Scheinmohn *(Meconopsis betonicifolia)*, den man in Mittel-Wales nicht oft zu Gesicht bekommt.

UNTEN LINKS Bärlauch

UNTEN RECHTS Gestalten mit Quadraten aus gepressten Bärlauchblättern und mit Bärlauchblüten

GEGENÜBER Collage aus Blatt und Blüte von Bärlauch (2017). 10 × 10 cm

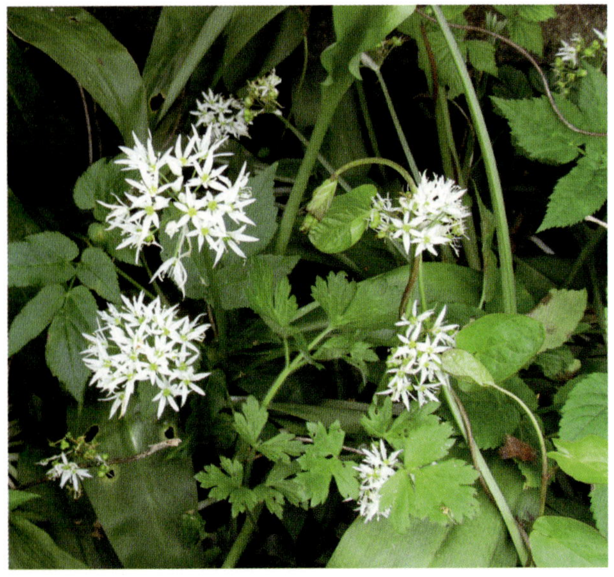

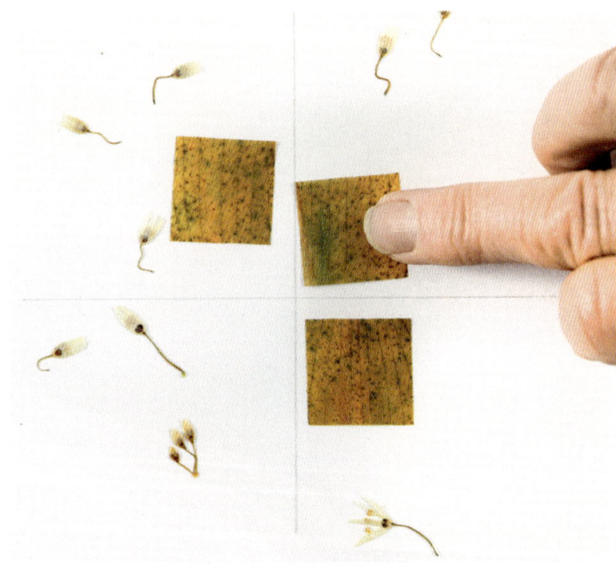

Bärlauch
(Allium ursinum)

Sowohl die Blätter als auch die Blüten dieser im Schatten unter Waldbäumen häufig anzutreffenden Wildpflanze eignen sich gut zum Pressen.

1 Wählen Sie 16 aus dem gepressten Blatt zugeschnittene Quadrate aus. Ich arbeite stets mit 2,5 × 2,5 cm großen Quadraten (siehe Seite 40). Oft haben gepresste Bärlauchblätter an Stellen, an denen sie leicht gesprenkelt sind, eine besonders interessante Textur. Dort sind auch verschiedene Abstufungen von Goldbraun, Gelb, Mittel- und Hellgrün zu beobachten. Ich verwende immer den texturierten Teil des Blatts.

2 Markieren Sie mit einem Bleistift die Mitte Ihres Aquarellpapiers durch ein Kreuz und ordnen Sie ausgehend von diesem Punkt einen Block aus 16 Quadraten an. Wirkt das Arrangement harmonisch und interessant, kleben Sie die Quadrate von der Mitte ausgehend nach außen hin auf.

3 Nach Belieben können Sie jedes Quadrat um einige gepresste Bärlauchblütenblätter ergänzen. Die weißen Blüten lassen sich gut verarbeiten, wenn man sie vom Stiel abzupft und einzeln als geöffnete Blüte oder als Knospe presst.

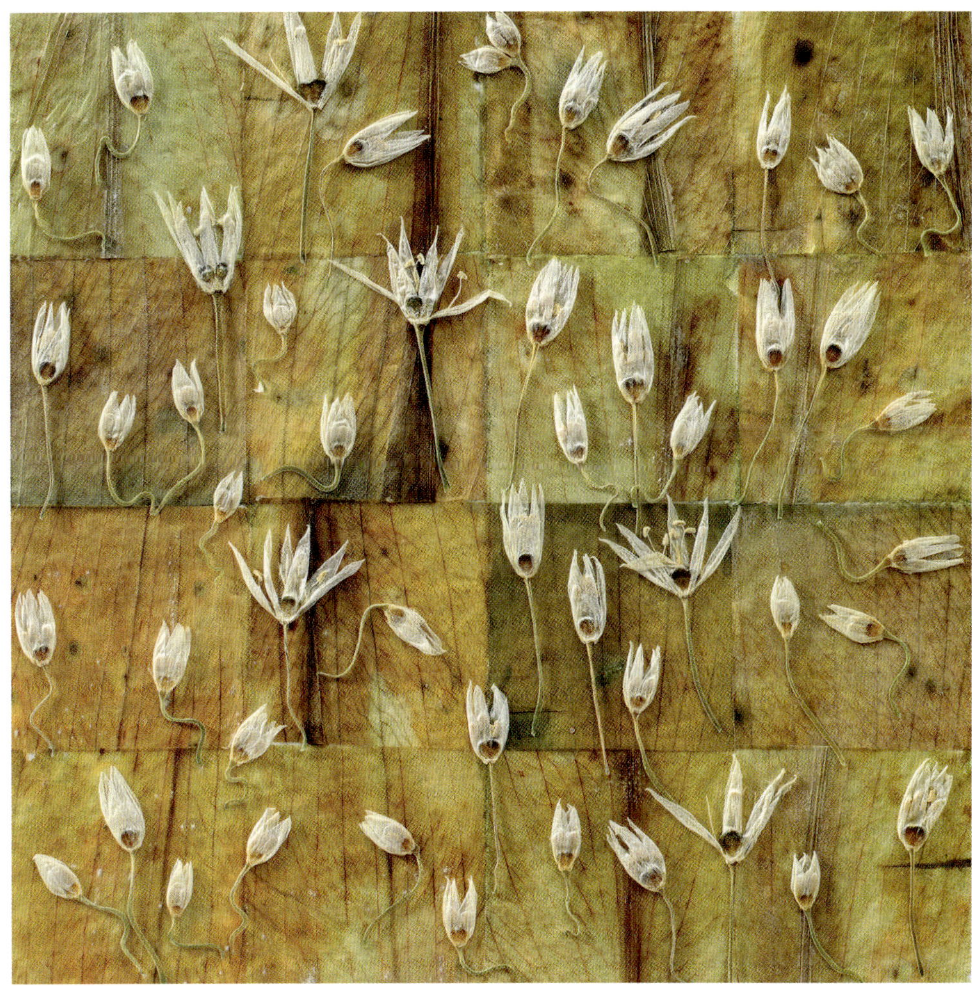

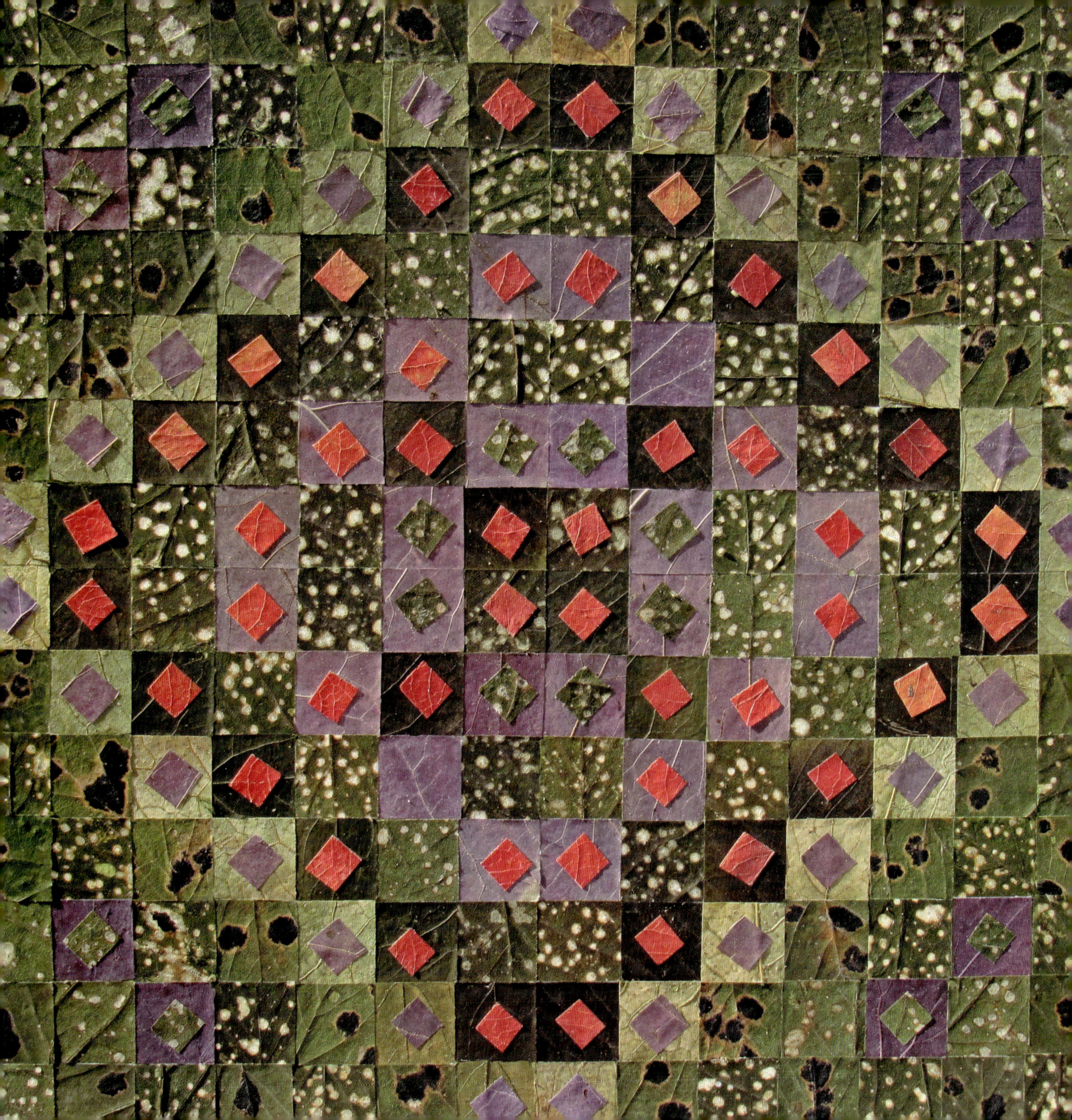

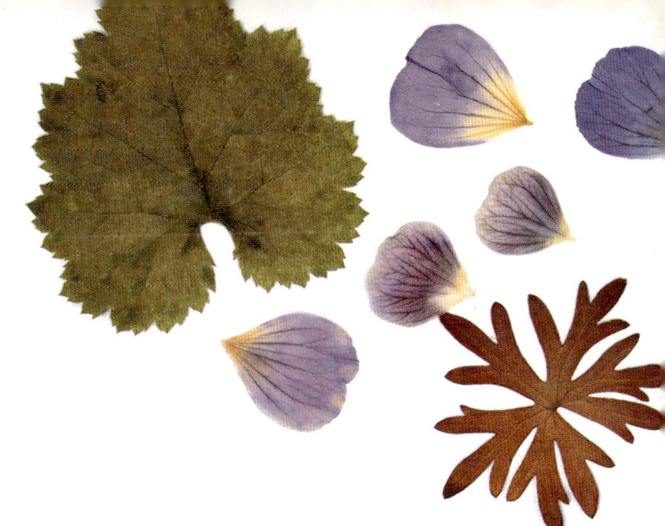

BILDKOMPOSITION

LINKS Sechsfarbiges Patchwork-Design mit kleinen roten Quadraten, die zur Kontrastverstärkung hinzugefügt wurden (2017). Siehe Seite 46-47. 35,5 × 35,5 cm

Gestalten mit Schablonen

Das gepresste Pflanzenmaterial können Sie auf unterschiedlichste Weise komponieren: vom einfach in einer Reihe angeordneten Lieblingslaub bis hin zum komplexen geometrischen Muster aus mithilfe einer Schablone zugeschnittenen Formen. Probieren Sie am besten all die Techniken aus, die Sie ansprechen. Fangen Sie klein an und entfalten Sie Ihren Stil Schritt für Schritt.

Eine Schablone herstellen

Meine Collage-Technik entwickelte sich aus dem Anfertigen meiner Patchwork-Quilts. Daher habe ich von Anfang an für den Zuschnitt der Formen aus Blattmaterial eine Schablone verwendet und damit ein Design aufgebaut, das Ähnlichkeiten mit einem Patchwork-Block hat.

Die einzige Schablone, die ich je benutzt habe, ist das 2,5 × 2,5 cm große Quadrat. Von Anfang an hielt ich es für die beste Größe und Form für meine Arbeiten und hatte über die Jahre nie das Bedürfnis, dies zu ändern. Das 2,5 × 2,5 cm große Quadrat passt gut zu vielen unterschiedlichen Blättern und Blütenblättern. Ich habe das Quadrat auch diagonal durchgeschnitten, um ein Dreieck zu erhalten, das für den Entwurf von Designs ebenfalls gute Dienste leistet. Meine Methode ähnelt sehr stark Patchwork-Techniken, bei denen aus Quadraten und Dreiecken unzählige geometrische Designs erstellt werden.

Anfangs verwendete ich eine Kartonschablone, die jedoch schnell aus der Form geriet, und ein Freund fertigte mir schließlich eine Messingversion an (auch Kunststoffschablonen sind geeignet). Doch vor Kurzem musste ich sie ersetzen, nachdem die Ecken nach jahrelangem Gebrauch nicht mehr rechtwinklig waren. Verwenden Sie für Ihre Bilder aus Blatt und Blüte Schablonen Ihrer Wahl. Diese können auch rautenförmig, sechs- oder dreieckig sein.

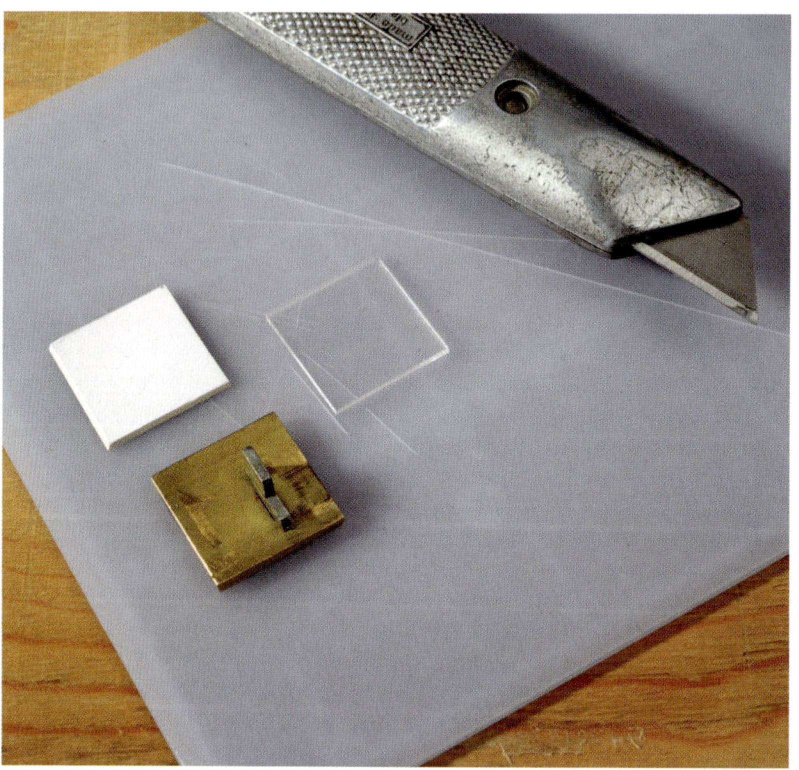

Die Formen zuschneiden

Das gepresste Blatt sollte trocken und glatt sein. Arbeiten Sie auf einer Schneidematte: Legen Sie die Schablone vorsichtig auf das Blatt und schneiden Sie mit einem Cuttermesser um sie herum. Halten Sie die Schablone mit Druck, damit sie nicht verrutscht, und sorgen Sie dafür, dass die Klinge scharf ist. Beim Basteln mit Kindern ist es sicherer, die Formen mit der Schere ausschneiden. Ich fertige meist mehrere Quadrate von einer Farbe an.

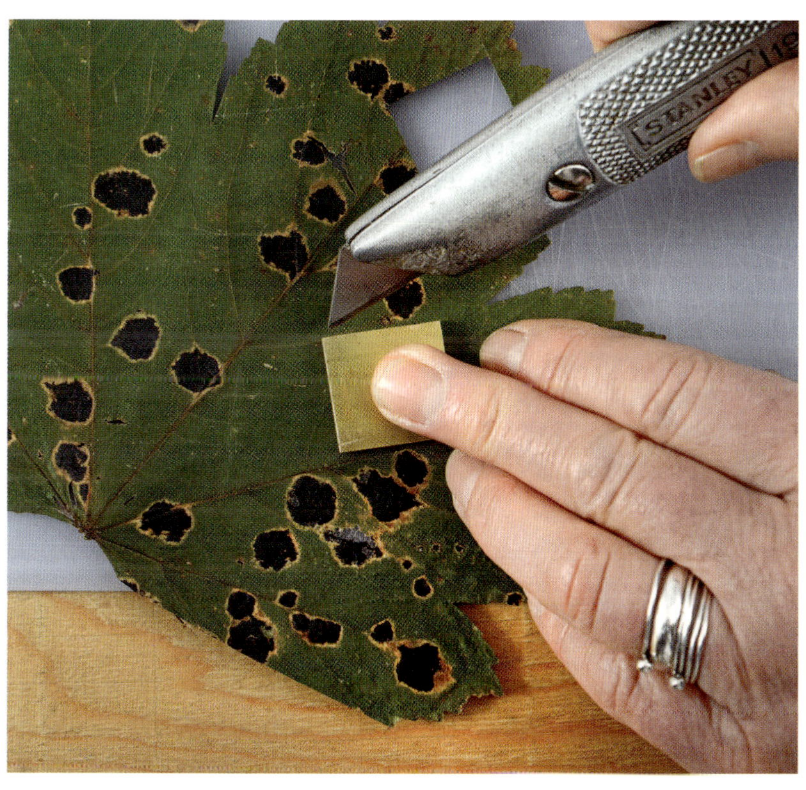

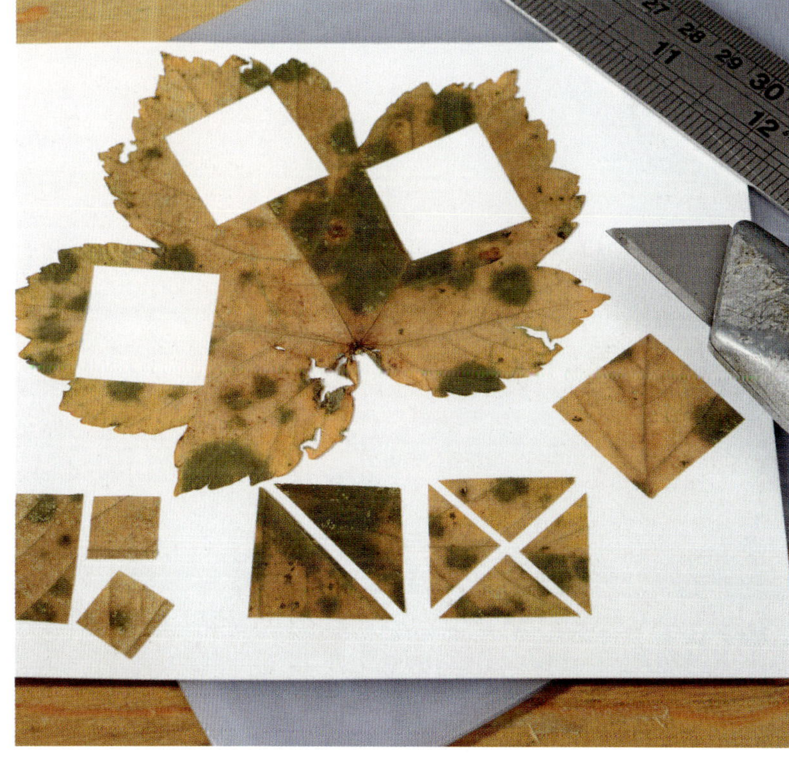

FÜR DIE PROJEKTE AUF DEN FOLGENDEN SEITEN BRAUCHEN SIE:

1. aus gepressten Blättern zugeschnittene Quadrate in kontrastierenden Farben und Texturen
2. Bleistift
3. Cuttermesser und Lineal
4. Schneidematte
5. dickes Aquarellpapier oder Leichtschaumplatte (aus Polystyrol)
6. Copydex-Kleber (oder ein wieder ablösbarer, lösungsmittelfreier Latexkleber; in Online-Shops erhältlich)

GEGENÜBER Karton-, Kunststoff- und Metallschablonen in der Größe 2,5 × 2,5 cm sowie Schneidematte und Cuttermesser

OBEN LINKS Zuschnitt eines Blattquadrats mithilfe einer Metallschablone

OBEN RECHTS Schön texturiertes gepresstes Ahornblatt, aus dem unterschiedlich große Quadrate zugeschnitten werden.

Quadrate und Dreiecke kombinieren

1 Legen Sie Ihre gepressten Blätter bereit – am besten gleich mehr, als Sie benötigen, falls einige nicht geeignet sind. Für dieses Design brauchen Sie acht dunkelgrüne Quadrate aus gepresstem Laub der Großen Brennnessel (*Urtica dioicia*) sowie acht rote Quadrate aus Wildem Wein *(Parthenocissus quinquefolia)*.

2 Zerschneiden Sie jeweils sechs dunkelgrüne und sechs rote Quadrate diagonal, sodass Dreiecke entstehen.

3 Schneiden Sie Ihr Papier oder den Karton zu einem 15 × 15 cm großen Quadrat zu. Markieren Sie die Mitte mit einem Kreuz. Die fertige Arbeit misst 10 × 10 cm.

4 Legen Sie die ersten vier dunkelgrünen Dreiecke wie abgebildet auf den Untergrund und vervollständigen Sie die Mitte des Designs dem Muster entsprechend (siehe Seite 44).

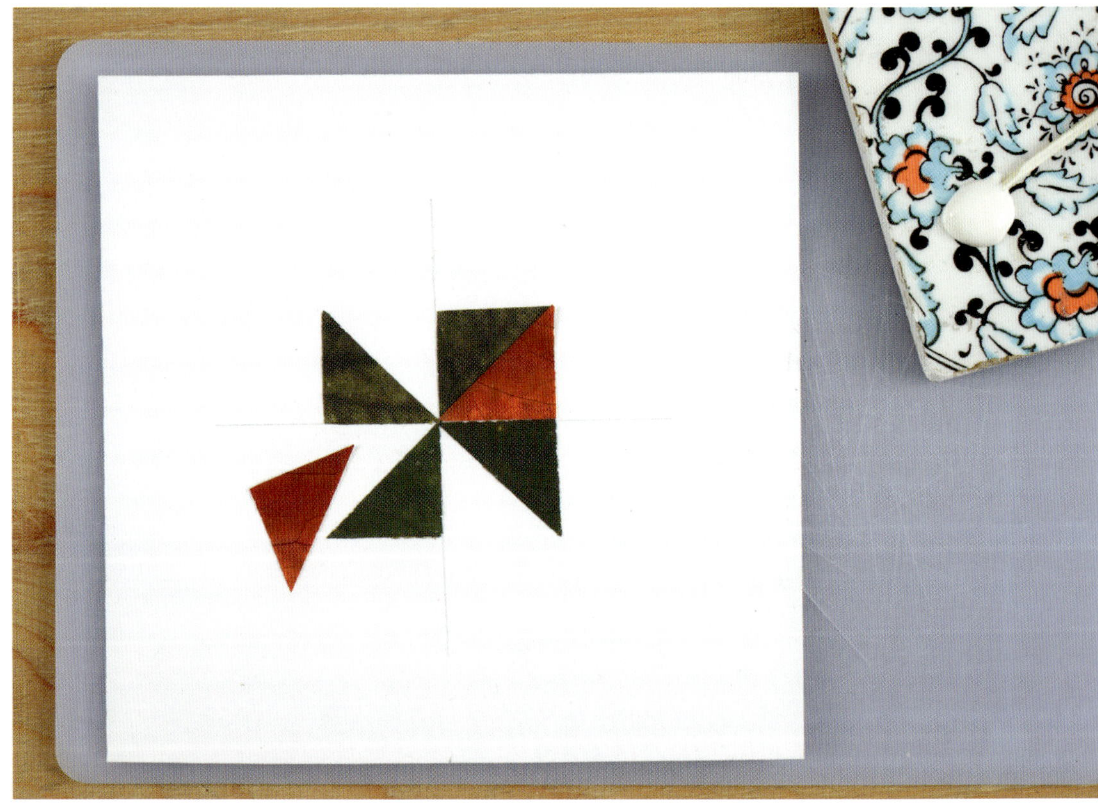

OBEN Das Muster wird von der Papiermitte ausgehend aufgebaut. Dafür werden vier Dreiecke aus Brennnessellaub platziert. Fortgesetzt wird das Design mit einer Kontrastfarbe (hier Wilder Wein).

5 Stellen Sie das Design fertig, indem Sie die restlichen zugeschnittenen Formen entsprechend dem Muster anlegen. (Damit die Blattformen beim Hin- und Herschieben nicht beschädigt werden, feuchten Sie am besten eine Fingerspitze mit etwas Wasser an. Das gilt für alle Blüten- und Laubblätter.)

6 Kleben Sie die Pflanzenteile mit wenig Kleber vorsichtig auf das Papier oder den Karton. In der Regel streiche ich den Kleber auf die Rückseite des Quadrats oder Dreiecks. Alternativ können Sie ihn auch direkt auf das Papier streichen. Tun Sie dies in beiden Fällen mit einem Streichholz und verwenden Sie nur einen kleinen Klecks. Drücken Sie das Material gut fest und beschweren Sie die fertige Collage mit einem schweren Buch. Das Gewicht sorgt dafür, dass die Oberfläche flach und eben bleibt.

7 Bei diesem Design handelt es sich um ein klassisches geometrisches Muster. Es lässt sich problemlos durch den Einsatz anderer Farben oder Formen abwandeln oder durch Wiederholung einer Anzahl von „Blöcken" zu einem größeren Werk zusammenstellen.

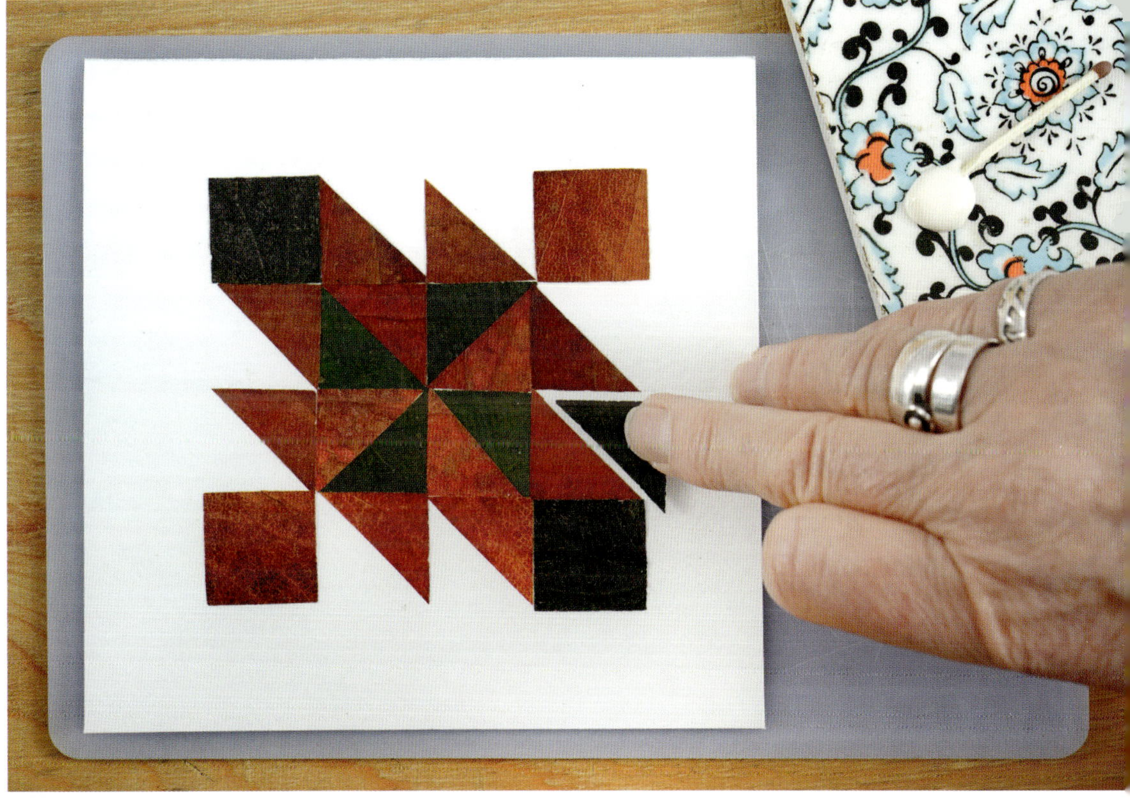

OBEN Um das mittige Windrad-Quadrat herum werden Teile in derselben Farbkombination angeordnet.

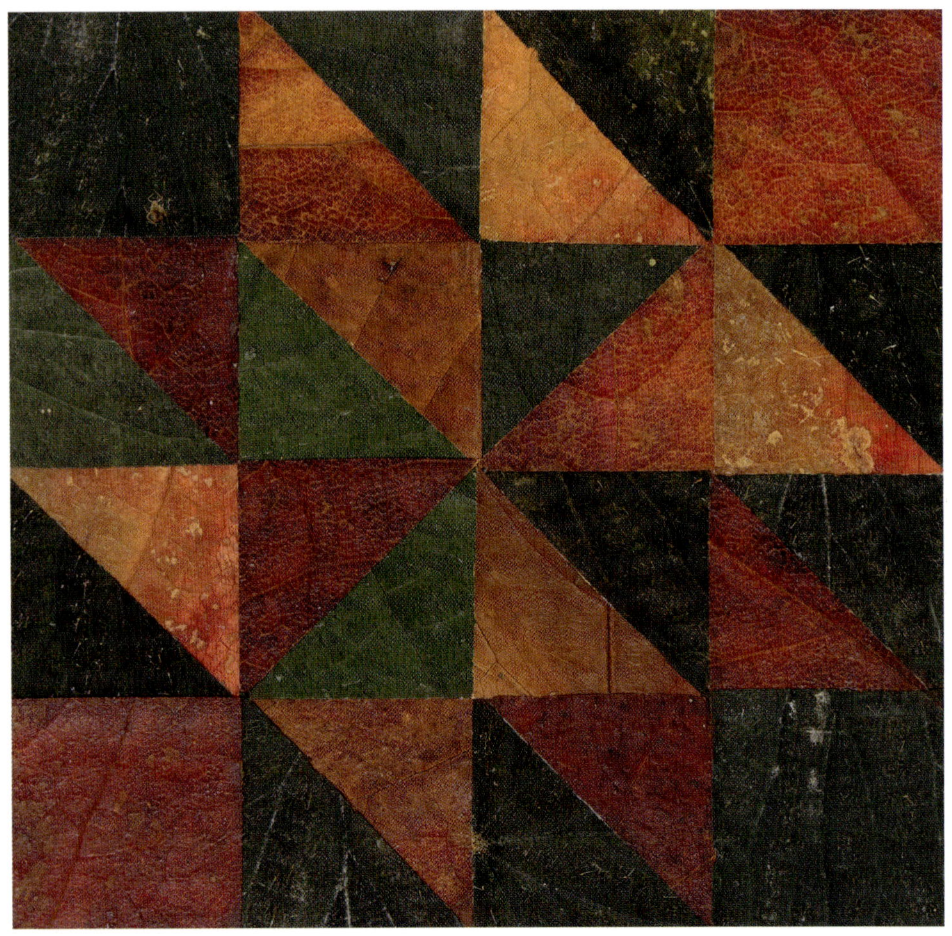

Tipps

- Das grundlegende Design können Sie auf kariertem Papier entwerfen. Dabei sollten Sie jedoch nicht zu streng vorgehen, da bei Verwendung von Naturmaterial ein vorgefasster Plan nicht immer funktioniert. Möglicherweise stellen Sie fest, dass Sie nicht genug von einer Farbe haben. Einzelne Teile können zerreißen oder verloren gehen. Eignen Sie sich beim Arbeiten mit Naturmaterial eine gewisse kreative Flexibilität an und lassen Sie sich überraschen.
- Es ist ziemlich schwierig, absolut gerade Kanten zu erhalten und ich habe mir oft mit einer aufgemalten Umrandung aus der Bredouille geholfen. Alternativ können Sie eine unsaubere Kante mit einem Passepartout kaschieren, bevor Sie die Arbeit rahmen.
- Fehler lassen sich relativ einfach korrigieren, da der Latexkleber es erlaubt, das Quadrat oder Teilstück wieder abzulösen, mit dem Sie nicht zufrieden sind. Ziehen Sie das Laubmaterial einfach vorsichtig vom Papier ab.
- So knifflig es ist, eine gerade Kante zu erzielen, so schwierig ist auch eine perfekte „Passung" der Quadrate. Durchscheinende Lücken können Sie auf der fertigen Collage in farblich passender Aquarellfarbe mit einem kleinen Pinsel ausmalen.

OBEN Das fertige Design aus 16 Quadraten

RECHTS Der einfache Block aus 16 Quadraten kann wiederholt werden, sodass unzählige Designs und Variationen entstehen.

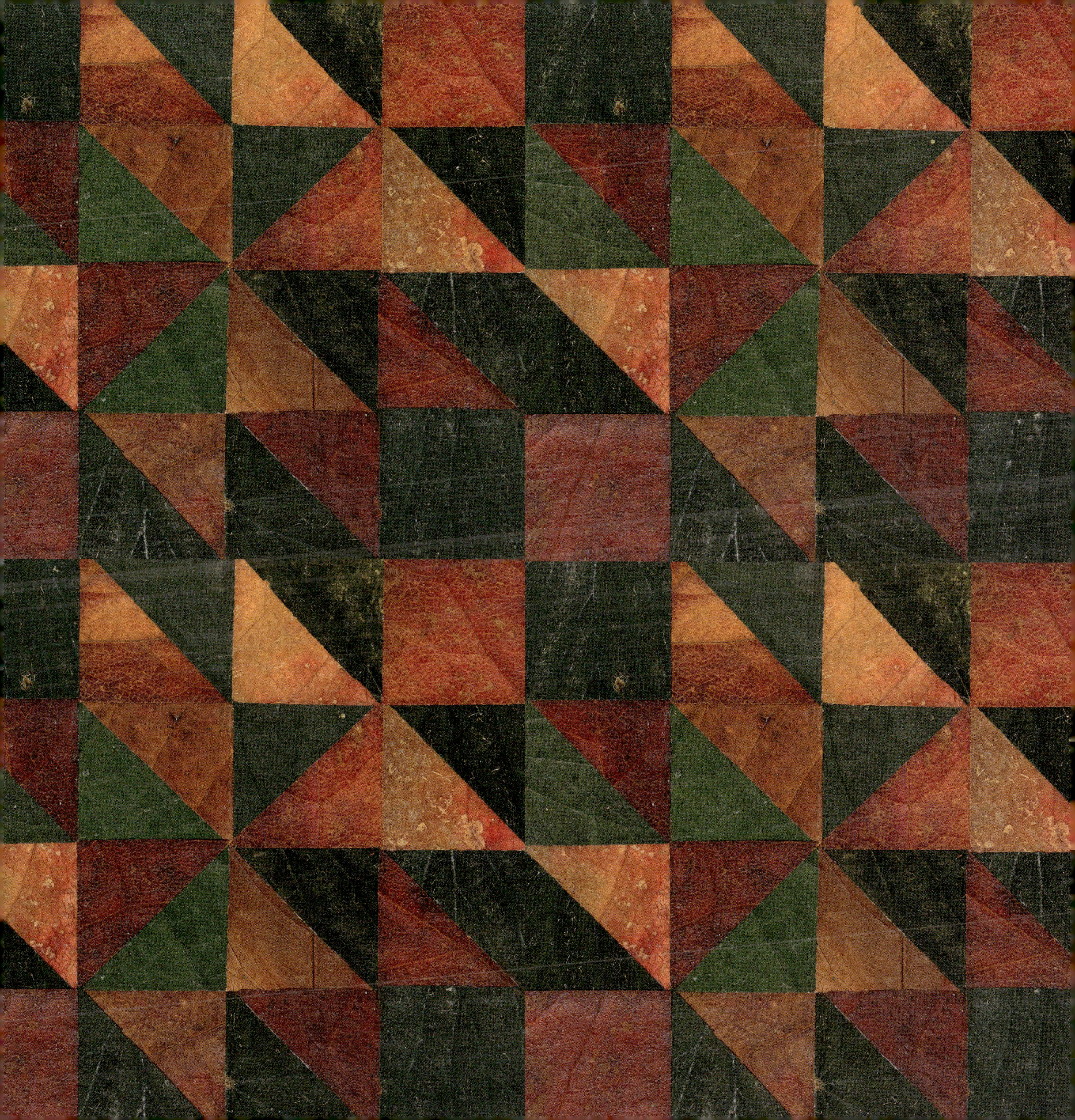

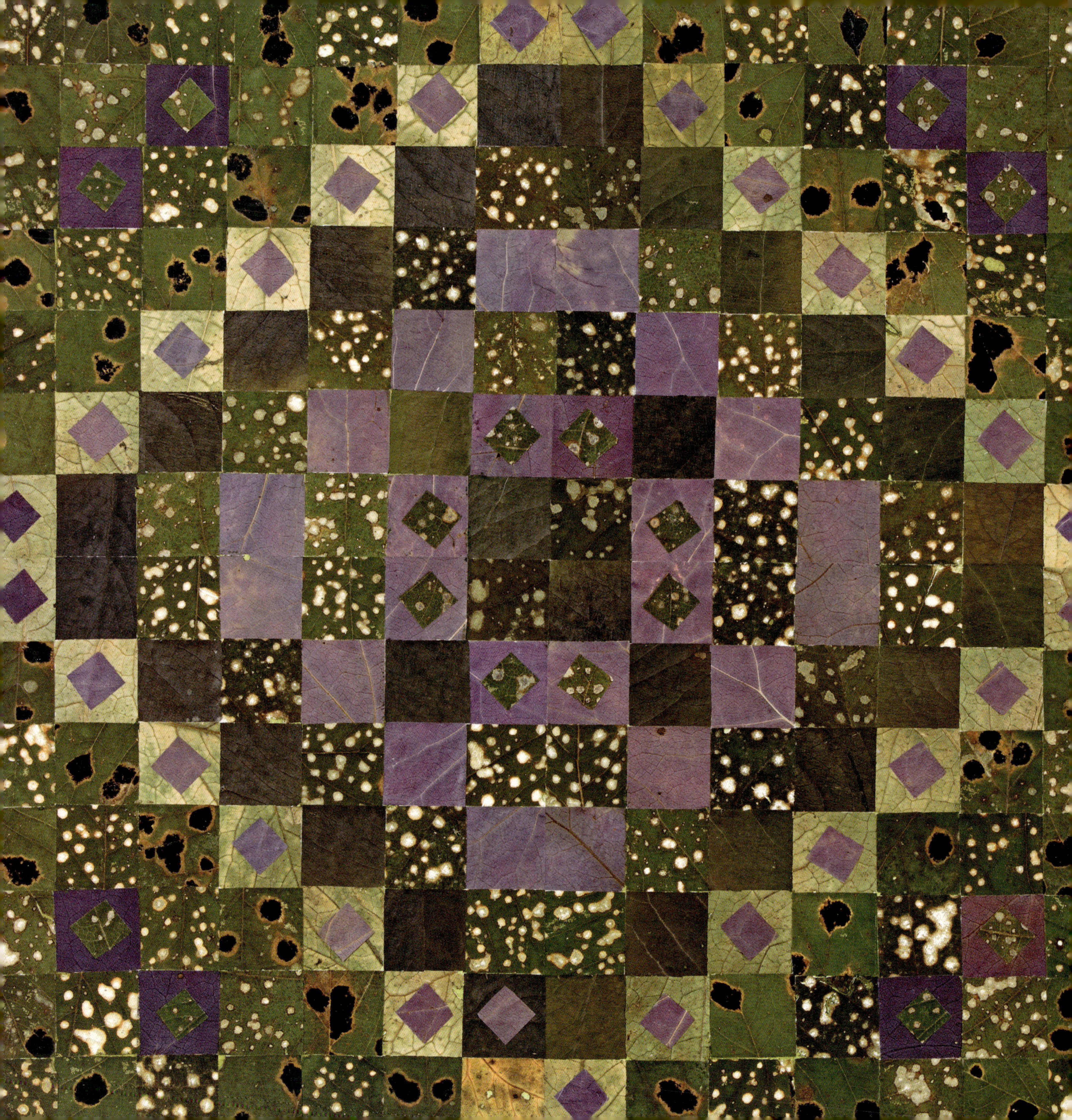

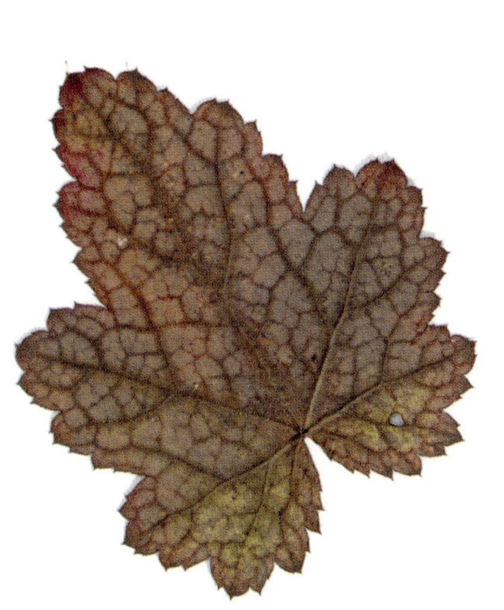

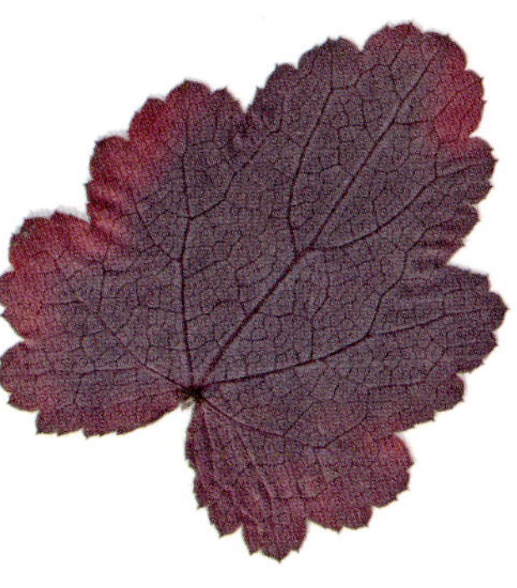

Sechsfarbiges Patchwork-Design

1 Bei dieser Collage kommen Quadrate von Schwarzem Holunder *(Sambucus nigra)* in Grün, Purpurglöckchen *(Heuchera)* in Violett, Wald-Engelwurz *(Angelica sylvestris)* in Hellgrün sowie Berg-Ahorn *(Acer pseudoplatanus)* mit weißen und schwarzen Flecken zum Einsatz. Verwenden Sie kräftige, kontrastierende Farben (was am einfachsten mit hellen und dunklen Abstufungen möglich ist), andernfalls kommt das Muster nicht zur Geltung.

2 Schneiden Sie Ihr Papier oder Ihren Karton auf etwa 40,5 × 40,5 cm zu. Das fertige Bild misst etwa 35,5 × 35,5 cm. Markieren Sie die Mitte mithilfe von senkrechten und waagerechten Linien mit einem Kreuz. Die Linien dienen beim Positionieren der Quadrate zur Orientierung.

3 Beginnen Sie in der Mitte mit vier Quadraten. Bauen Sie das Muster wie bei einem Patchwork von der Mitte her nach außen auf.

4 Ich habe durch die auf die Spitze gestellten kleinen Quadrate Akzente im Muster gesetzt.

5 Nach einiger Zeit habe ich mich erneut mit der Collage beschäftigt und das Muster durch kleine rote Quadrate noch farbenfroher gestaltet (siehe Seite 38).

Tipps

- Bei traditionellen textilen Patchwork-Arbeiten sind Kontraste sehr wichtig, damit das Design wirkt. Zaubern Sie mit Hell-Dunkel-Kontrasten, setzen Sie Texturiertes und Glattes gegenüber oder kombinieren Sie Rot-Grün-, Gelb-Violett- und Blau-Gelb-Töne.
- Muster aus gepresstem Laub müssen einfach sein, da den Formen, die man aus dem Naturmaterial schneiden kann, Grenzen gesetzt sind – aus diesem Grund schneide ich stets 2,5 × 2,5 cm große Quadrate zu. Mit dieser Größe und Form können Sie durch einfaches Ändern von Layout, Farbe und Textur die unterschiedlichsten Muster kreieren.
- Wenn Sie ein größeres Werk anfertigen wollen, entwerfen Sie das Muster am besten auf Millimeterpapier, um einen Eindruck davon zu bekommen, wie viele Quadrate nötig sind und ob es Dreiecke oder andere Formen enthalten soll. Kleinere Arbeiten können Sie direkt entwickeln.
- Vergessen Sie nicht, dass Sie für den ersten Versuch auch ein traditionelles Patchwork-Design kopieren können (wie ich es gemacht habe).

LINKS Sechsfarbiges Patchwork-Design mit Holunder-, Purpurglöckchen-, Engelwurz- und Berg-Ahorn-Blättern (2017). Siehe Seite 38, dort wurden kontrastfarbene Quadrate ergänzt. 35,5 × 35,5 cm

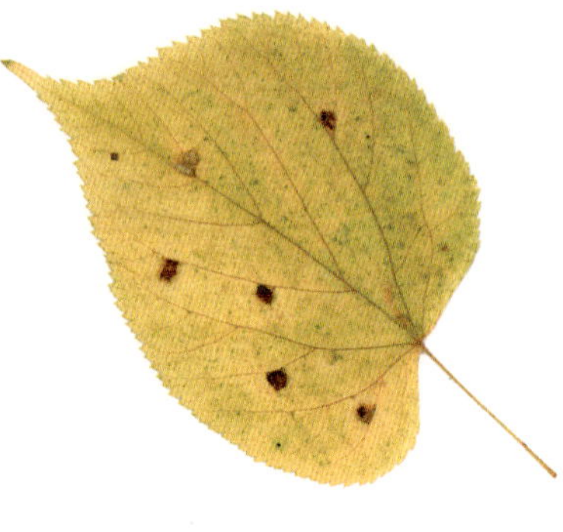

Freies Patchwork-Design

Bei dieser Technik können Sie sehr gut bereits zugeschnittene Quadrate unterschiedlicher Art und Farbe aufbrauchen – wie bei einem freien Patchwork-Design. Häufig schneide ich zu viele Quadrate zu und oft sind einige darunter, die so schön sind, dass ich sie einfach nicht wegwerfen kann.

1 Setzen Sie Ihre Quadrate – in der Mitte beginnend – zu einem größeren Quadrat zusammen.

2 Konzentrieren Sie sich darauf, kontrastierende Quadrate nebeneinander zu setzen. Bei dieser Collage können alle Arten von Flecken, Punkten, Linien, Texturen und Farben zur Geltung kommen.

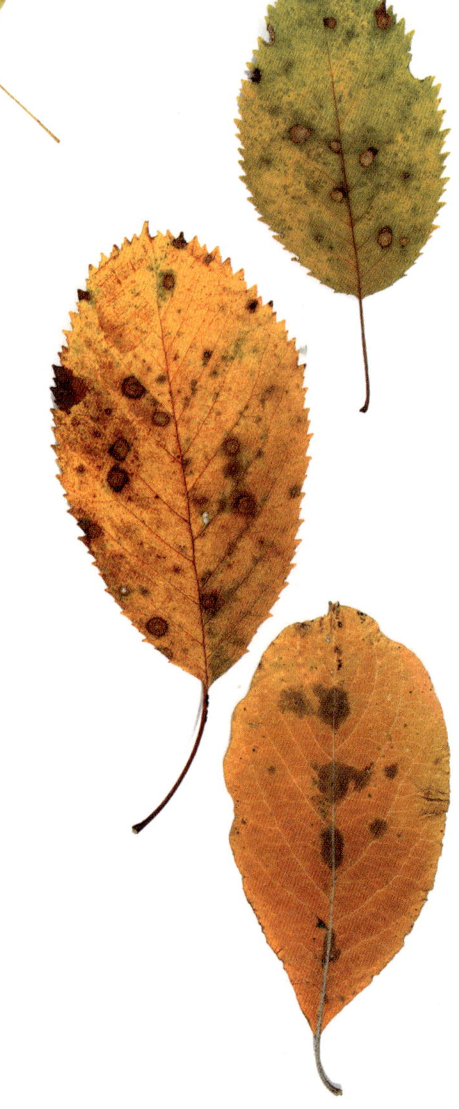

RECHTS Eine Auswahl interessant texturierter Blätter von Linde, Berg-Ahorn, Kirsche und Brombeere

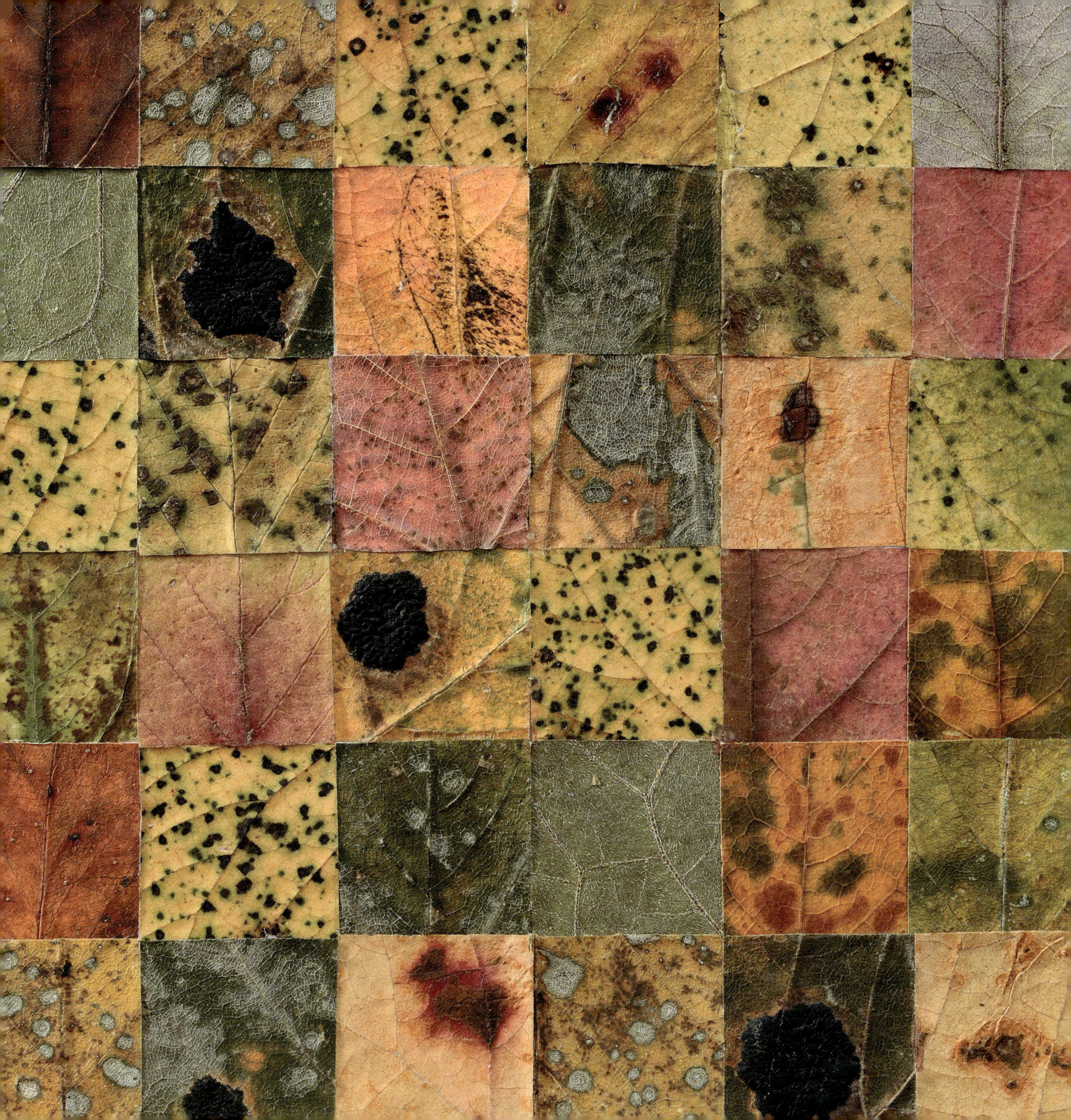

Pflanzentexturen

Schauen Sie sich die Formen der gepressten Blätter und Blüten etwas genauer an. Haben sie Besonderheiten, die der Collage das gewisse Etwas verleihen? Machen Sie sich Texturen wie Blattrippen zunutze, um Ihre Muster interessant und einmalig zu gestalten.

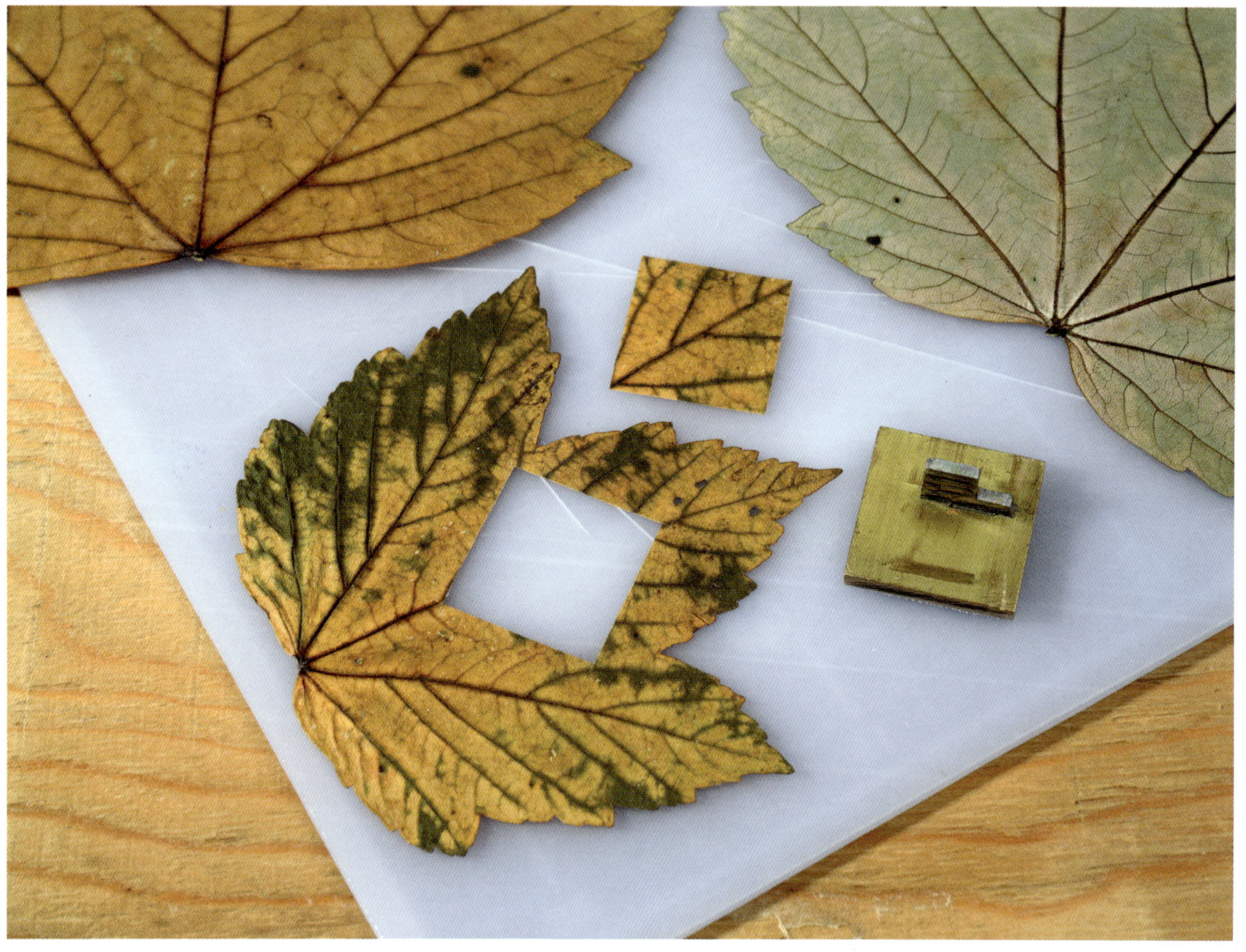

LINKS Welchen Blattteil wollen Sie ausschneiden? Hier verläuft die Mittelrippe diagonal innerhalb des zugeschnittenen Quadrats.

RECHTS Beispiele schöner Muster, die bei sorgfältigem Zuschneiden und Anordnen der Blattquadrate entstehen.

Blattrippen kombinieren

Es gibt Blätter mit auf der Blattunterseite und sogar auf der Oberseite deutlich erkennbarer Rippenstruktur. Die Blätter des Berg-Ahorns *(Acer pseudoplatanus)* haben sehr dicke, erhabene Rippen und sind so groß, dass Sie aus einem Blatt mehrere Quadrate zuschneiden können (siehe gegenüberliegende Seite).

Die kräftigen Linien können Sie auf vielfältige Weise nutzen, beispielsweise indem Sie die Quadrate diagonal dazu ausschneiden.

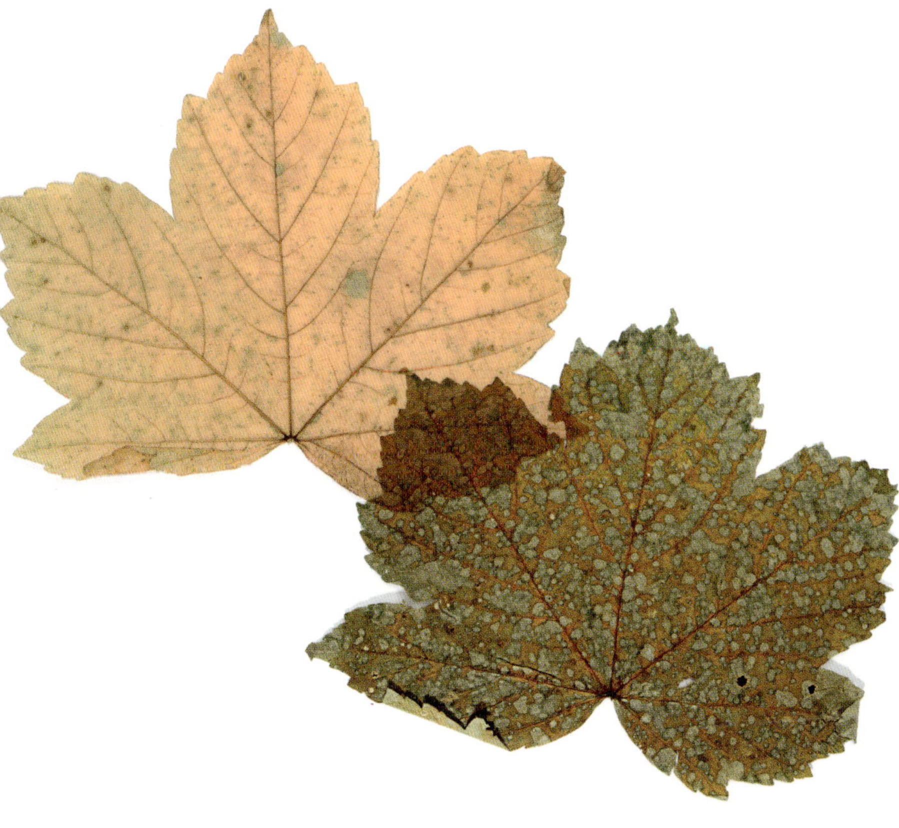

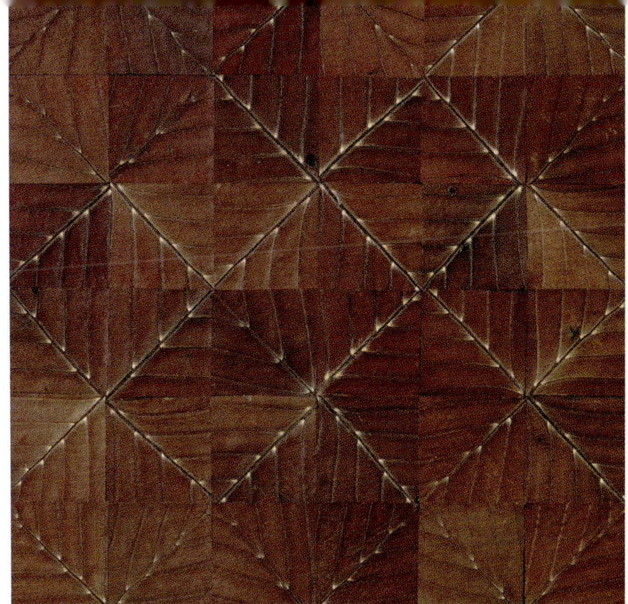

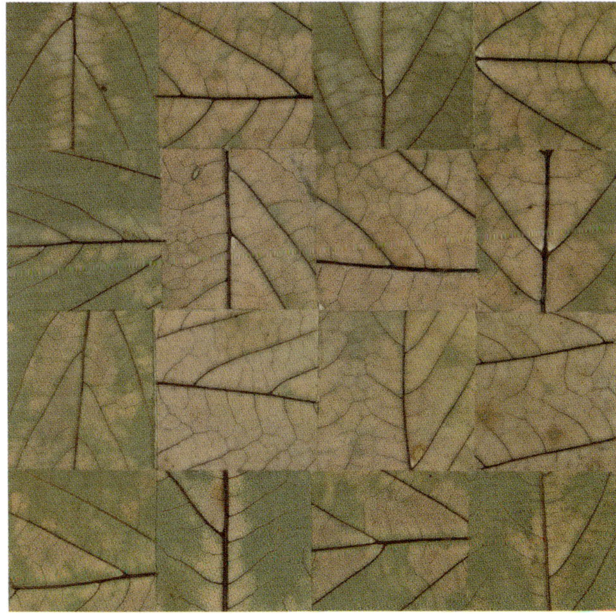

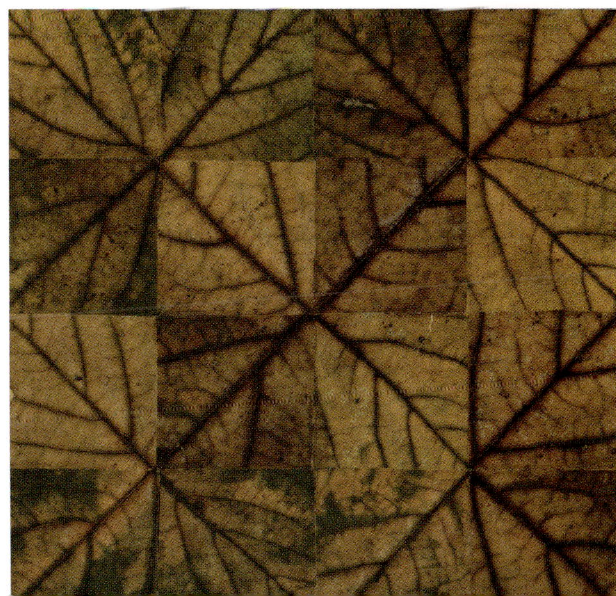

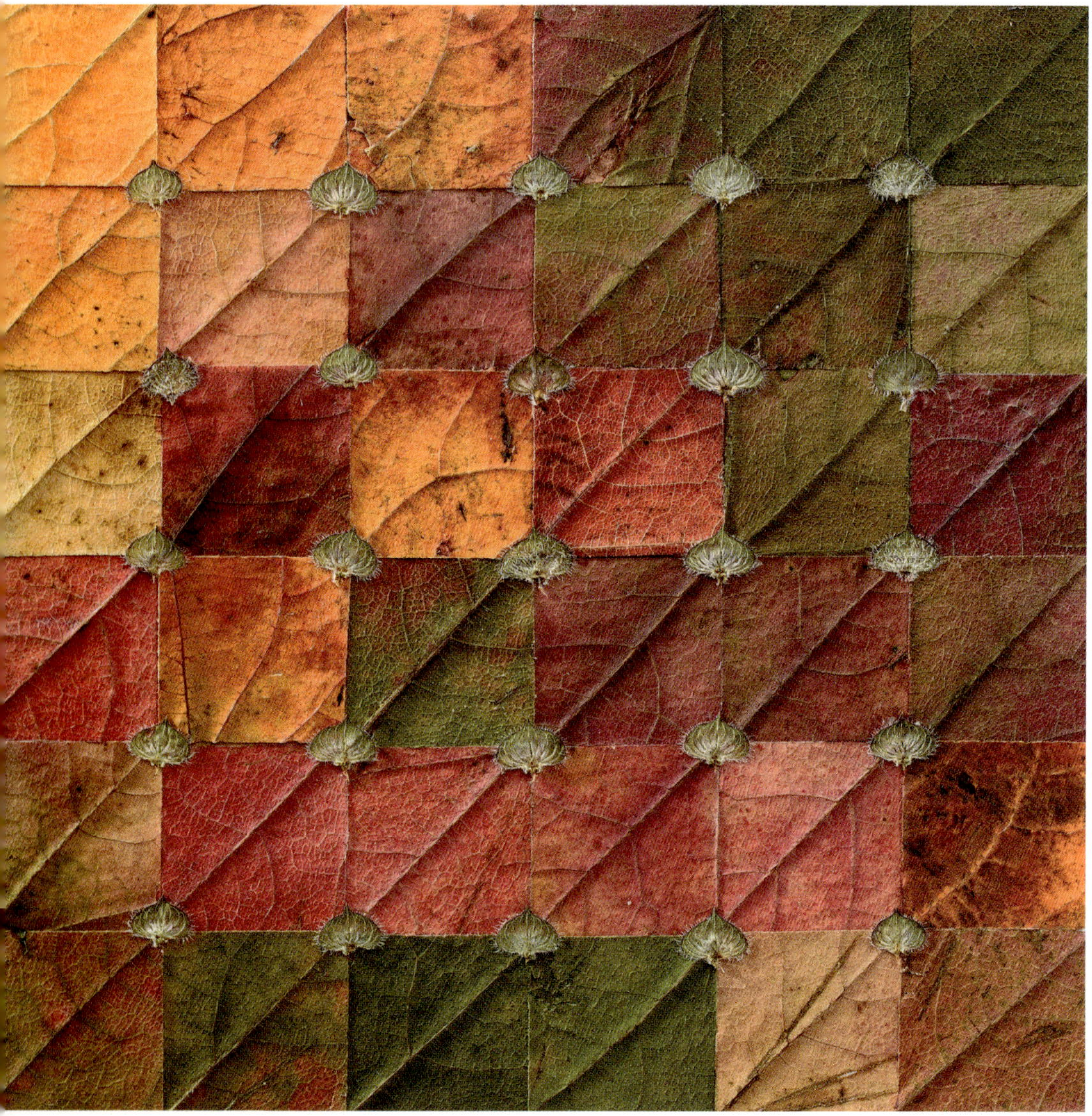

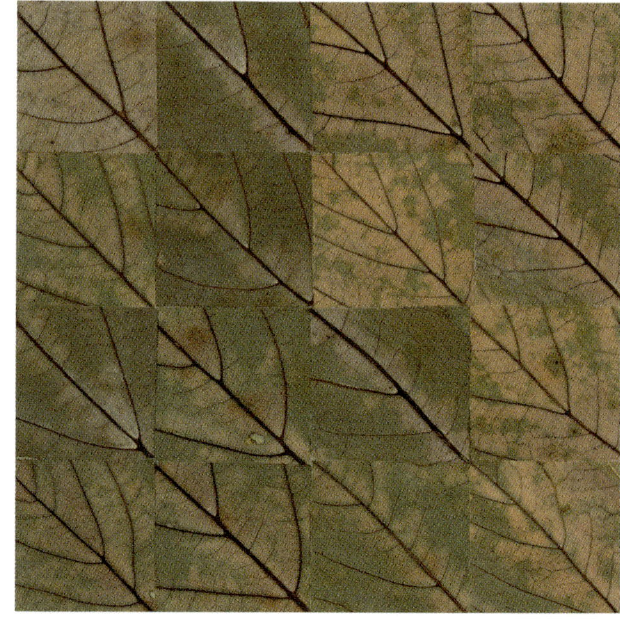

Diagonal geschnittene Quadrate

1 Schneiden Sie aus dem Blattmaterial ihrer Wahl möglichst gleichmäßige Quadrate zu. Achten Sie darauf, dass die Blattrippe jeweils diagonal verläuft, sodass sich die Quadrate möglichst ähneln.

2 Positionieren Sie vier Quadrate in der mit einem Kreuz gekennzeichneten Mitte. Legen Sie weitere Quadrate an, bis die Collage fertig ist (siehe oben links und rechts). Liegen die Quadrate wie auf der gegenüberliegenden Seite abgebildet, entsteht ein Zick-Zack-Muster.

Alle geometrischen Designs sind wiederholbar, um größere Arbeiten zu erstellen. Diese sind zwar recht zeitaufwendig, sind sie aber vollendet, kann man sehr stolz darauf sein. Das Ergebnis ähnelt einem Patchwork-Block, bei dem ein Design die Grundeinheit bildet, die mehrfach wiederholt wird.

OBEN LINKS Fertige Collage, deren Akzent auf der diagonalen Rippenlinie pinkfarbener, grüner und orangefarbener Blätter liegt.

OBEN RECHTS Diagonal verlaufende Rippenlinien von Berg-Ahorn-Laub

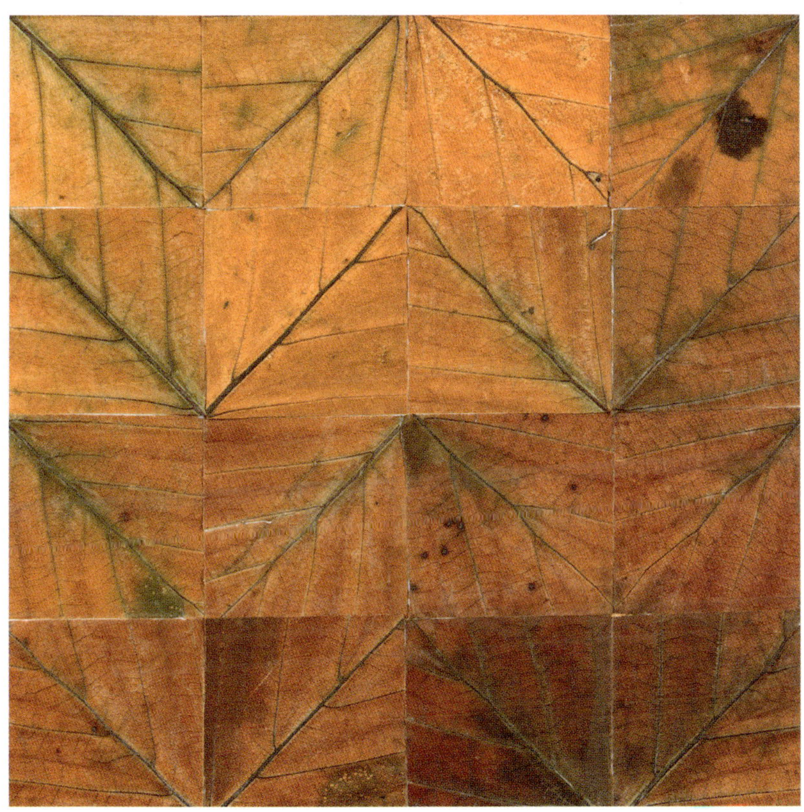

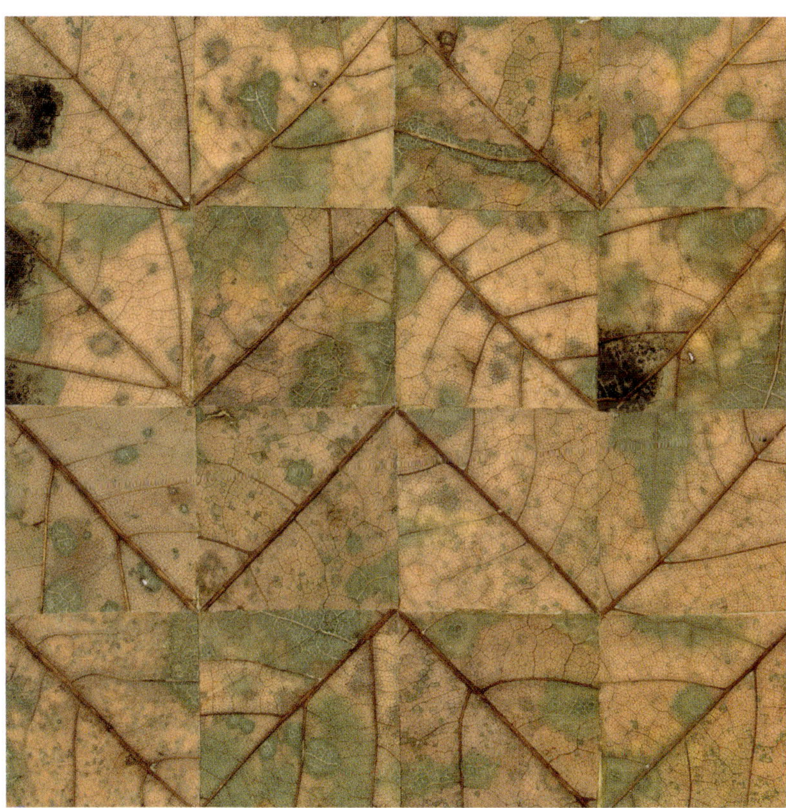

OBEN LINKS Zu einem Zick-Zack-Muster kombinierte Buchenblätter

OBEN RECHTS Zu einem Zick-Zack-Muster angeordnetes Berg-Ahorn-Laub

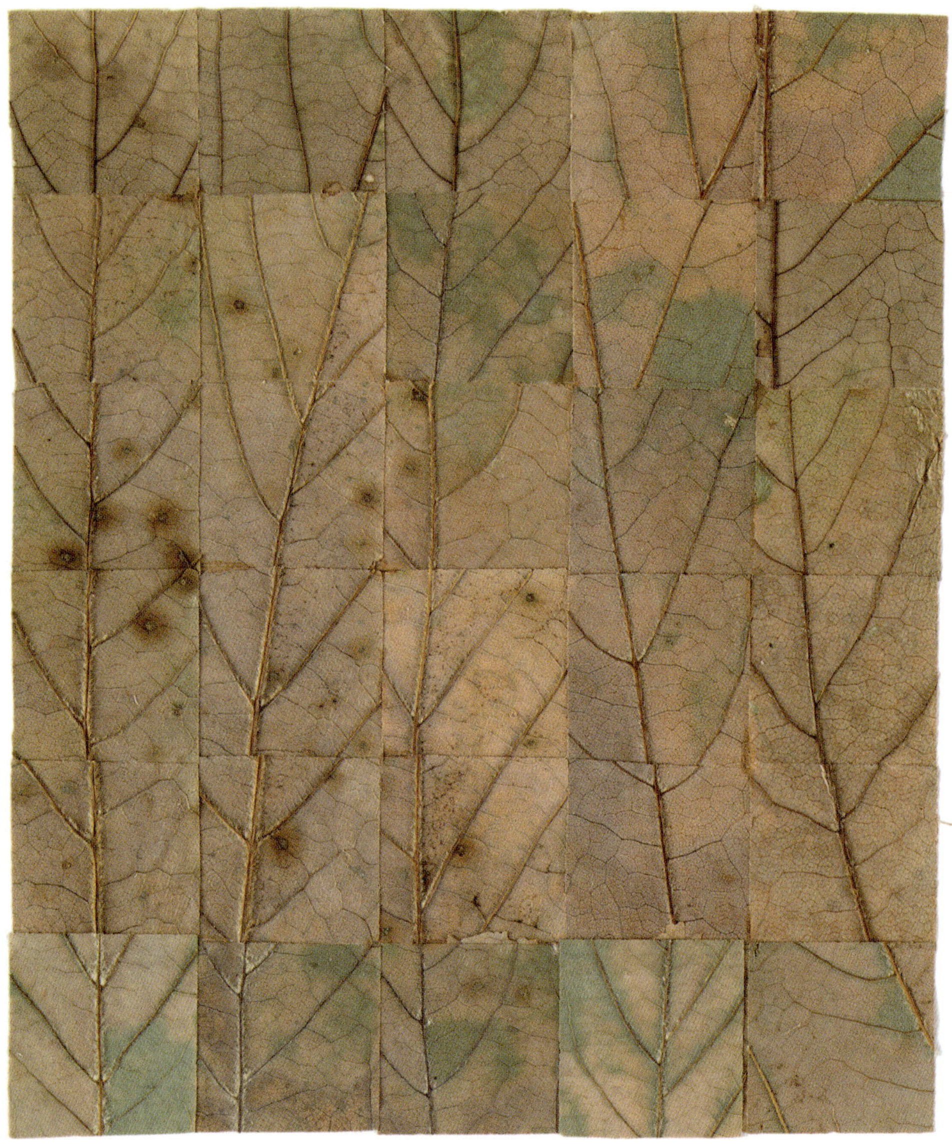

OBEN Die Rippenlinien können zu einem astartigen Muster aneinandergesetzt werden.

GEGENÜBER Fertige Collage, deren astartiges Muster um Kleinteile ergänzt wurde.

Fließendes Design

Sie können die Quadrate auch wie gewohnt zuschneiden, dabei jedoch auf den Verlauf der einzelnen Rippen achten. Auf diese Weise entstehen fließende, nicht geometrische Designs, deren Blattrippenlinien sich aneinanderfügen und einen astartigen Effekt erzeugen. Ich verwende dafür meist die Unterseiten von Berg-Ahorn-Blättern und setze nur eine oder zwei unterschiedliche Farben ein. Doch es gibt weitaus mehr Möglichkeiten, um diese Idee auszubauen, etwa indem Sie mehrere Blattarten und verschiedene Farben verwenden.

Diese Technik eignet sich besonders, um natürlich wirkende Laub-Collagen mit forstbotanisch inspirierter Note zu kreieren. Indem man die Rippenlinien jeweils bündig zueinander zuschneidet, ergibt sich ein astähnlicher Effekt. Werden auf den „Ästen“ dann noch kleine Blätter platziert, wird der Waldcharakter zusätzlich betont.

1 Wählen Sie Blätter mit schönen, ausgeprägten Blattrippen aus und setzen Sie die Linien der Blattrippen bündig aneinander. Dafür sollten Sie zueinander passende Quadratgruppen möglichst sorgfältig zuschneiden.

2 Ordnen Sie die Quadrate – wie üblich in der Mitte beginnend – sehr sorgfältig an und gestalten Sie eine Collage mit ausgeprägtem Asteffekt. Bei dieser Technik sollte man nicht zu streng vorgehen und offen sein für das Unerwartete. Auch beim Kleben ist viel Sorgfalt erforderlich, damit die Linien fließen.

3 Ist der Hintergrund fertig, können Sie für den Waldeffekt kleine Efeublättchen *(Hedera helix)* oder andere Blüten und Blätter ergänzen. Diese Technik lässt sich auch auf größere Werke übertragen, die sehr ausdrucksvoll sein können.

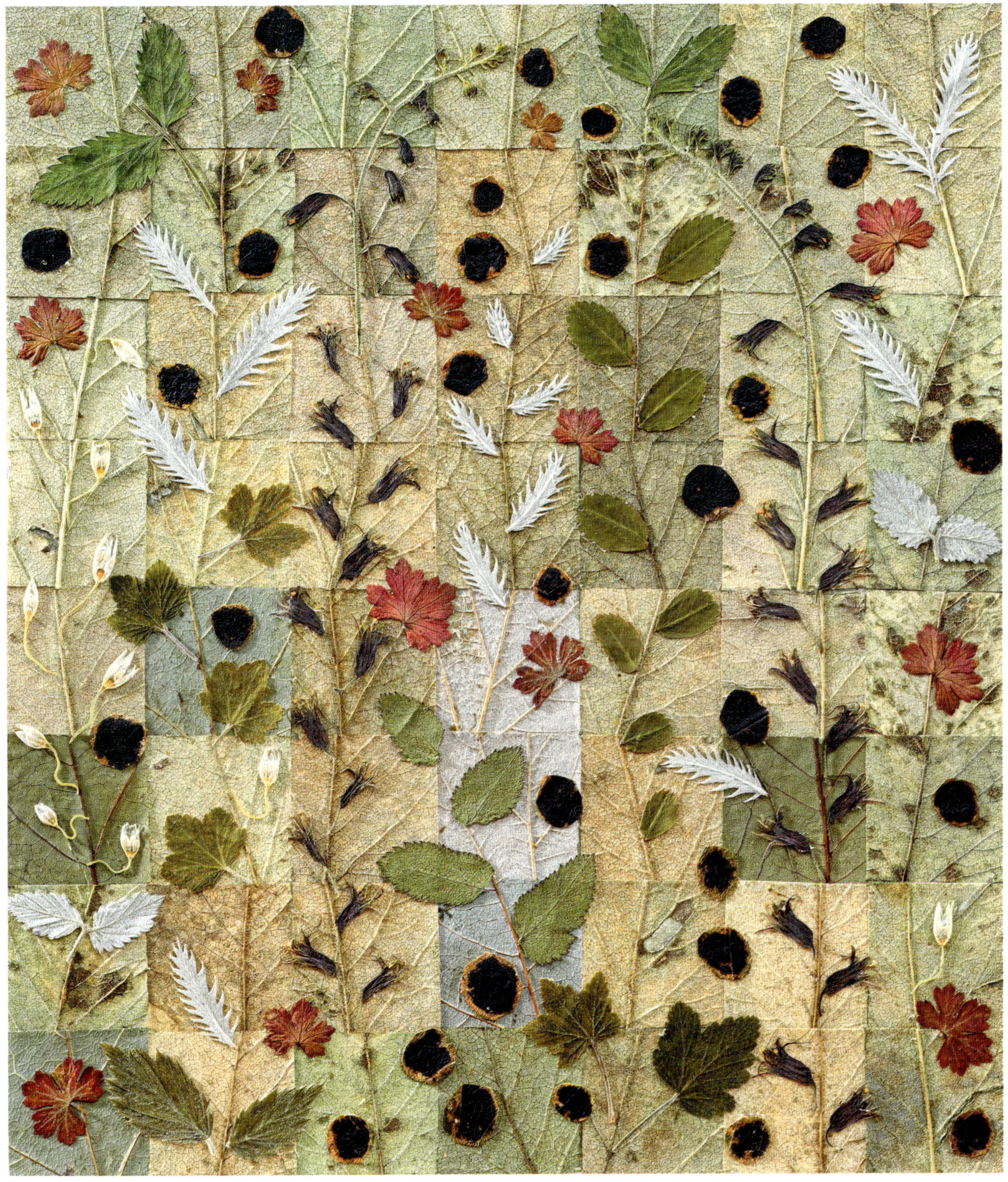

Freies Gestalten

Vor Kurzem habe ich ausschließlich kleine Blüten und Blätter verarbeitet. So konnte ich mich freier ausdrücken und starre Regeln außer Acht lassen.

Bei jeder Kunstform ändert man mit der Zeit seine Vorgehensweise. Wenn neue Ideen auftauchen, müssen auch neue Wege gefunden werden. Eine grundlegende Änderung ergab sich für mich durch die Zusammenarbeit mit einer Gruppe von Künstlern. Es handelte sich um das Urr-Water-Projekt, bei dem Urr Water, ein malerischer Fluss, der von den Bergen Südwest-Schottlands zur Küste fließt und bei Kippford in die Förde von Solway mündet (siehe Seite 112-113), beobachtet, thematisiert und dokumentiert werden sollte. Der Fluss und sein freies Fließen haben meine bis dahin sehr geometrischen Collagen beeinflusst.

Bei vielen der für die Ausstellung entstandenen Werke bemerkte ich, dass ich mich von meinem gewohnten Stil abgekehrt hatte – hin zu einer wesentlich freieren Technik. Ich ordnete kleinere Teile in Reihen an und ließ es zu, dass sich das Bild von selbst entwickelte. Seither finde ich, dass dies ein perfekter Ansatz ist, um zu dokumentieren, welche Pflanzenarten in einem bestimmten Areal wachsen.

Ebenfalls ohne Schablone kann man arbeiten, wenn man sich nur mit einer einzigen Pflanze auseinandersetzen möchte, die man vielleicht aufgrund ihrer interessanten Form oder einer Besonderheit von Blatt oder Blüte zur Lieblingspflanze auserkoren hat. Bei solchen Arbeiten habe ich gepresste Lauchblüten (*Allium* spp.), Blüten schöner Doldengewächse *(Apiaceae)* und viele andere Blüten und Blätter in Reihen auf Aquarellpapier arrangiert. Ich mag diese schlichten Designs, deren Fokus eher auf den Pflanzen und weniger auf einem komplizierten geometrischen Muster liegt.

Ohne Schablone anordnen

1 Legen Sie das getrocknete Pflanzenmaterial bereit und schneiden Sie ein Stück Karton oder Papier zu einem Quadrat oder Rechteck in der gewünschten Größe zu.

2 Belassen Sie am oberen und unteren Rand einen etwas breiteren Abstand und zeichnen Sie auf den senkrechten Seiten im Abstand von 4 cm mit dem Bleistift einen Punkt ein. Die Abstände können Sie nach Bedarf ändern.

3 Legen Sie entlang der Unterkante an der ersten Markierung ein Metalllineal quer über das Papier. Hier entsteht die erste Reihe.

4 Zeichnen Sie keine Linie, sondern verwenden Sie die Oberkante des Lineals als Orientierungshilfe, wenn Sie die erste Reihe aus Blättern und Blüten gestalten.

5 Arrangieren Sie das Material und kleben Sie es fest. Geben Sie jeweils nur eine sehr geringe Menge Kleber mit einem angespitzten Streichholz auf die Rückseite der Pflanzenteile.

6 Stellen Sie die erste Reihe fertig und schieben Sie das Lineal zur nächst höheren Markierung. Fahren Sie mit einer weiteren Reihe aus Blüten und Blättern fort.

7 Vergessen Sie nicht, am oberen und unteren Rand der Arbeit Platz zu lassen.

8 Sind die Reihen fertig, schauen Sie sich das Werk aus der Distanz an und überprüfen, ob es innerhalb einer Reihe Lücken gibt. Füllen Sie diese mit einem Blatt oder einer Blüte.

RECHTS Blatt-und-Blüte-Collage mit interessanten kleinen Pflanzenteilen aus meinem Garten (2016). 46 × 46 cm

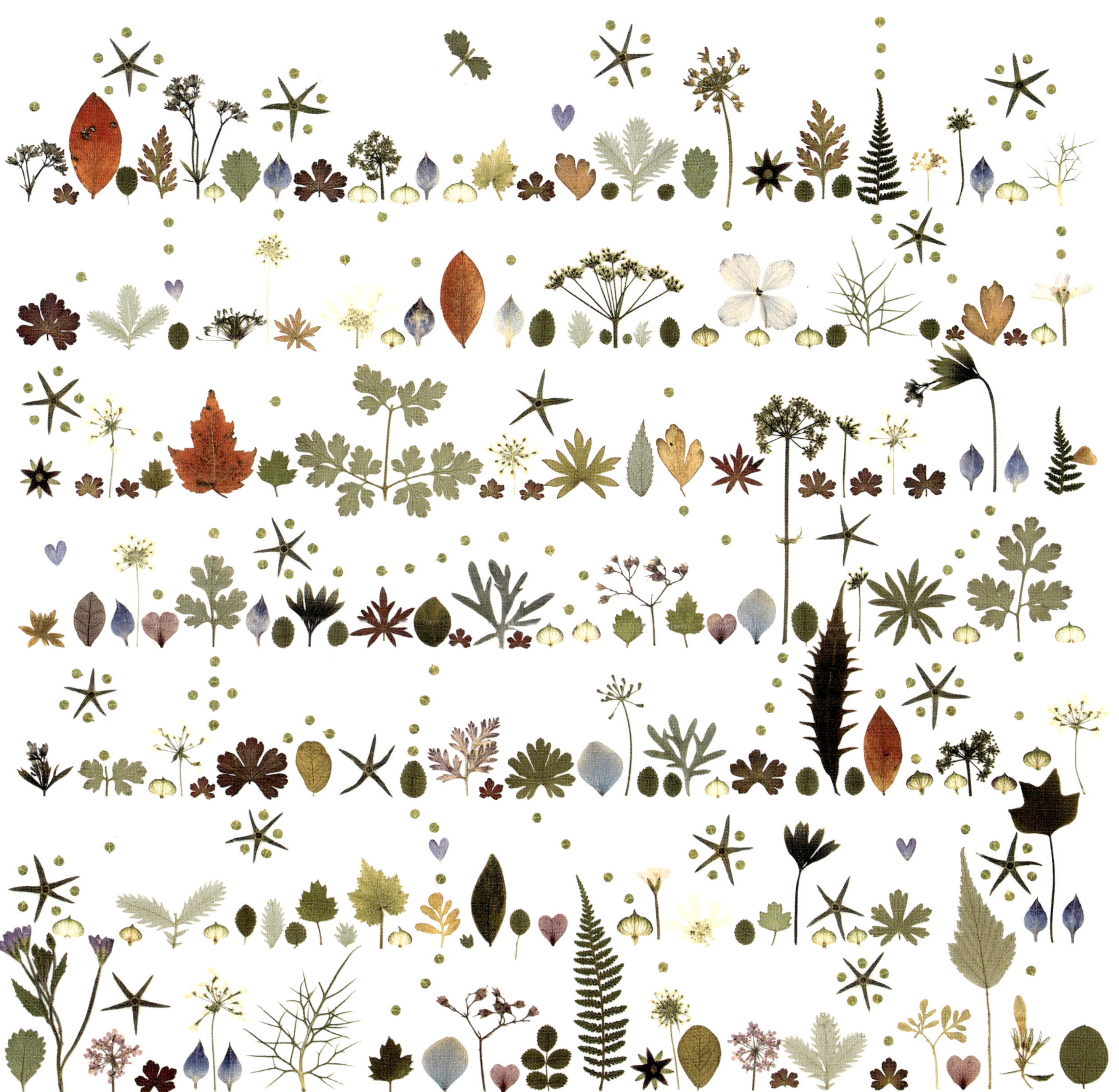

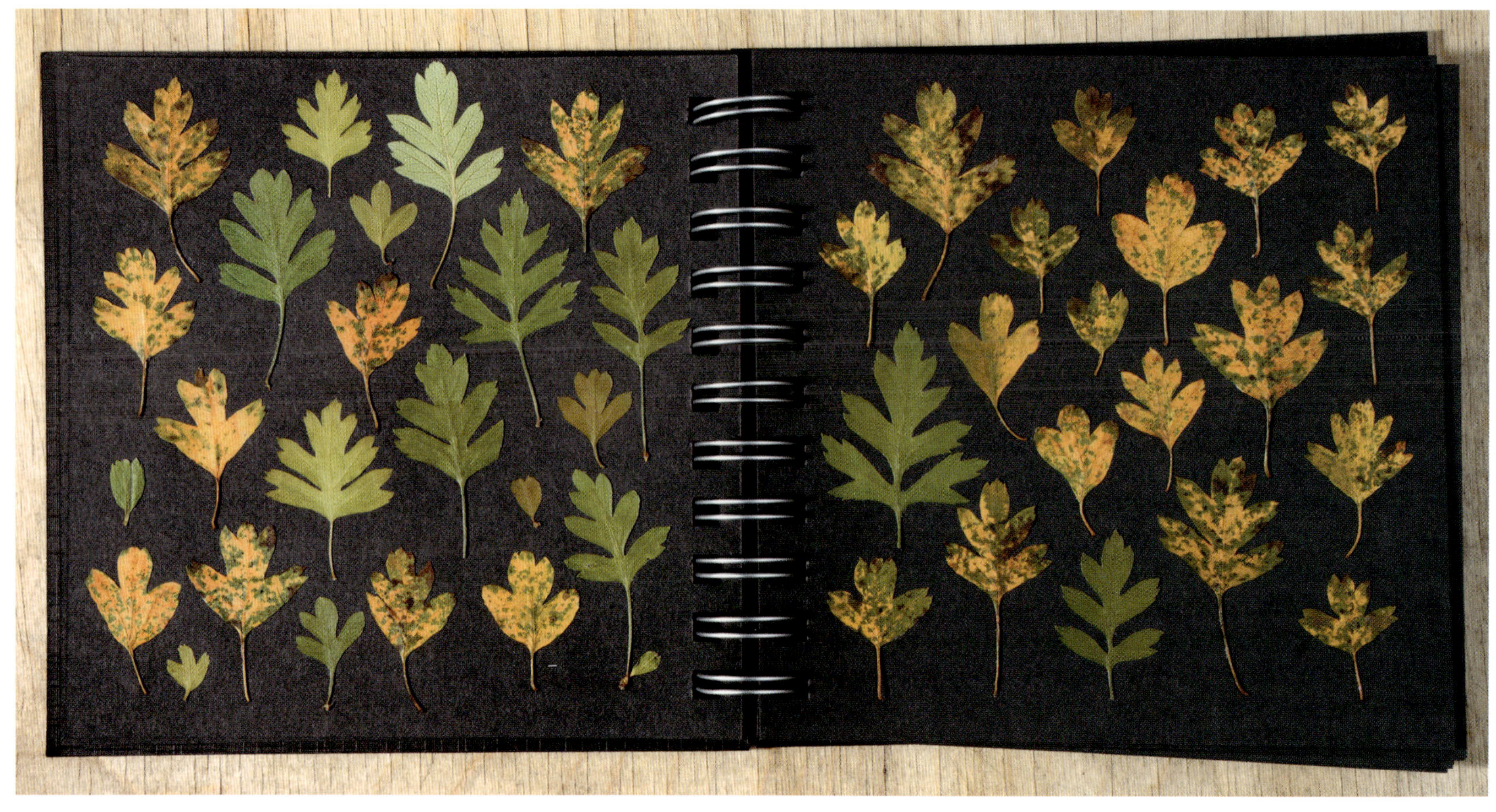

Einfache Blattformen kombinieren

Gepresstes Laub kann auf schwarzem (oder dunklem) Karton sehr interessant aussehen. Versuchen Sie es doch einmal mit Blättern von Eingriffeligem Weißdorn *(Crataegus monogyna)*, Hänge-Birke *(Betula pendula)* oder Eberesche (*Sorbus aucuparia)*. Schöpfen Sie den zur Verfügung stehenden Raum voll aus und ordnen Sie das Laub ausgewogen an. So kann man den Fokus auf einzelne Arten legen und sich sehr gut mit heimischen Bäumen auseinandersetzen, vor allem, wenn man kleine junge Blätter im Frühling sammelt.

Suchen Sie Blätter mit ansprechender Form aus. Ich setze Weißdornblätter auf diese Weise in Szene (siehe oben). Interessanter wird das Bild, wenn Sie Blätter im Frühjahr und im Herbst sammeln und pressen, um unterschiedliche Formen und Farben zu erhalten.

Ahorn-Herbstlaub (*Acer* spp.) hat eine schöne, aber komplizierte Form und wirkt sehr gut, wenn Sie es nebeneinander auf dunklem Hintergrund platzieren.

OBEN Weißdornblätter, im Frühling und im Herbst gesammelt

OBEN RECHTS Leuchtend bunte Ahornblätter

RECHTS Blütenköpfe der Sterndolde *(Astrantia)*

RECHTS AUSSEN Einfaches Blattarrangement

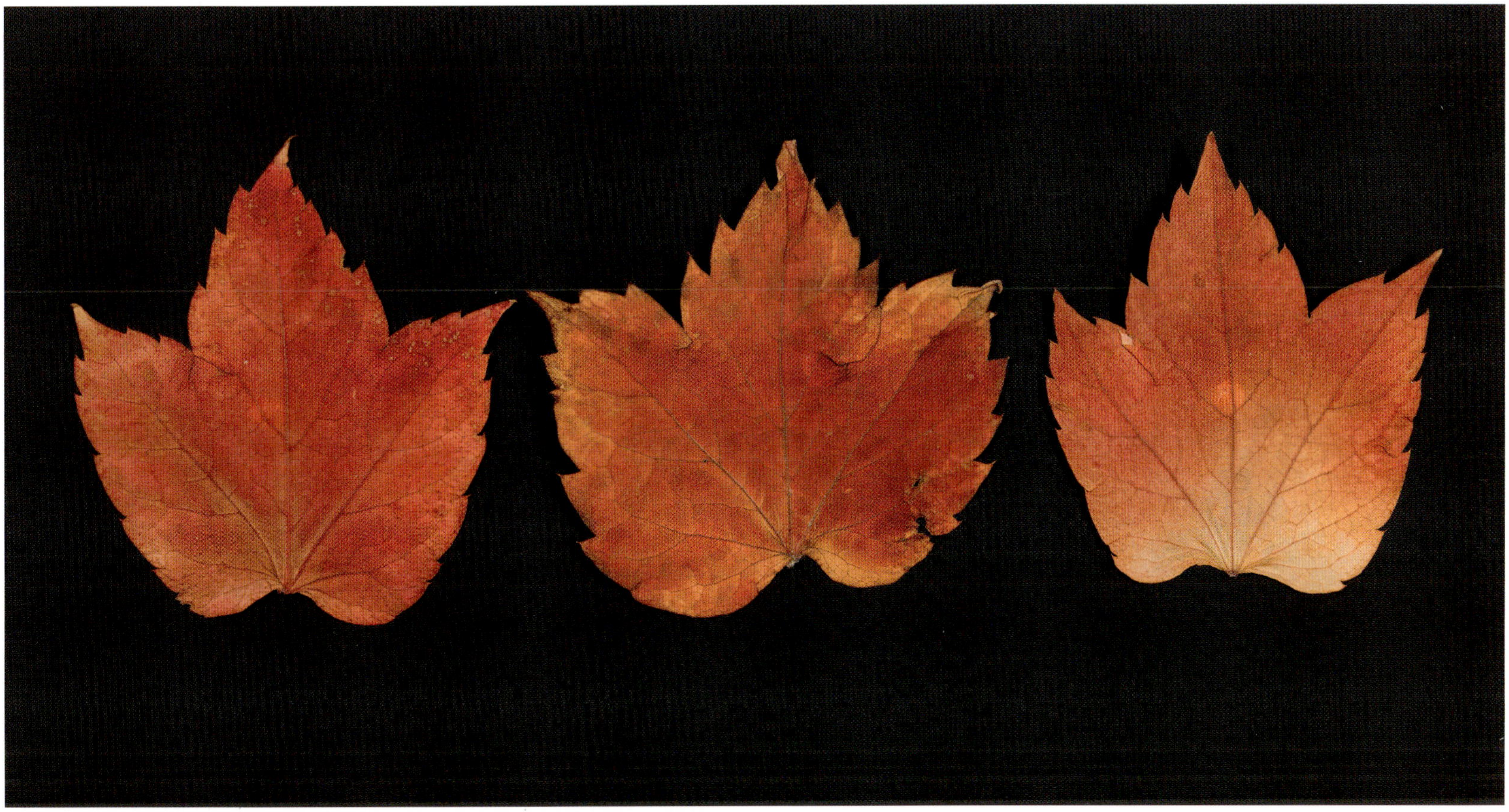

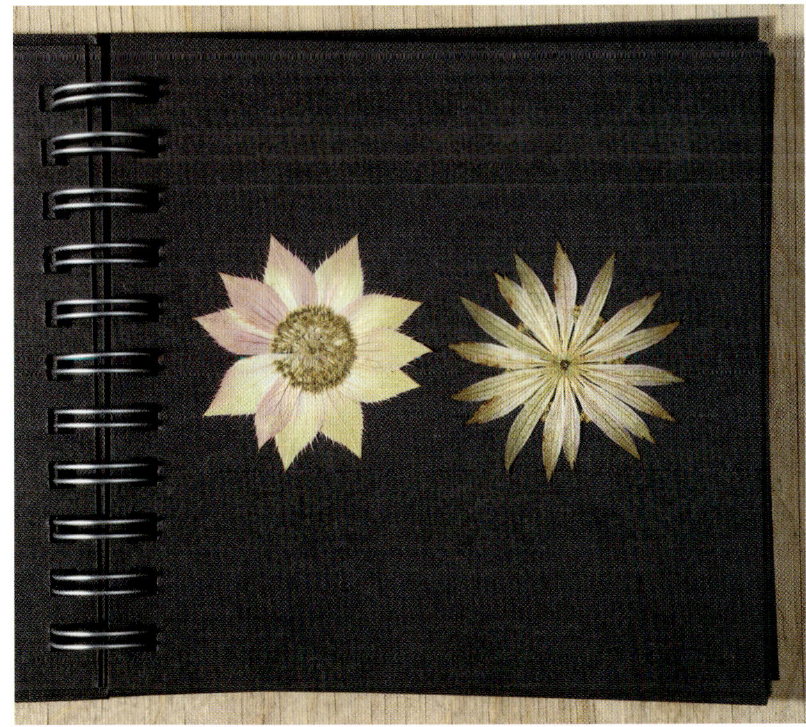

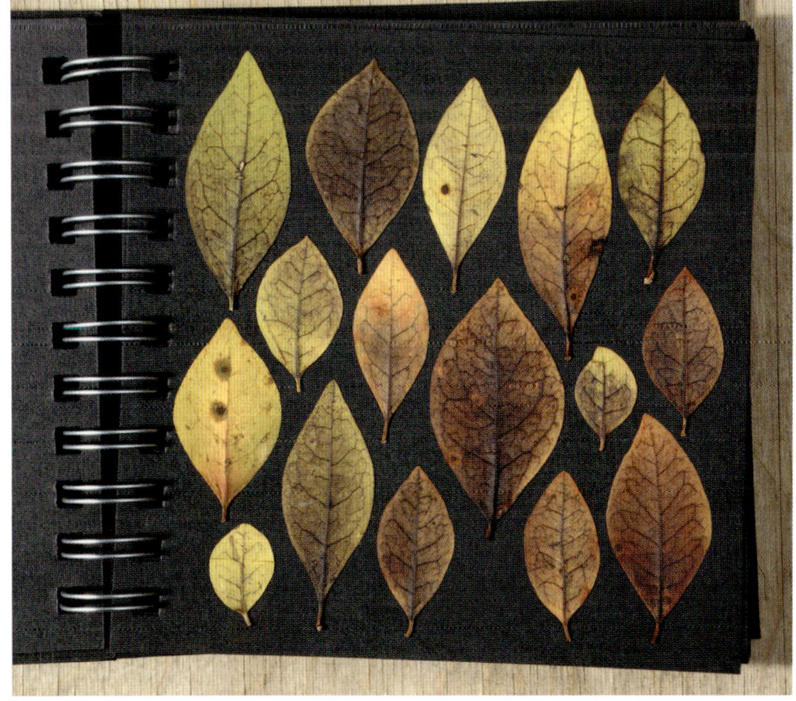

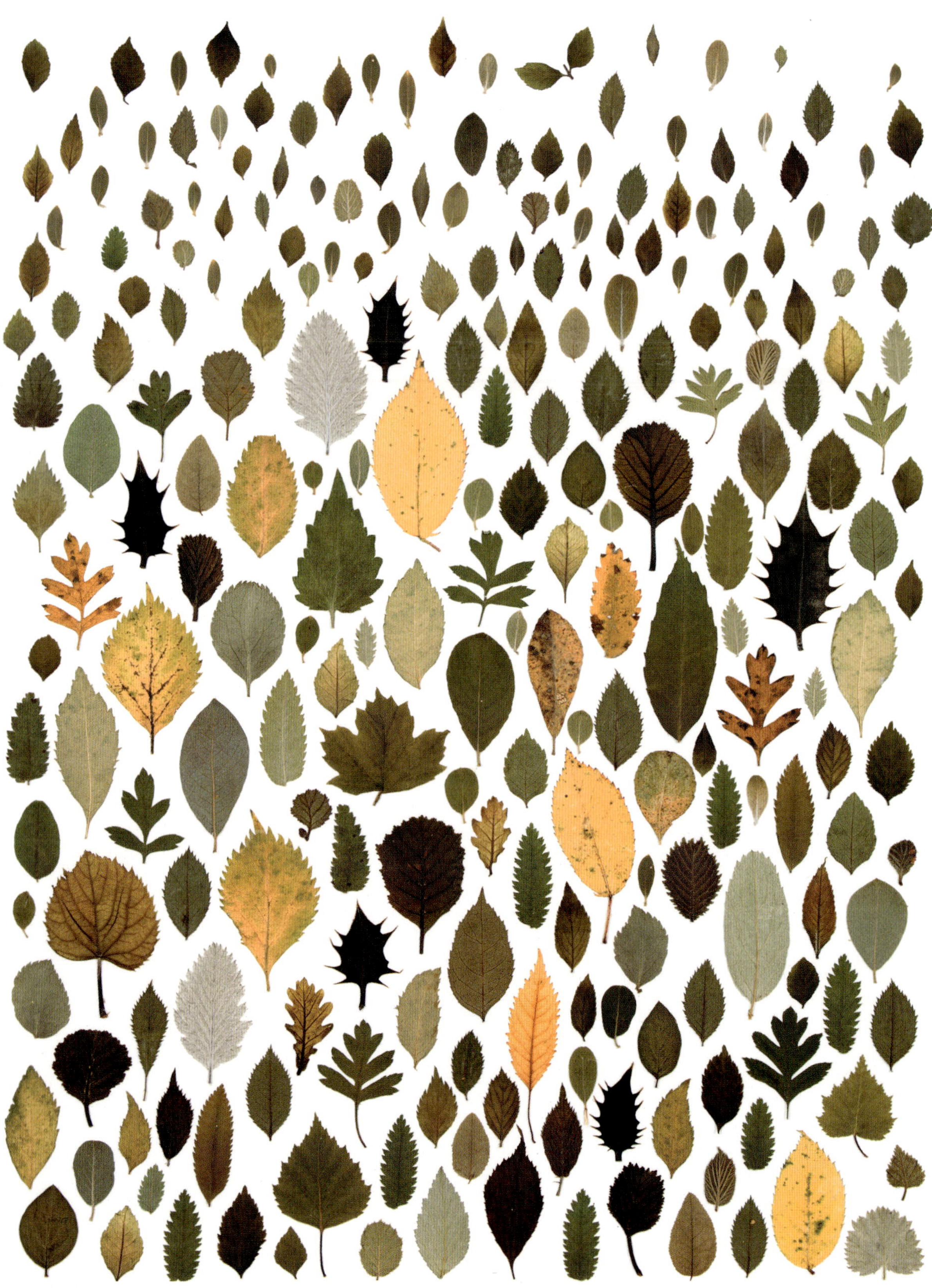

LINKS Viele kleine Blätter wurden zu einem einfachen Muster arrangiert.

RECHTS Collage aus samengefüllten Schoten des Silberblatts sowie Bärlauchblüten und Braunelle-Blütenkelchen auf dunkelgrauem Hintergrund (2015). 53,5 × 53,5 cm

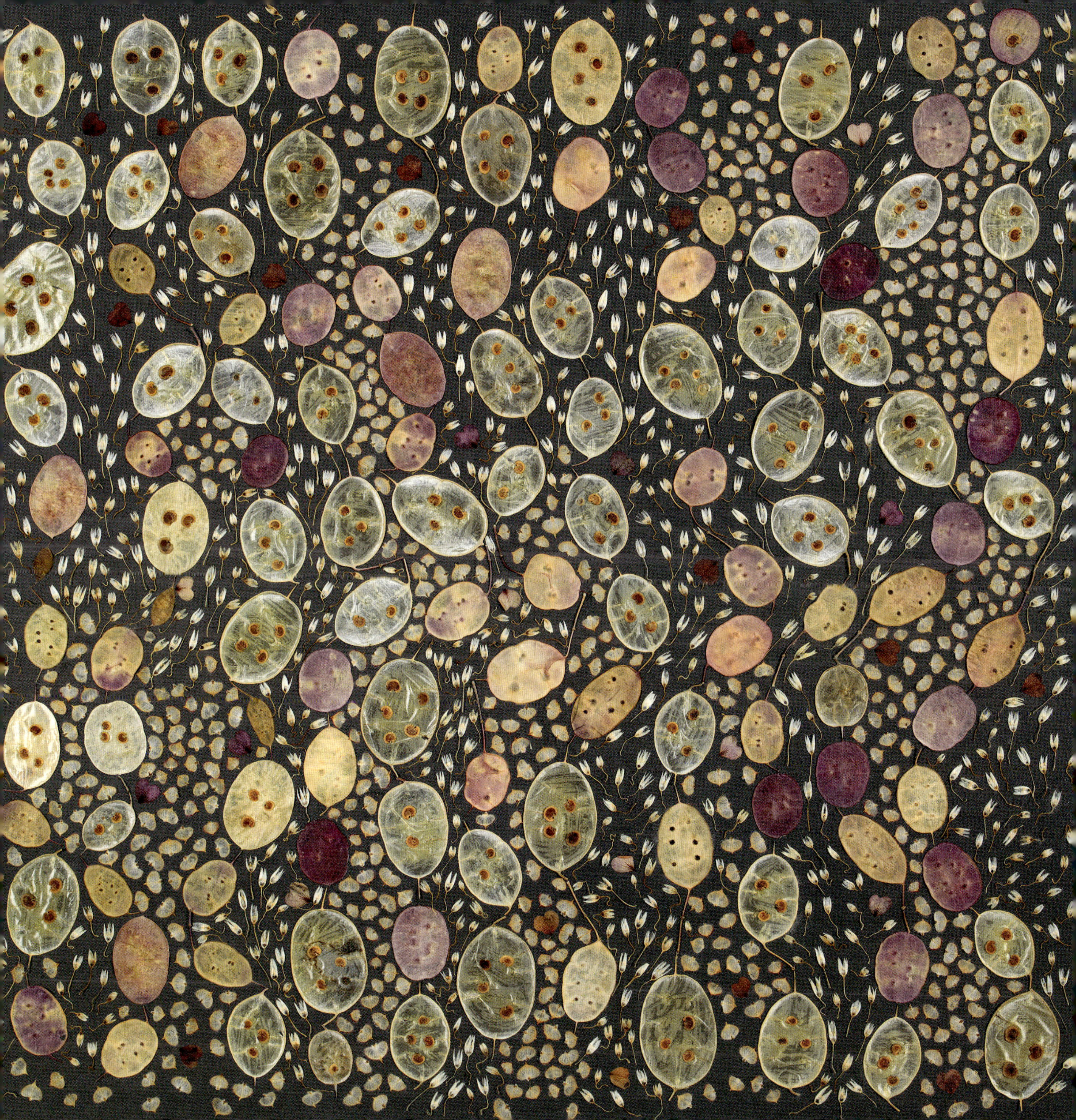

Lineare Anordnung

Viele Wildblumen – wie das Weiße Labkraut *(Galium album)* oder die Gras-Sternmiere *(Stellaria graminea)* – sind sehr zart und wirken am besten, wenn man sie einfach in Reihen oder Blöcken anordnet. Die zierliche lineare Anordnung sieht sehr schön aus und kommt auf weißem oder blassem Grund gut zur Geltung.

Die Zaun-Wicke *(Vicia sepium)* mit ihren kletternden Stängeln und violetten Blüten ist sehr verbreitet. Die Ranken älterer Pflanzen sind oft recht lang und schön gekräuselt. Sie lassen sich vorsichtig vom Gras, an dem sie sich hochwinden, lösen und separat oder mitsamt der Blätter pressen.

Wer einfache, gerade Pflanzen verwendet, sollte vor allem auf ihre Anordnung achten und sich fragen, welche Funktion sie erfüllen soll. Betrachten Sie die zwischen den Pflanzen entstehenden Konturen, machen Sie sich die Kurven oder Kantigkeit der Stängel zunutze und versuchen Sie, ein fürs Auge angenehmes und ausgewogenes Design zu erzielen. Es ist verführerisch, die weißen Flächen, die die Reihen auf dem Papier entstehen ließen, mit kleinen Blüten und Blättchen zu füllen. Doch auch hier gilt: Weniger ist mehr.

RECHTS Wald-Bingelkraut

UNTEN Ranken von der Zaun-Wicke

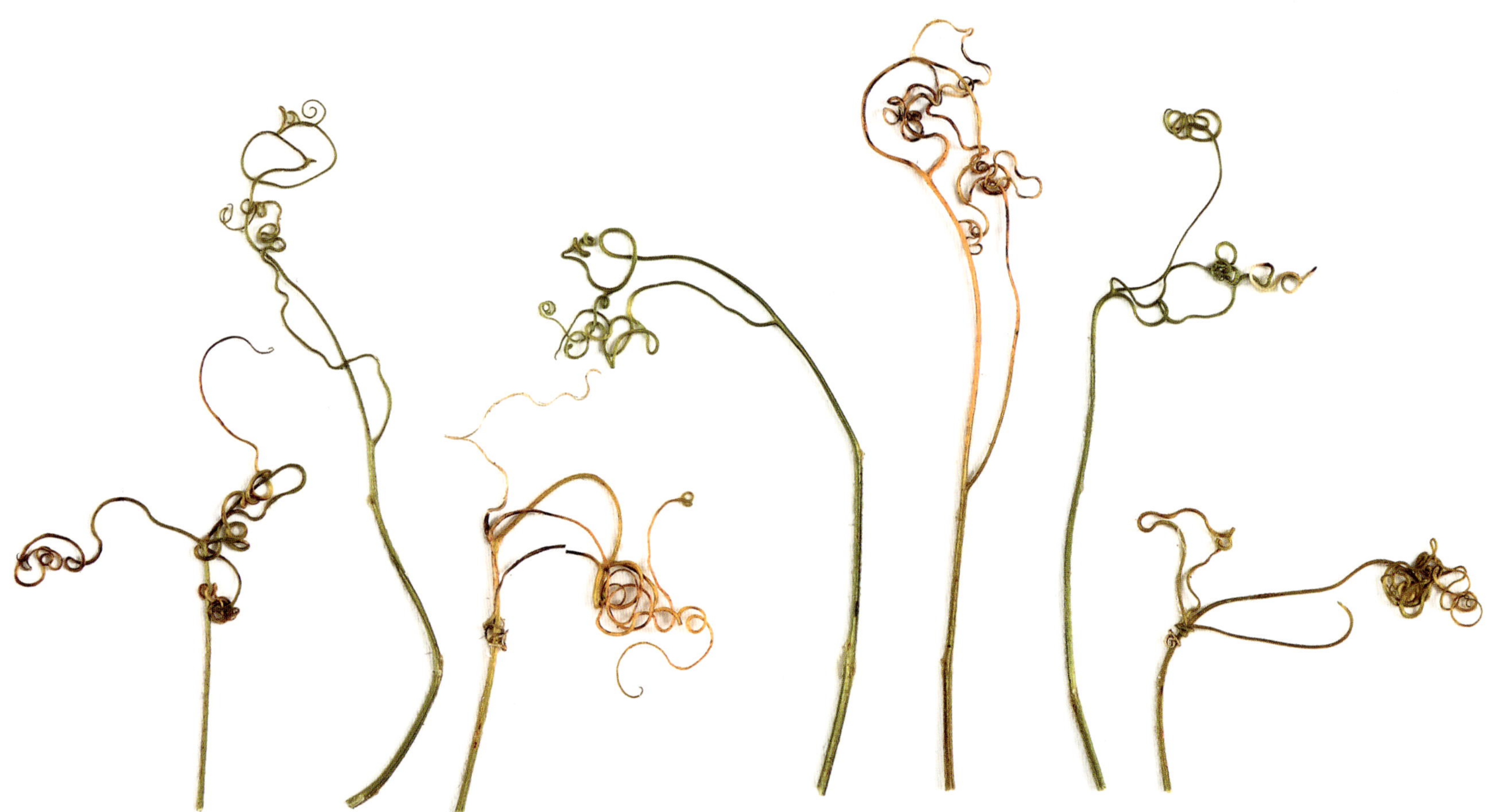

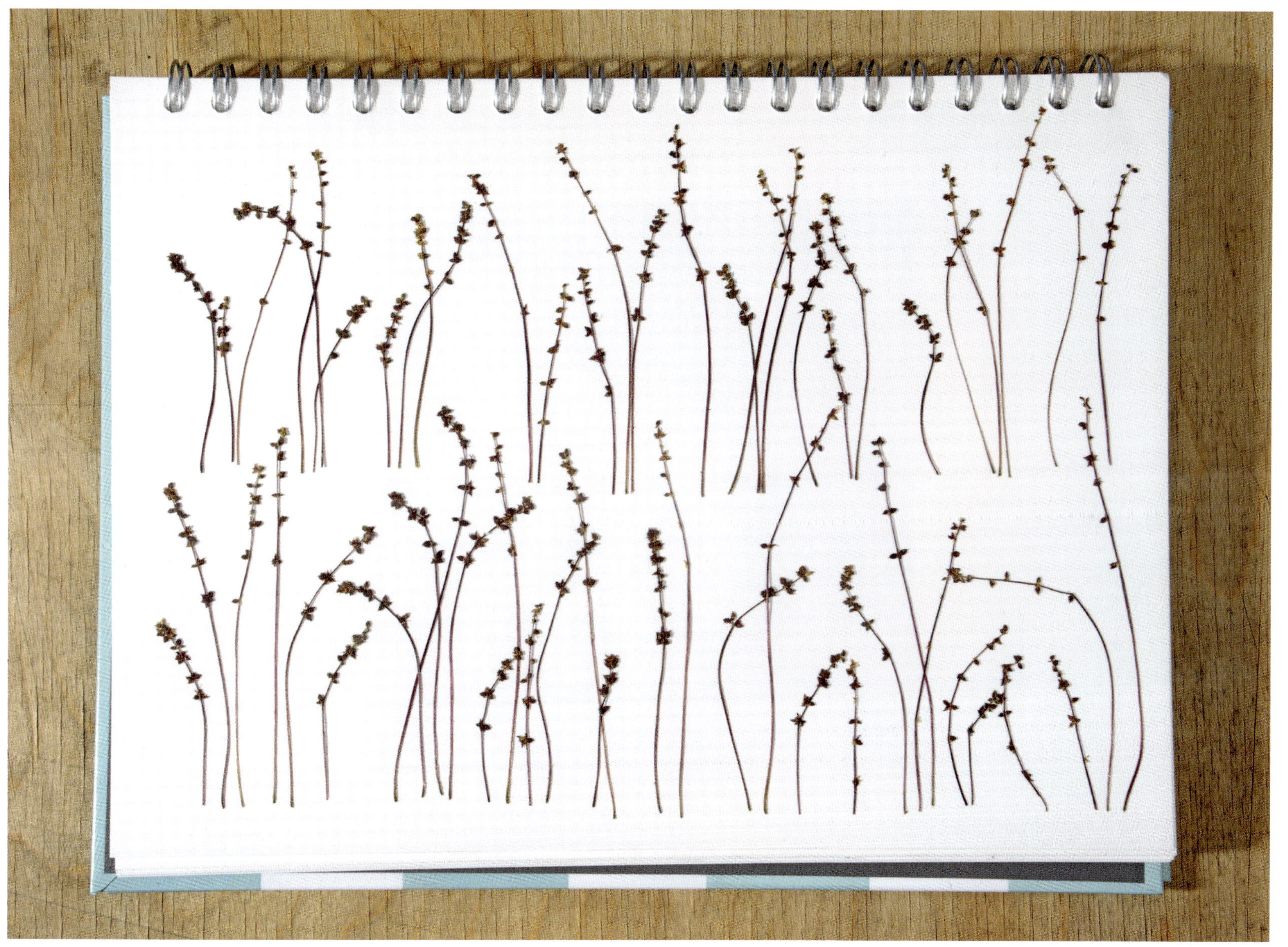

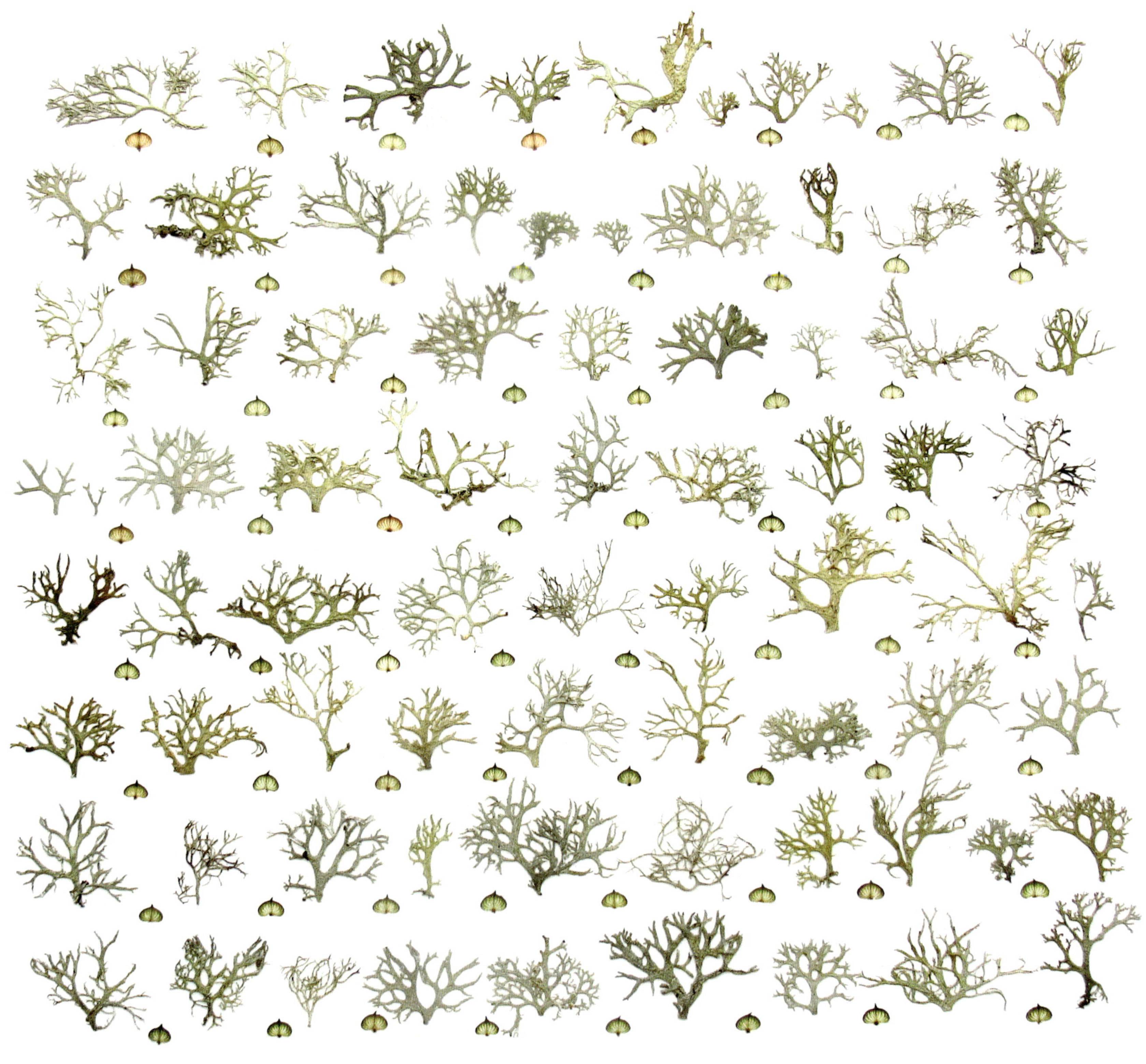

Flechten

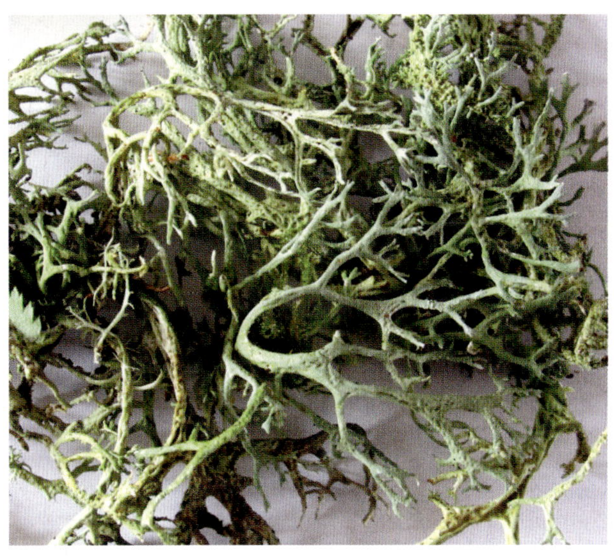

Flechten tauchen häufig in meinen Collagen auf. Sie behalten ihre Farbe bei und sind vielseitig verwendbar. Diese seltsamen Pflanzen lassen sich auf gewohnte Weise pressen. Die Stücke müssen kräftig flach gedrückt werden, bevor man das Papierblatt darauf legt.

Viele der verbreiteten Flechten kann man gut pressen. Die auf Steinen und Baumrinde festsitzenden flachen Flechten sind jedoch nicht geeignet. Man müsste sie abkratzen, was sie stark beschädigen würde.

Ich sammle nur Flechten vom Boden auf, die sich im Wald auf natürliche Weise vom Baum gelöst haben. Ziehen Sie niemals lebende Flechten von Zweigen ab – sie wachsen extrem langsam und sind etwas ganz Besonderes!

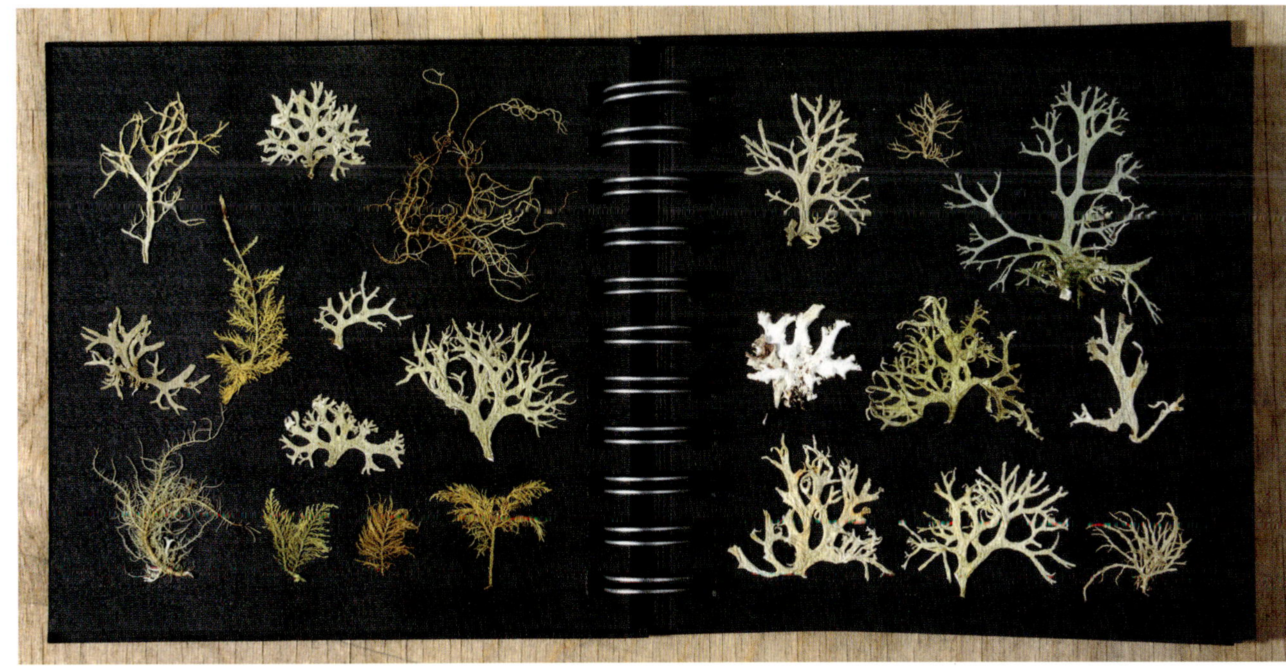

LINKS *Winter Trees* (2015). Flechten und Braunelle-Blütenkelche. 38 × 38 cm

OBEN RECHTS Frische Flechten, die auf dem Waldboden im Unterholz lagen.

RECHTS Eine Auswahl gepresster Flechten

Algen

Algen sind eine weitere interessante Pflanzengruppe. Ich fand einige Arten an hiesigen Stränden, die sich vom Aussehen her ähneln und sich wie Flechten anfühlen.

Zum Trocknen legen Sie das nasse Material auf Lagen von Zeitungspapier und decken weitere Lagen darauf. Anschließend den Stapel mit schweren Büchern beschweren. Wird kein Gewicht aufgebracht, trocknen die Algen zwar, werden aber spröde und hart.

Danach können Sie die flachen Algen in Ihre Pressbücher einlegen. Zum Pressen und um sie für eine Collage verwenden zu können, schneide ich die Algen in kleine Stücke.

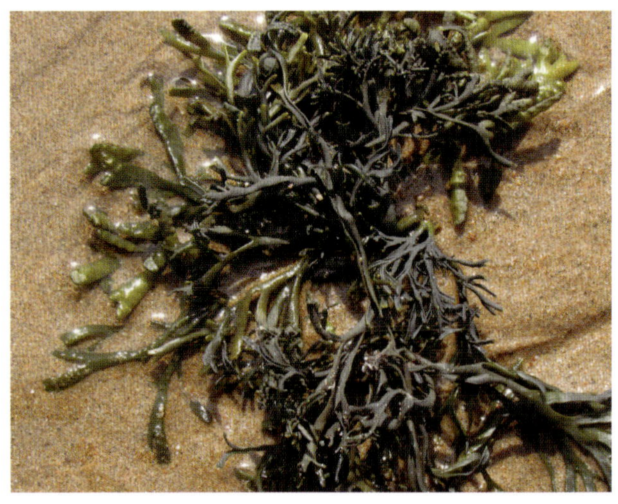

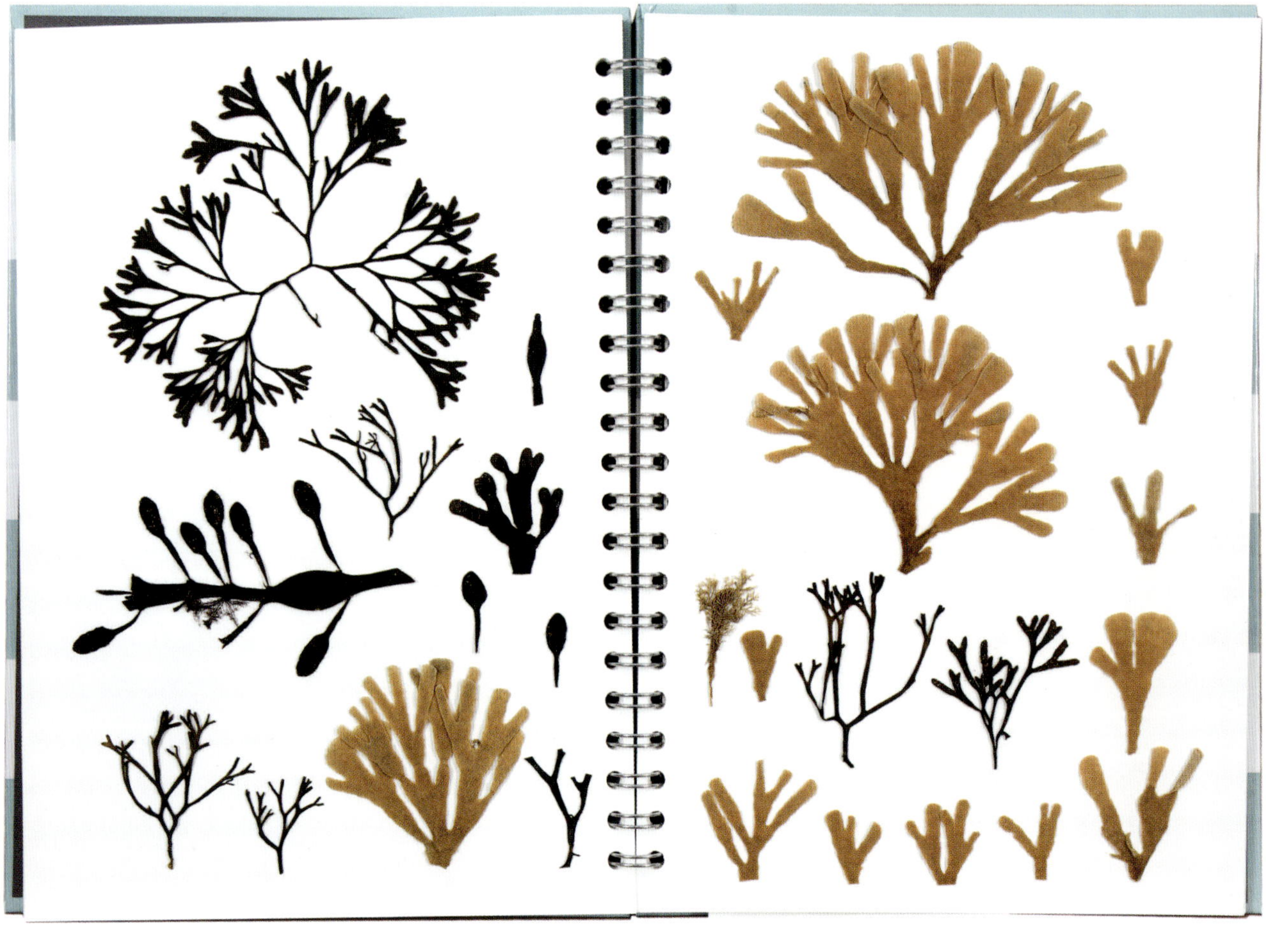

OBEN LINKS Blasentang am Strand

LINKS Gepresste Algen

RECHTS *Seashore* (2017). Algenstücke, Streifen von Tissuepapier, Kohle und Farbe. 30 × 40 cm

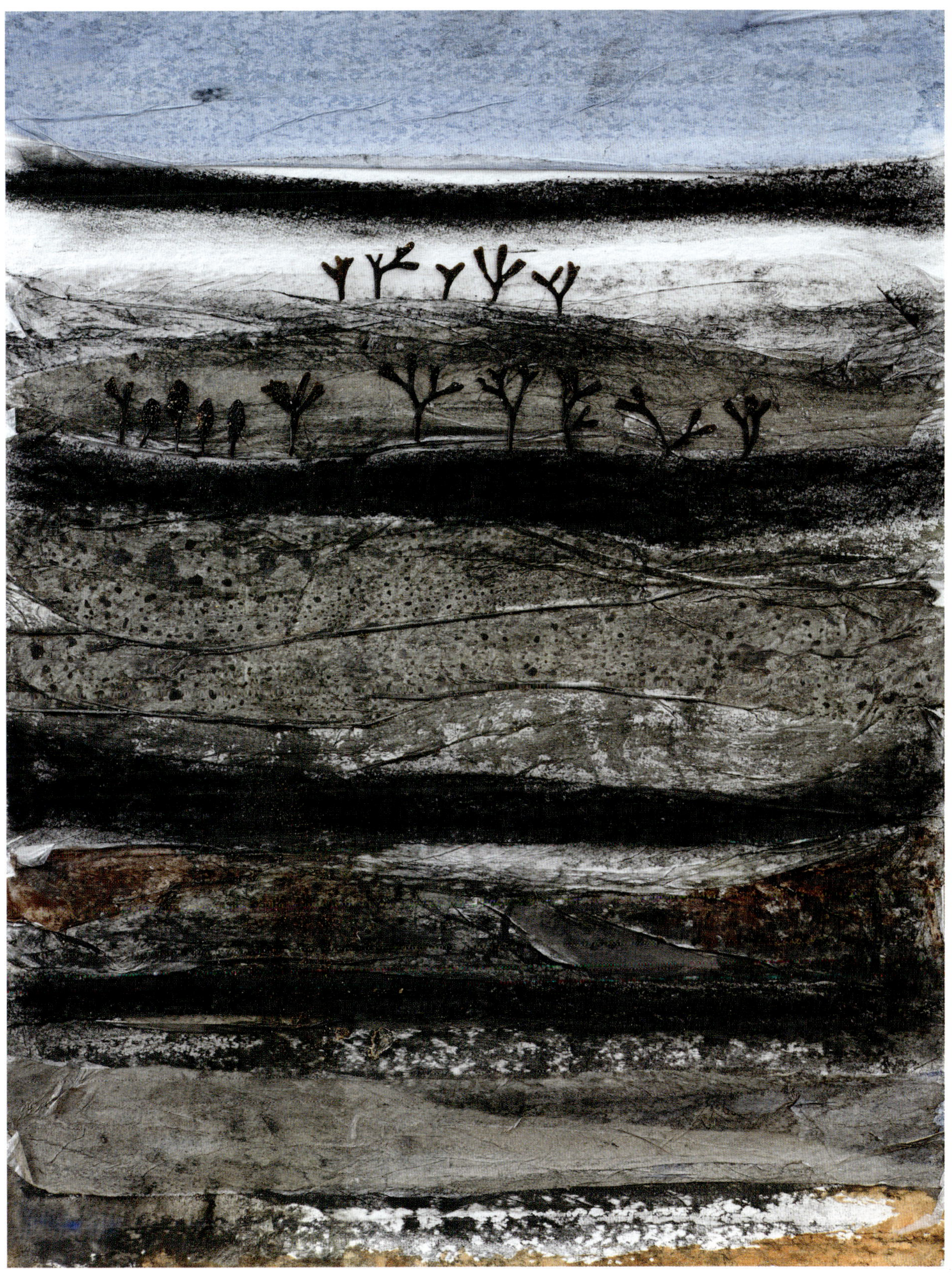

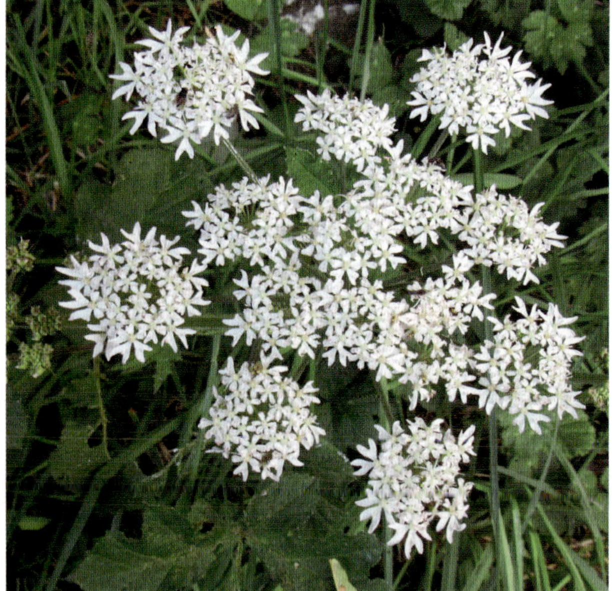

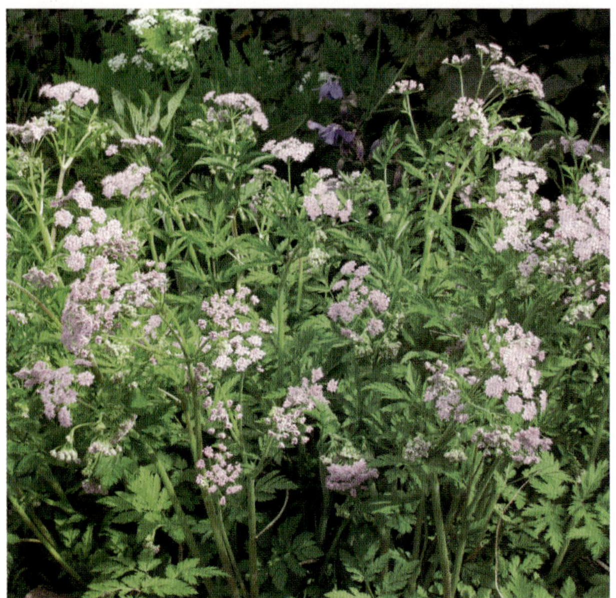

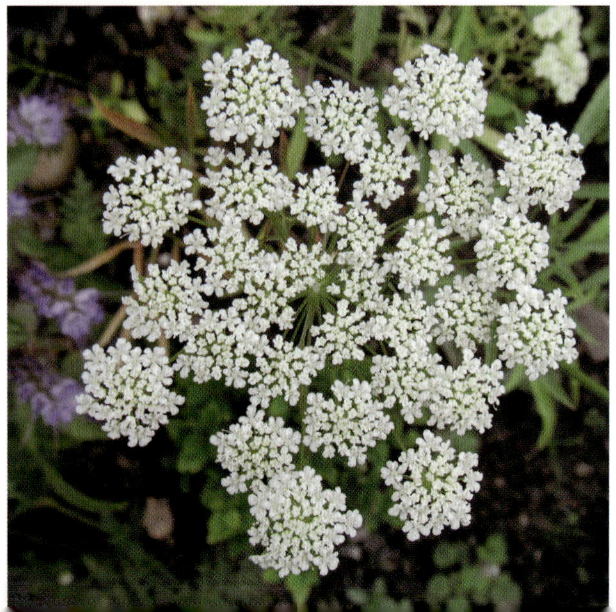

Doldenblütler

Exemplare dieser großen Pflanzenfamilie wachsen sowohl in der freien Natur als auch in Gärten. Doldengewächse haben interessante Blüten und Blätter und lassen sich leicht pressen. Zur Familie der *Apiaceae* zählen u. a.:

- Wiesen-Kerbel *(Anthriscus sylvestris)*, die verbreitetste Pflanzenart dieser Familie, die an fast jedem Feldweg zu finden ist.
- Süßdolde *(Myrrhis odorata)*
- Fränzösische Erdkastanie *(Conopodium majus)*
- Pferdeeppich *(Smyrnium olusatrum)*
- Wiesen-Bärenklau *(Heracleum sphondylium)*
- Acker-Klettenkerbel *(Torilis arvensis)*
- Giersch *(Aegopodium podagraria)*, ein verbreitetes und von Gärtnern viel geschmähtes Gartenunkraut. Die hübschen Blüten sind sehr gut pressbar.
- Fenchel *(Foeniculum vulgare)*
- Dill *(Anethum graveolens)*
- Wald-Engelwurz *(Angelica sylvestris)*
- Große Knorpelmöhre *(Ammi majus)*, eine schöne reinweiße Dolde, die als einjährige Schnittblume kultiviert wird.

Die Blüten der genannten Pflanzen können einzeln gepresst werden, indem man Blüte für Blüte von der Dolde abschneidet. Alternativ können Sie auch die ganze Dolde verwenden. Drücken Sie sie kräftig zusammen, bevor Sie das Blatt Papier darauf legen.

Freies Gestalten mit Dolden

Verfahren Sie wie bei der ohne Schablone gestalteten Collage (siehe Seite 56) und stellen ein breites Sortiment gepresster Dolden zusammen, einige mit und andere ohne Stiel. Nutzen Sie ein Lineal als Linie und platzieren die getrockneten Blüten entlang seiner Oberkante.

- Auch hier können Sie farbigen Karton verwenden oder sogar einen Hintergrund malen.
- Alternativ können Sie die Pflanzenteile auch frei anordnen und das Design intuitiv komponieren.

LINKS Blüten des Wiesen-Bärenklaus (oben), Blüten des Behaarten Kälberkropfs (Mitte), Blüte der Großen Knorpelmöhre (unten)

RECHTS Frei angeordnete Dolden

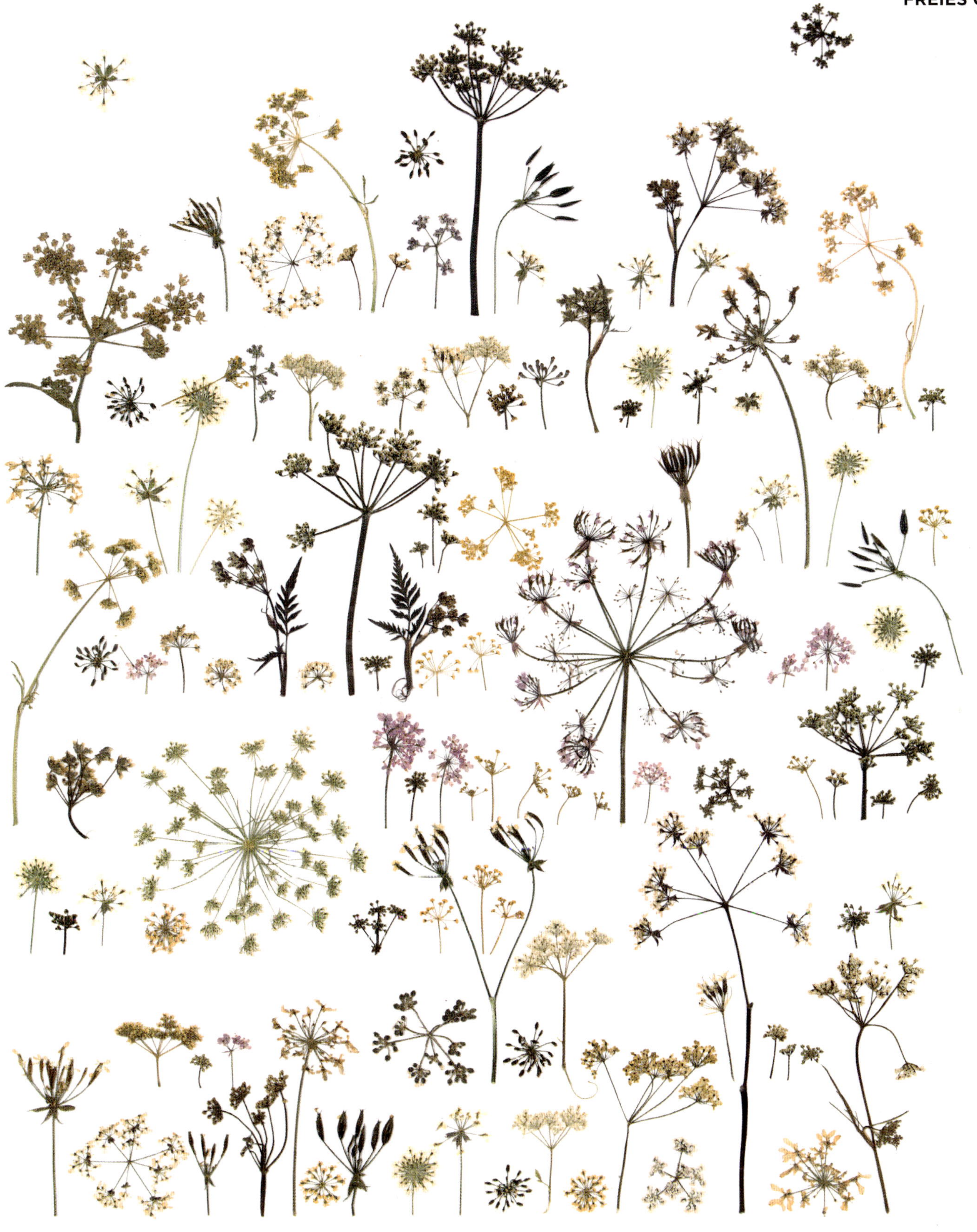

Kreisförmiges Design

Für eine Komposition aus Dolden von Wiesen-Kerbel *(Anthriscus sylvestris)*, Wald-Engelwurz *(Angelica sylvestris)*, Fenchel *(Foeniculum vulgare)*, Wiesen-Bärenklau *(Heracleum sphondylium)*, Großer Knorpelmöhre *(Ammi majus)* und Behaartem Kälberkropf *(Chaerophyllum hirsutum)* habe ich ein kreisförmiges Design gewählt.

Kreisförmig angelegte Projekte erfordern reichlich Material, um für die richtige Balance auf viele unterschiedliche Formen und Farbabstufungen zurückgreifen zu können. Die runde Gestaltung erfordert zudem ein gewisses Maß an Symmetrie, sodass Ihnen das Ausmessen nicht erspart bleibt. Doch wie bei jeder Arbeit mit Naturmaterial muss man auch hier Zugeständnisse machen, denn fast jedes Blatt oder jede Blüte ist ein Unikat. Mein Zugeständnis bei diesem Werk bestand darin, dass ich dem Material einen großen Gestaltungsfreiraum gelassen habe.

BITTE BEACHTEN SIE Zu der Pflanzengruppe der Doldenblütler gehören einige sehr giftige Exemplare wie der Gefleckte Schierling *(Conium maculatum)* und der Riesen-Bärenklau *(Heracleum mantegazzianum)*. Dabei geht es nicht nur darum, diese Pflanzen nicht zu verzehren – der Saft des Riesen-Bärenklaus *(Heracleum mantegazzianum)* beispielsweise reagiert mit dem Sonnenlicht und verursacht schon beim Berühren schwere Verbrennungen, die zum Erblinden führen können. Sammeln Sie von diesen Pflanzen keinerlei Pflanzenteile. Können Sie die Pflanze nicht eindeutig bestimmen, so lassen Sie sie bitte stehen!

1 Beginnen Sie mit einem markanten Pflanzenteil für die Mitte. Ich habe mich für die große und ungewöhnliche Blüte der Strahlen-Breitsame *(Orlaya grandiflora)* entschieden.

2 Bauen Sie das Design von der Mitte aus in Kreisen auf. Messen Sie dafür die ersten Kreise aus und markieren Sie mit Bleistift einige Punkte auf dem Kreisumfang. Sie müssen aber keine exakten Kreise mit dem Zirkel zeichnen.

3 Achten Sie darauf, dass alle Kreise denselben Mittelpunkt haben und sich durch die Verwendung gleicher Teile in einer Runde ein Strahleneffekt ergibt – das Design muss symmetrisch sein. Füllen Sie nicht jede freie Hintergrundfläche, sondern lassen Sie um jeden Blütenkopf herum etwas Platz, damit das Auge beim Betrachten nicht die Orientierung verliert.

4 Am äußeren Rand angekommen, stellen Sie die vier Ecken fertig. Dafür genügt eine Blütenart – es muss nicht zu kompliziert sein. Ich habe immer eine Fülle an Material zur Verfügung, doch die Kunst besteht darin, zu wissen, wann das Bild fertig ist!

5 In diesem Design finden sich auch einige Blattstücke des Wiesen-Kerbels *(Anthriscus sylvestris)*, die der Arbeit eine grünliche Note verleihen und gut zu den Blütenköpfen passen. Hier und da belasse ich auch gerne die Stängel an den Blütenköpfen. Sie sind eine weitere Komponente, um den Strahleneffekt zu verstärken.

RECHTS *Umbrella Circle* (2017), aus den verschiedensten Doldenblüten gestaltet. 25 × 25 cm

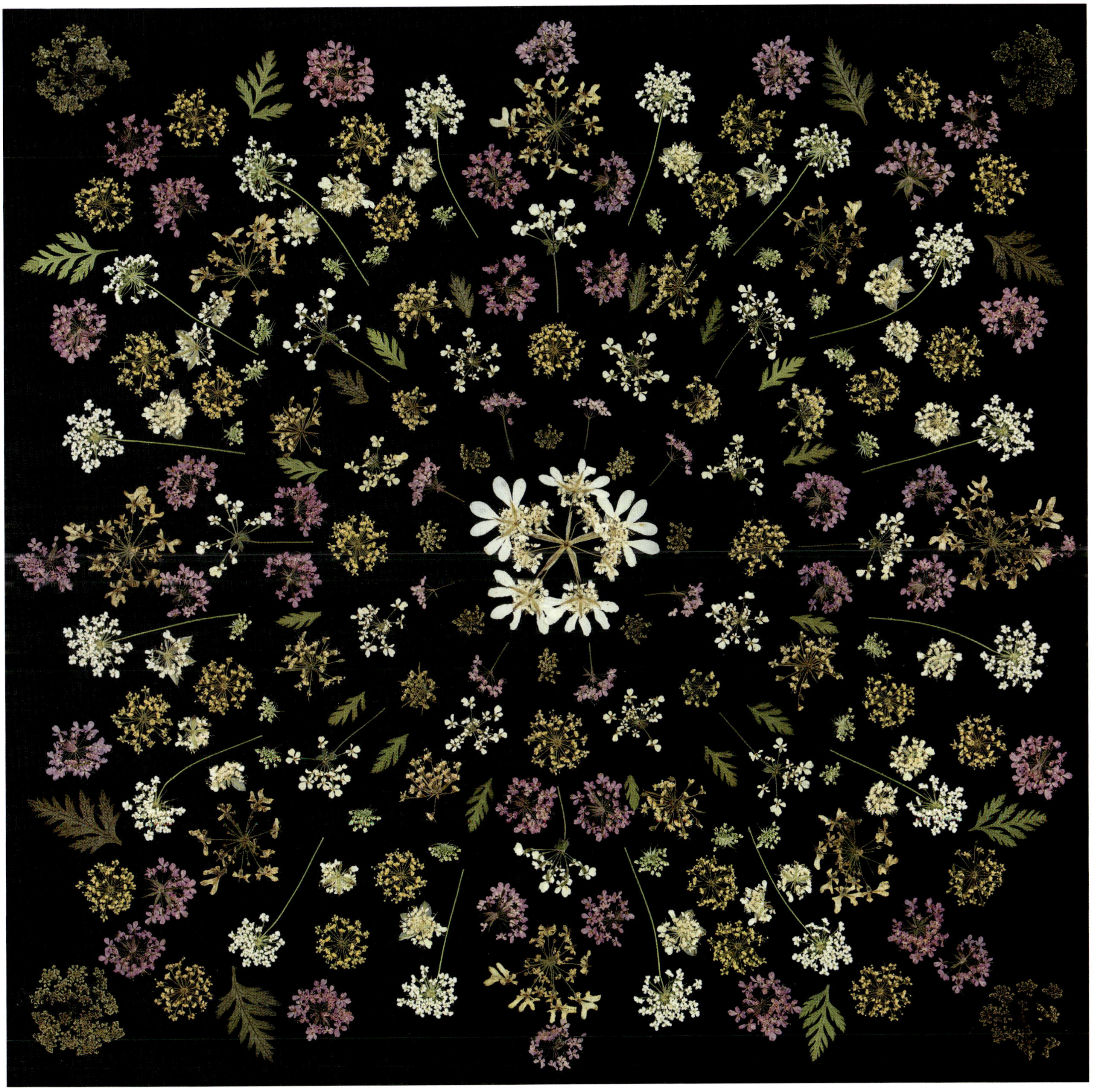

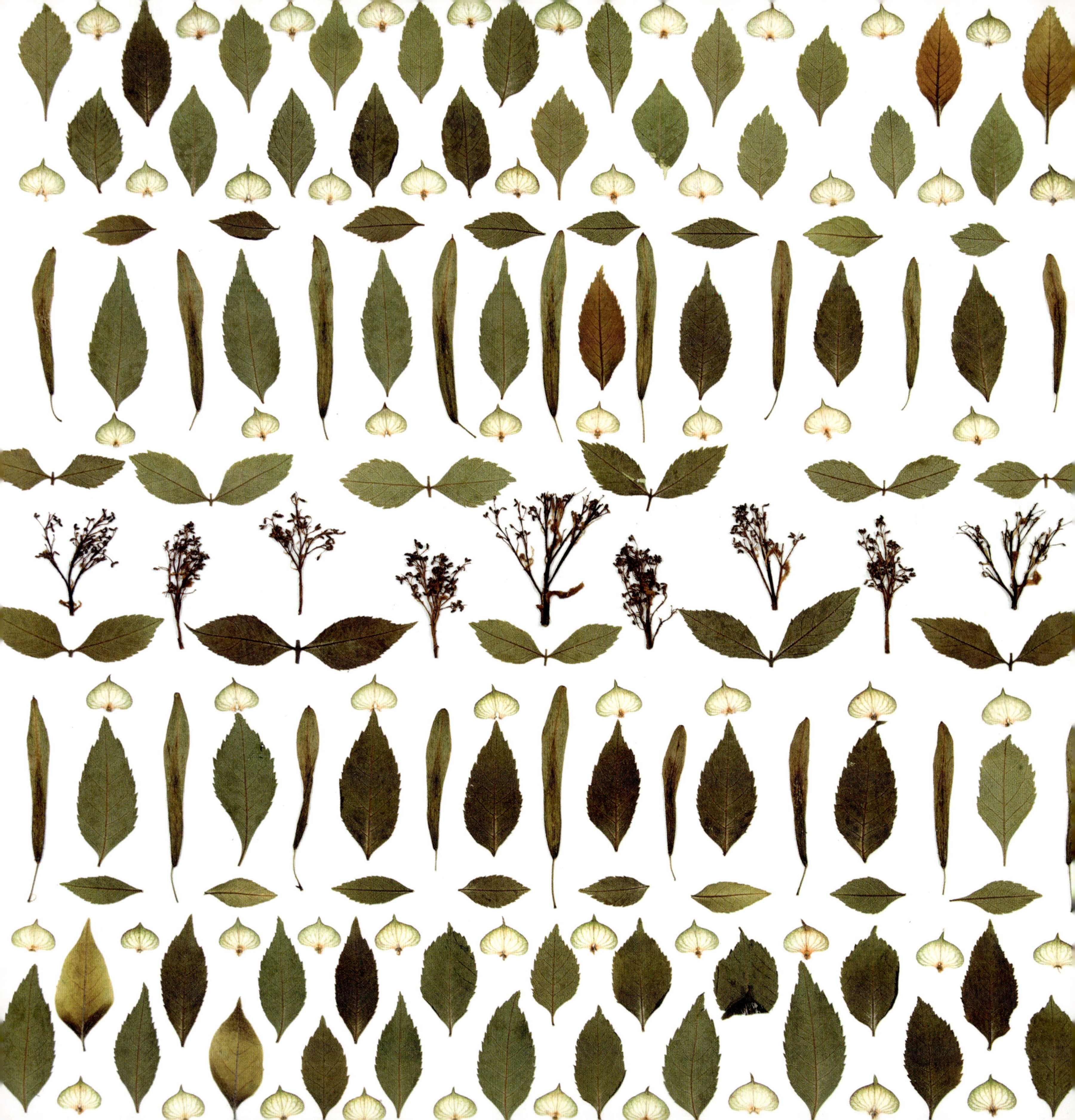

Einfache Musterrapporte

Jahrhundertelang nutzte man Blatt- und Blütenformen als Motive zur Mustergestaltung. Bei gepresstem Pflanzenmaterial ist jedes Blütenblatt, jeder Blütenkopf und jedes Laubblatt einer bestimmten Pflanze von der Form her ähnlich bis nahezu identisch und eignet sich daher sehr gut für die Gestaltung von Musterrapporten.

Man arrangiert gepresste Blätter und Blütenblätter in Reihen und setzt nach Wunsch weitere Elemente in die Lücken – schon hat man ein einfaches Muster aufgebaut.

Die kleinen Blättchen der Gemeinen Esche *(Fraxinus excelsior)* haben eine hübsche Form, die in zahlreichen Musterrapporten (siehe links) eingesetzt werden können. Komplexer wird das Muster, wenn Sie viele verschiedene Formen verwenden. Die Möglichkeiten dieser Art von Design sind unbegrenzt.

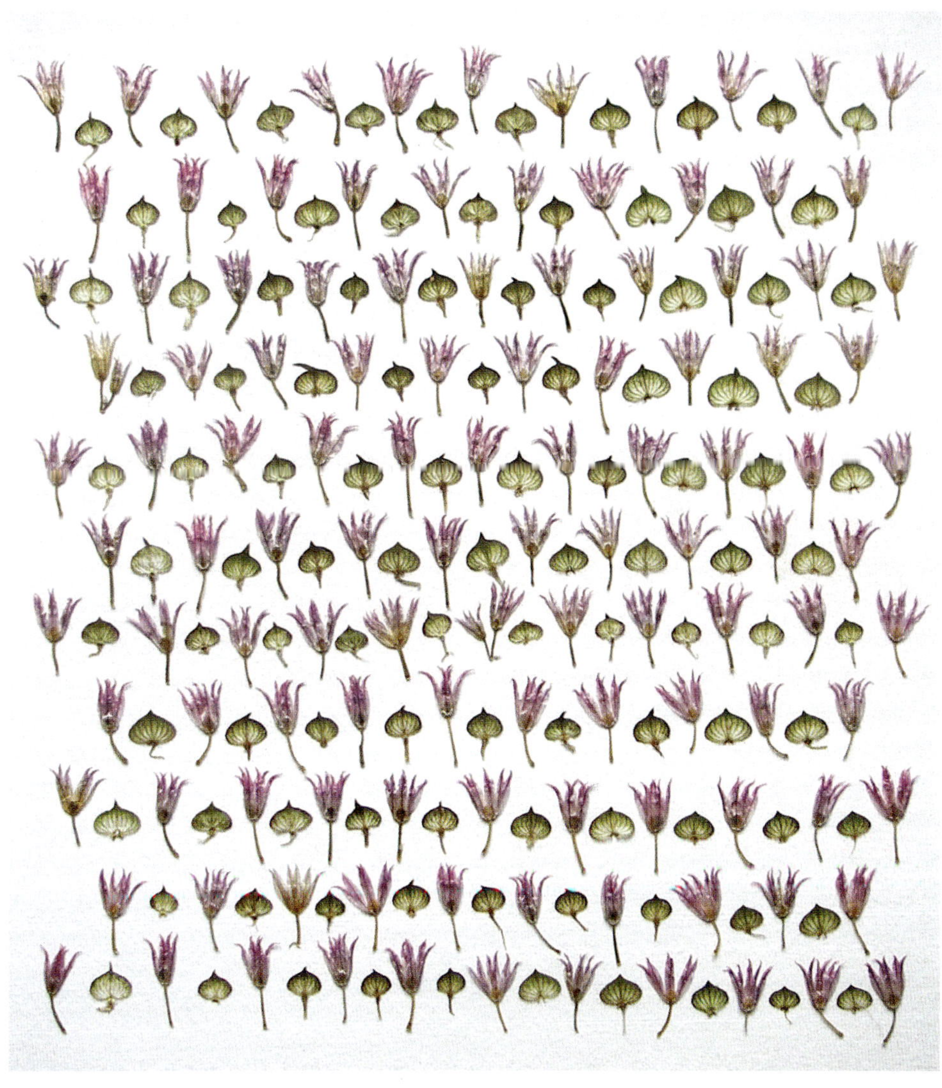

LINKS Blätter, Blüten und Samenstände der Esche sowie Braunelle-Blütenkelche (2017). 30 × 30 cm

RECHTS Schnittlauchblüten und Braunelle-Blütenkelche (2014). 20 × 20 cm

Umrandungen und Streifen

Oft umrahme ich eine Arbeit mit einem gemalten Rand oder mit mehreren aus Pflanzenmaterial gestalteten Zierrändern, die an Muster erinnern, wie sie in Stickereien und Teppichen vorkommen. Für einen solchen Zier-„Rahmen" sind viele kleine Blättchen und Blüten erforderlich, denn das Design muss vor allem symmetrisch ausfallen. Ich verwende Aquarellfarbe und trage sie relativ dünn auf, um eine helle Umrandung zu erhalten. Ein farbiger Hintergrund oder Rand betont zudem die Farbe des gepressten Pflanzenmaterials, die sich über die Zeit verändern kann.

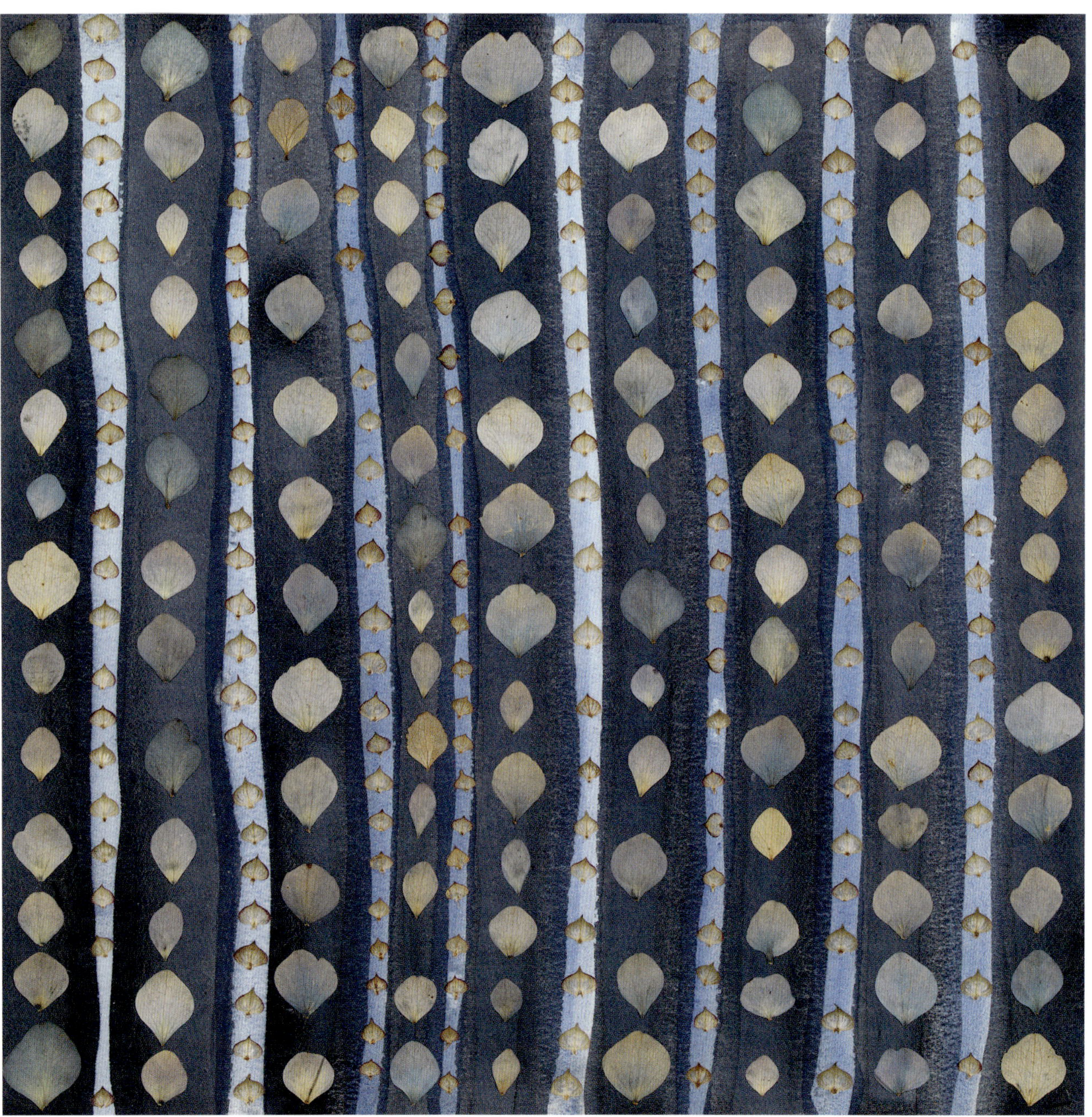

LINKS Aufgemalte blaue Streifen mit Blütenblättern von Hortensien

RECHTS *Threave Garden Quilt* (2016). Dieses aufwendige Design zeigt Pflanzen, die ich in Threave Garden, einer botanischen Anlage in der schottischen Region Dumfries and Galloway, gesammelt habe. 40 × 40 cm

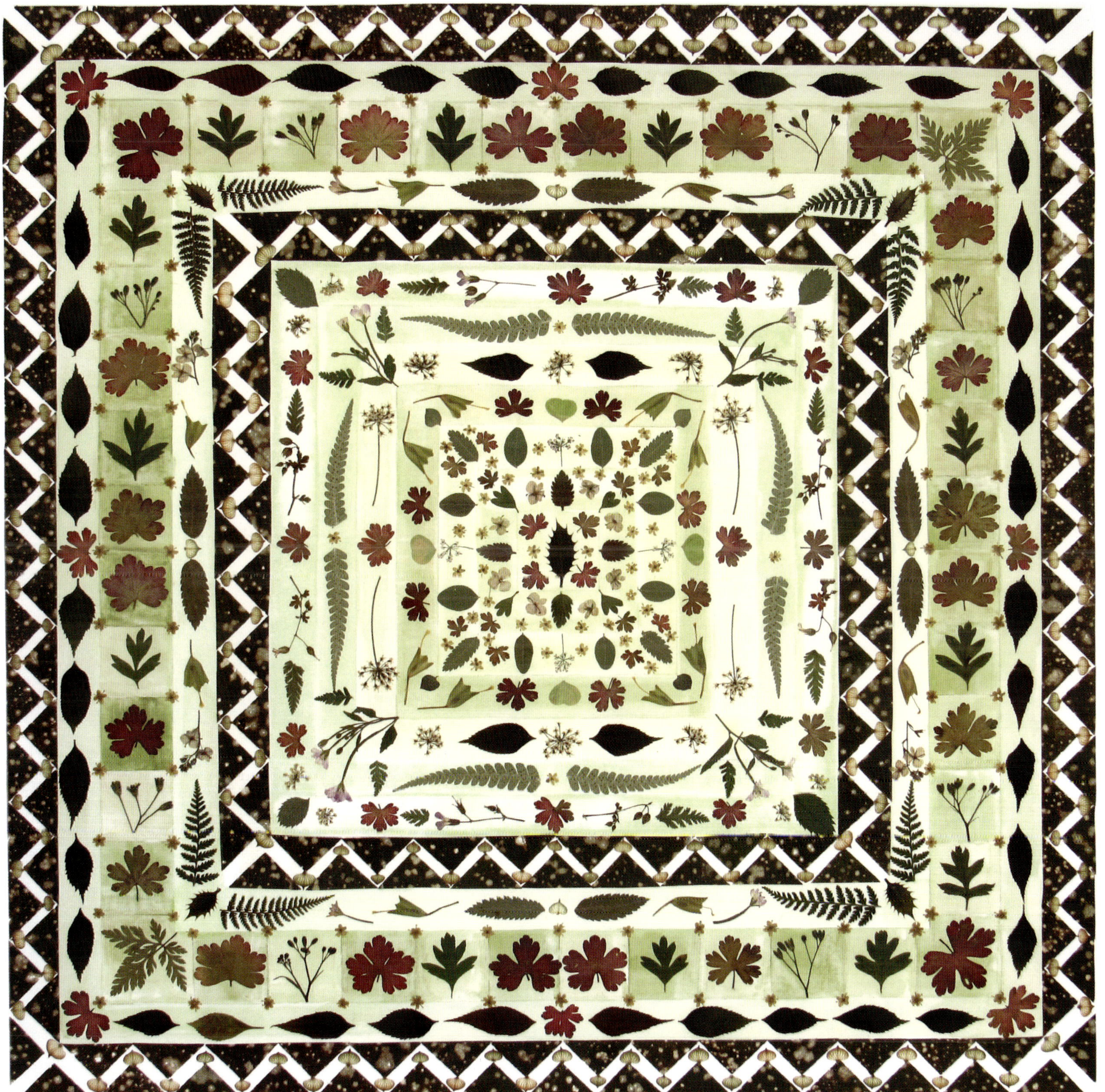

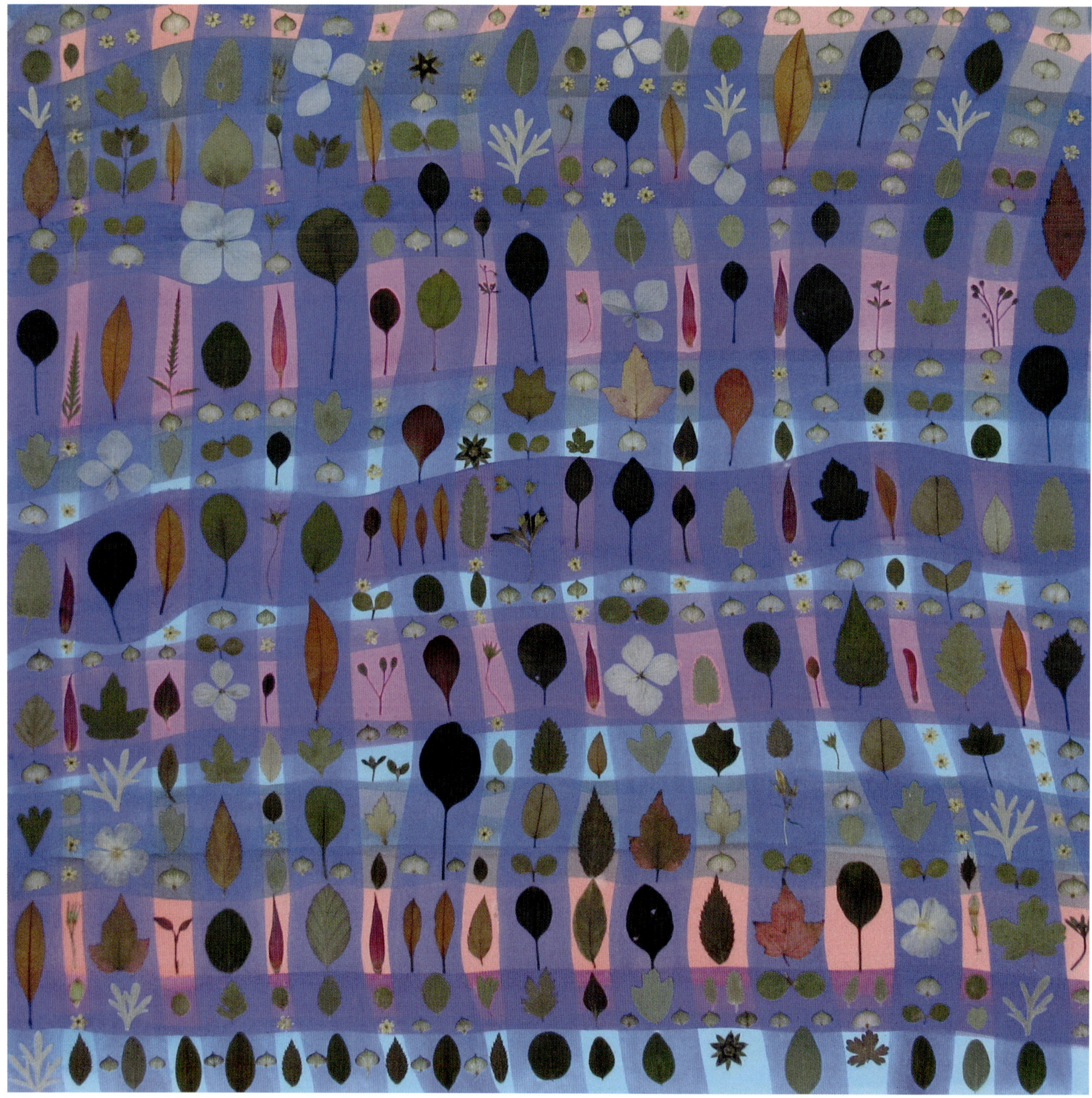

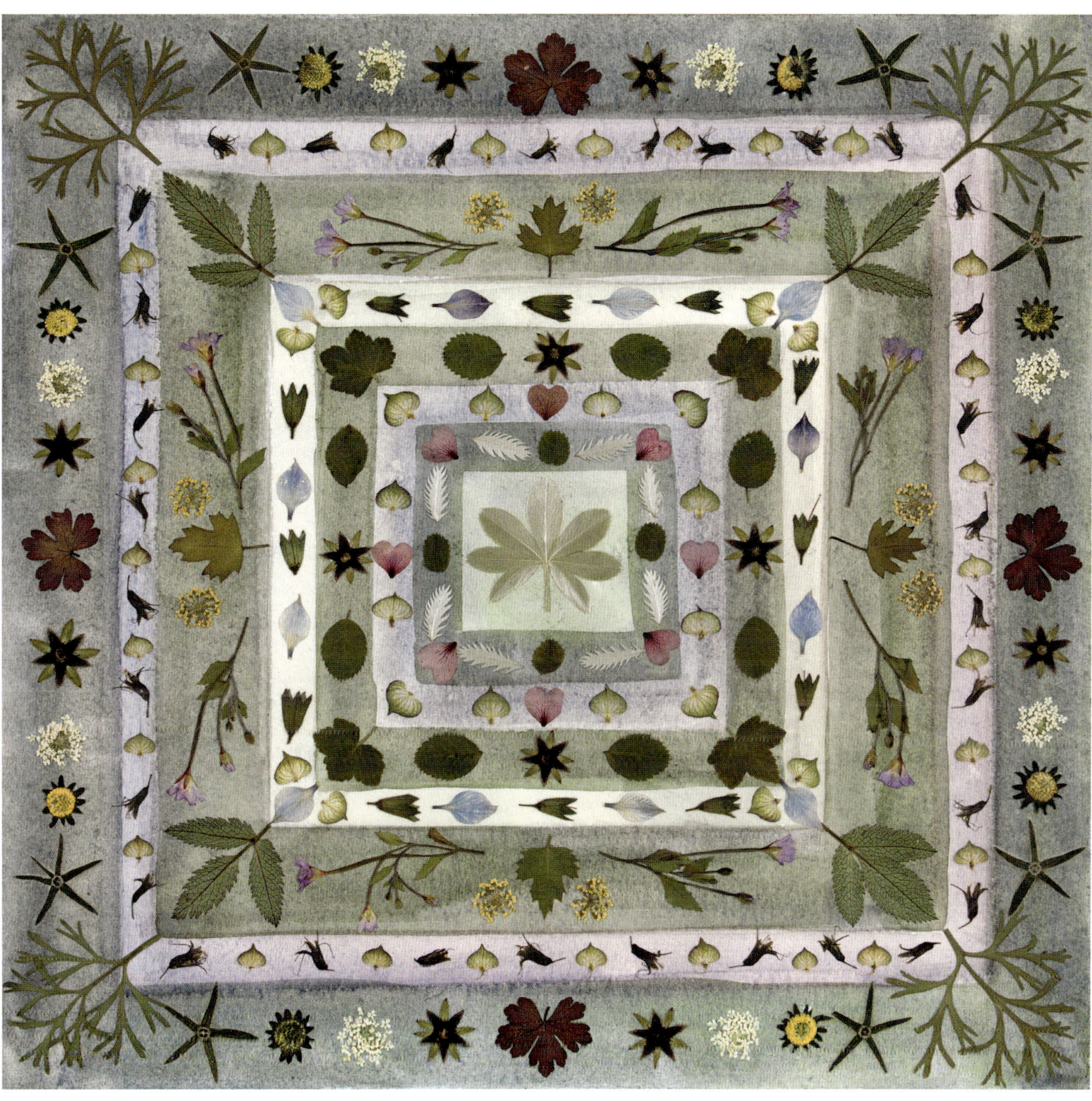

Als Mittelteil für meinen *Gartenquilt* (oben) habe ich ein Laubblatt des Alpen-Frauenmantels *(Alchemilla alpina)* gewählt, dessen fantastische silberfarbene Unterseite nach oben zeigt. Von der Mitte nach außen verlaufend kommen viele kleine Pflanzenteile zum Einsatz, deren Form und Größe in die aufgemalte Rahmenstruktur passen. Die Ecken bieten nützlichen Raum für größere, diagonal angeordnete Teile, die das Design abrunden.

Ein farbig aufgemalter Rand kann eine effektive Möglichkeit sein, um ein geometrisches Design zu umrahmen und krumme Kanten zu kaschieren. Verziert man die Umrandung mit kleinen Blättchen und Blüten, kann das sehr dekorativ aussehen.

Längs und quer verlaufende Farbstreifen (siehe gegenüber) bieten eine interessante Struktur für gepresste Blätter und Blüten. Die Streifen können sowohl hinsichtlich der Farbe als auch der Breite variieren. Die bringen Spannung und Bewegung in das Design.

LINKS *Threave Bright Colours* (2016). 30 × 30 cm

RECHTS *Garden Quilt* (2017). 30 × 30 cm

Geometrischer Aufbau

Viele Jahre lang standen ummauerte Gärten und die geometrischen Muster formal angelegter Gärten mit klar definierten und mit Heckenpflanzen umfriedeten Beeten im Fokus meines Interesses. Ich mag es, wenn Gärten einen „Rahmen“oder Kanten haben, in Form einer ziegelsteinernen Umfassungsmauer oder oft auch einer niedrigen Buchsbaum- oder Eibenhecke. Ein Garten mit einem klar definierten Rahmen hat in der Regel nach einem strengen geometrischen Muster angelegte, gestaltete Beete. Ich habe solche symmetrischen Muster schon immer gemocht. Sie schaffen kreisförmige, drei- und viereckige Bereiche für die Kultivierung von Blumen, Kräutern, Obstbäumen und Gemüse und sorgen so für Balance, Ordnung, Harmonie sowie Ruhe.

Ich habe viel Zeit damit verbracht, ummauerte Gärten in meiner Gegend ausfindig zu machen und durfte Pflanzenmaterial von einigen wunderschönen Anlagen mitnehmen. In einem Sommer arbeitete ich in einem großen ummauerten Garten, in dem viel Tibet-Scheinmohn *(Meconopsis betonicifolia)* sowie Hunderte ungewöhnlicher Pflanzen, die aus dem Fernen Osten und dem Himalaja stammten, angebaut wurden. Ich fühlte mich sehr privilegiert, Zugang zu einer derart wundervollen Blatt- und Blütenvielfalt zu haben.

Die Idee des umfassten Raums inspirierte mich, Bilder von formalen Gärten aus der Vogelperspektive zu schaffen. Dazu habe ich Quadrate mit einem Raster aus Berg-Ahorn-Blättern *(Acer pseudoplatanus)* eingefasst. Jede Fläche steht für ein Blumenbeet, in das ich kleinteiliges Pflanzenmaterial gesetzt habe, das ich in einem bestimmten Garten gesammelt hatte. Für die optimale Wirkung dieser Werke habe ich ein größeres Format gewählt.

RECHTS *Galloway Walled Garden* (2016). Verschiedenste kleine Blüten von Gartenblumen sowie Laub, u. a. von Berg-Ahorn, im Spätsommer in einem ummauerten Garten in Orchardton, Galloway, gesammelt. 56 × 56 cm

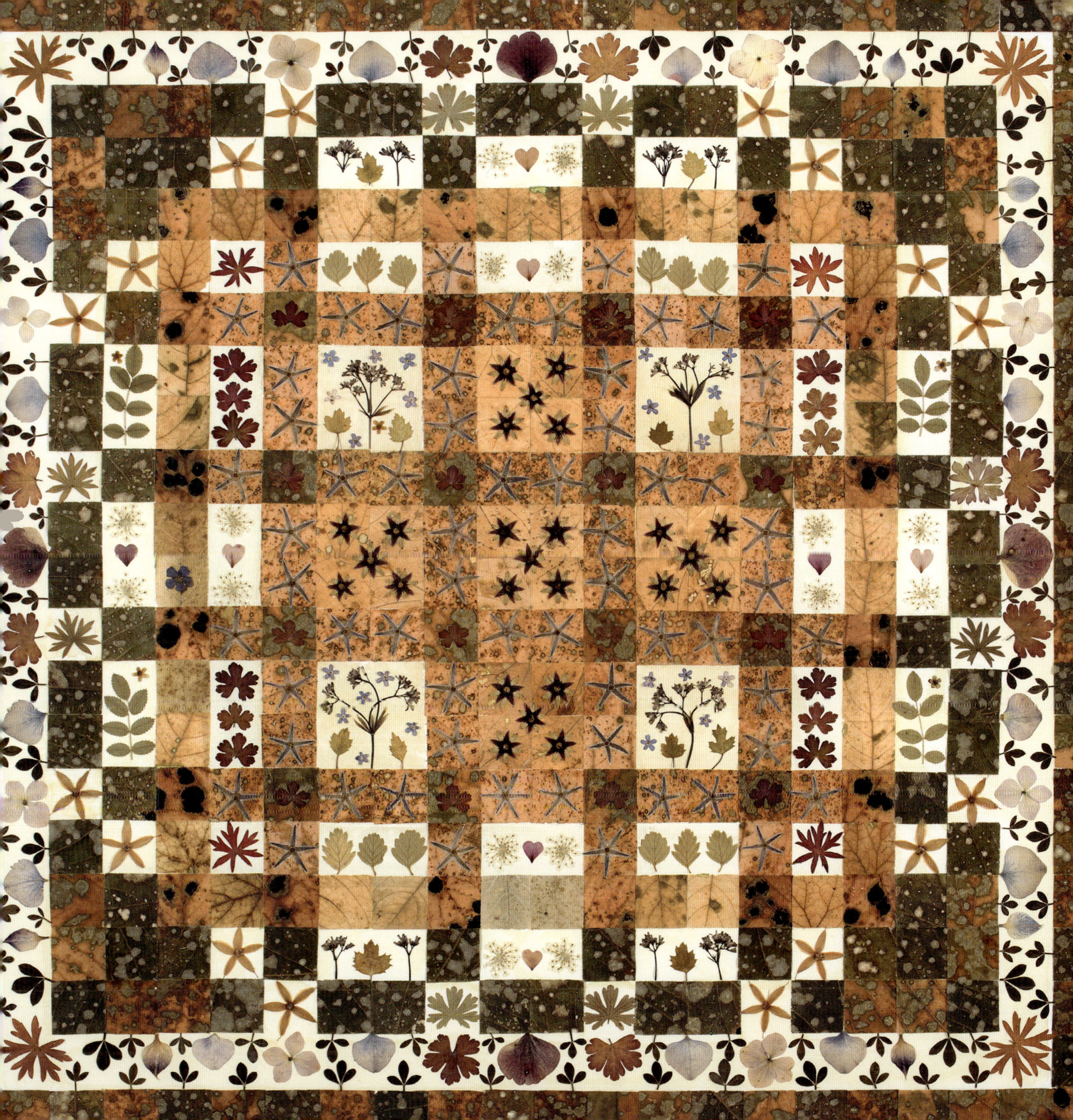

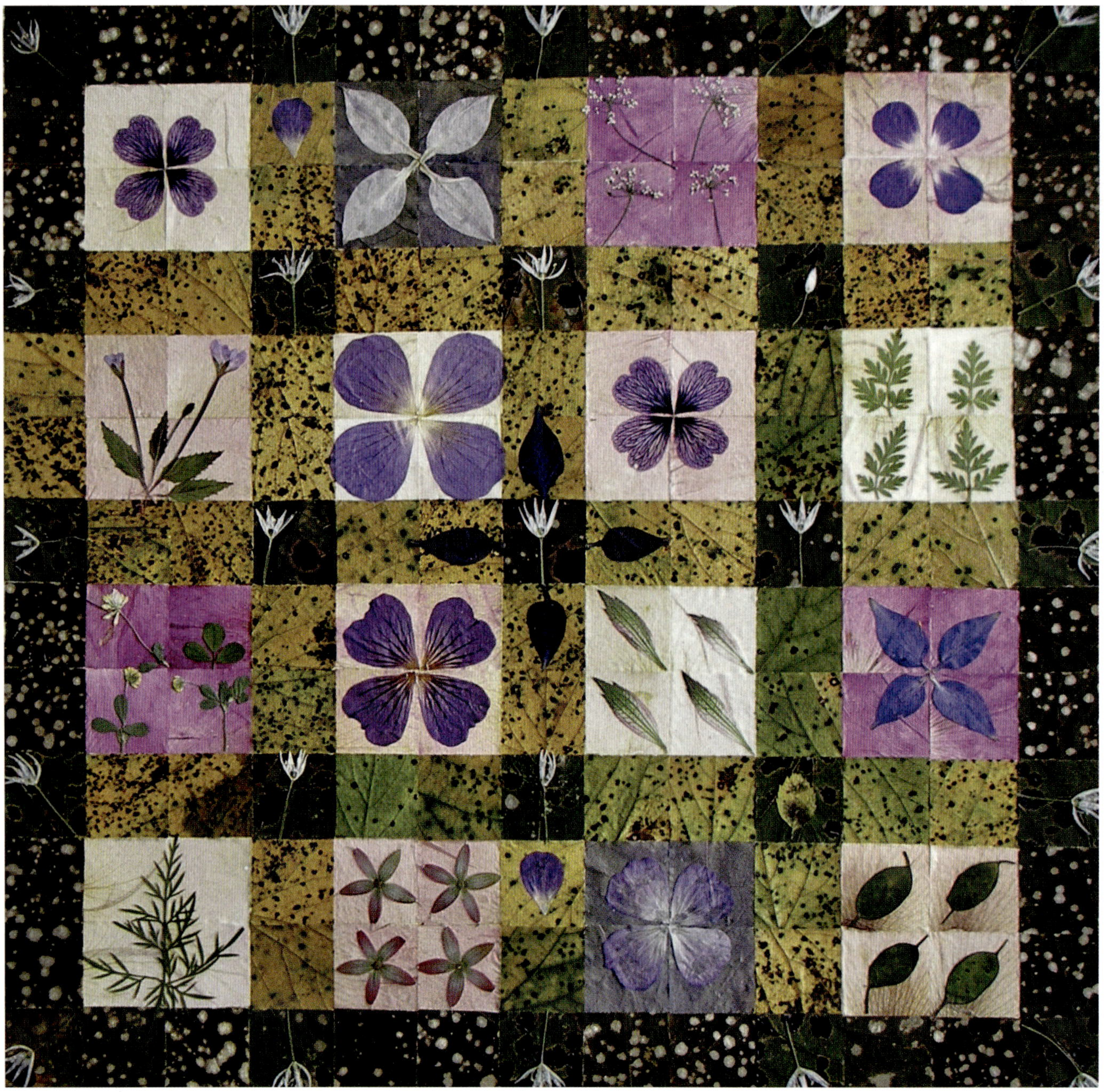

OBEN Gartenquilt (2013).
33 × 33 cm

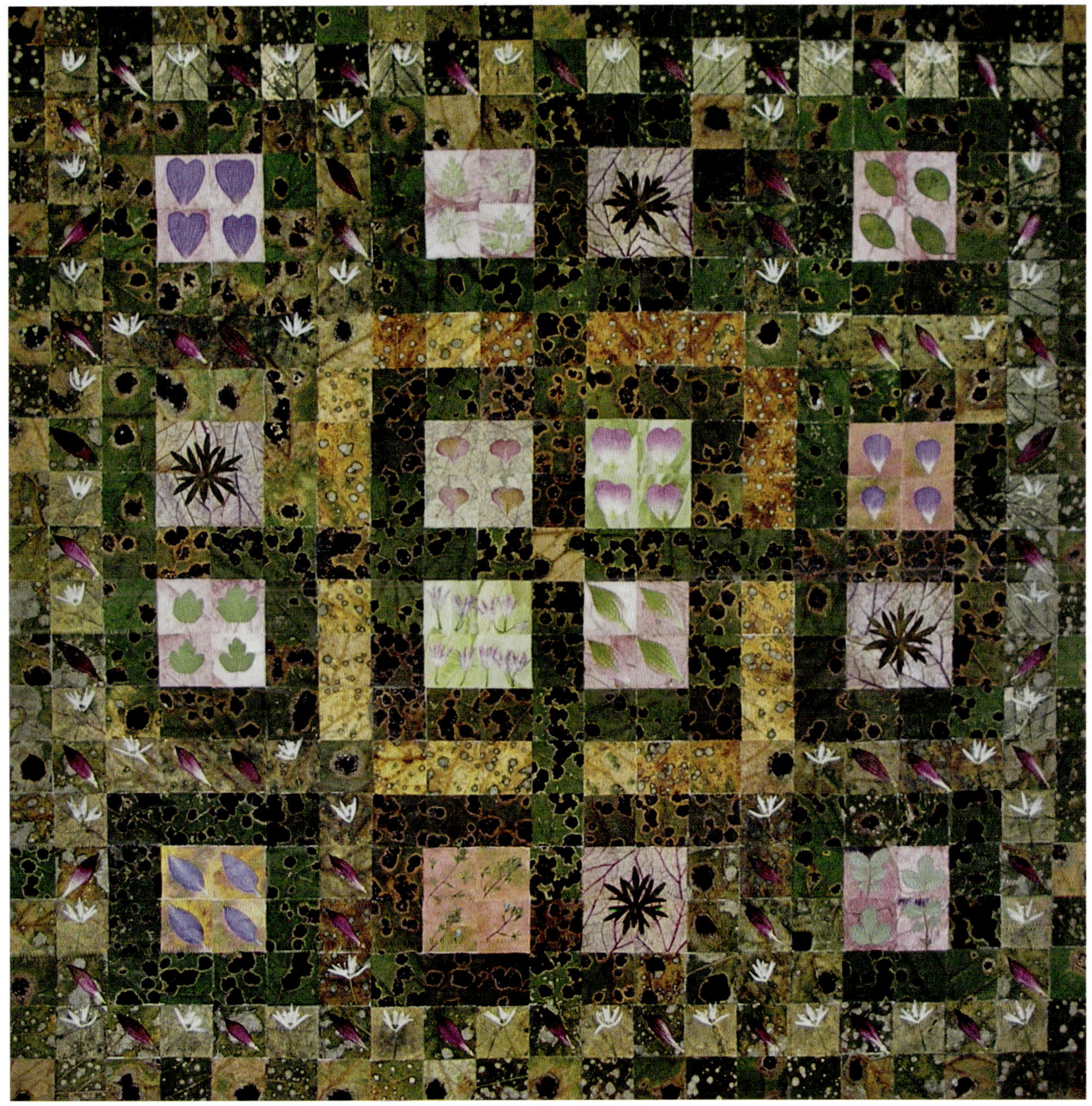

OBEN Gartenquilt (2014).
53 × 53 cm

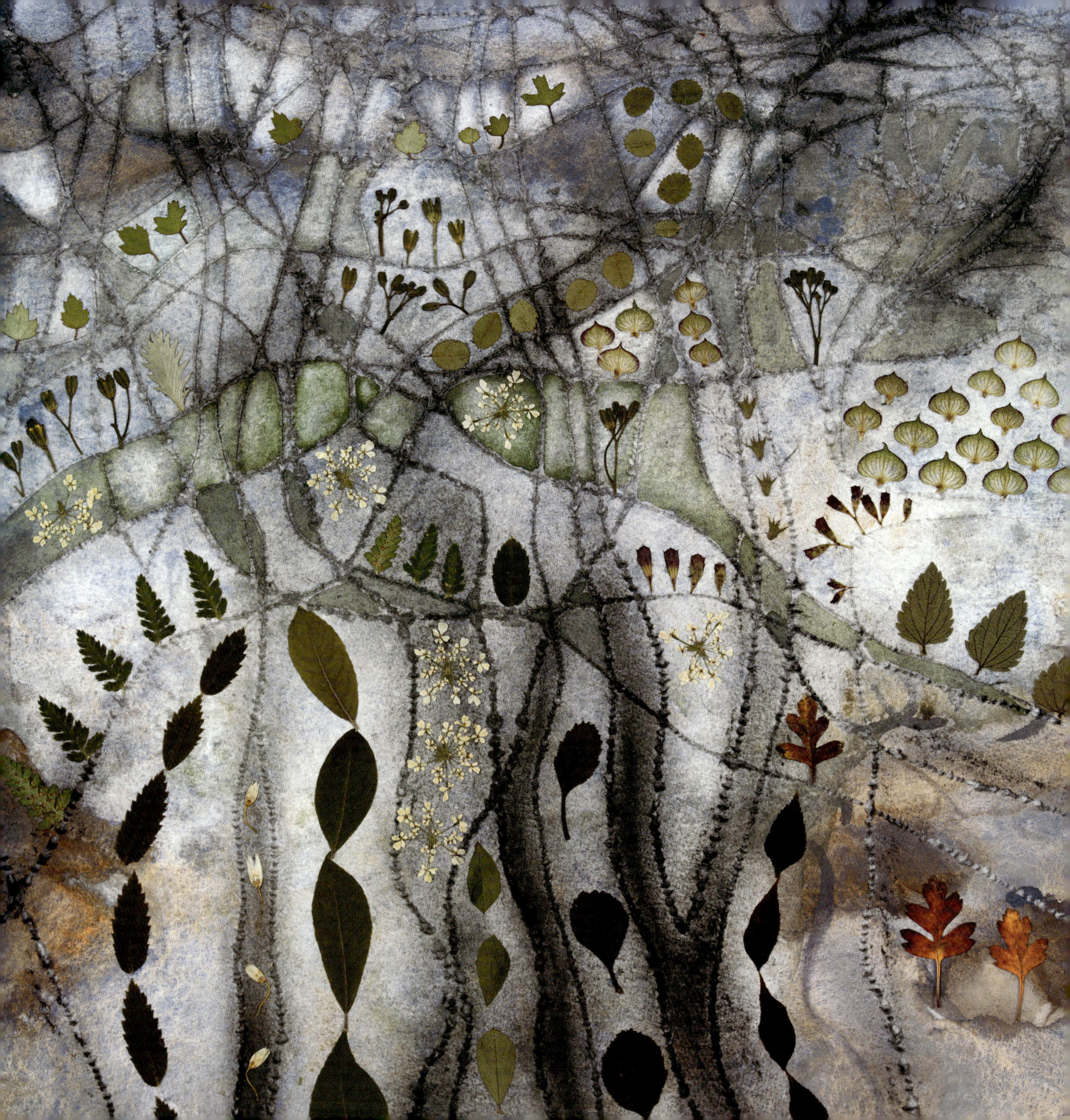

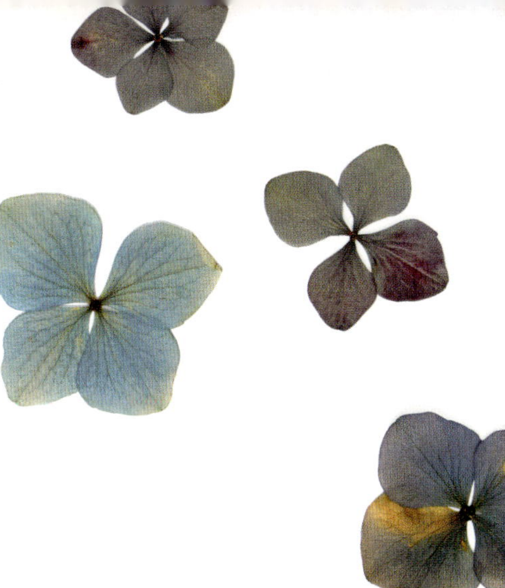

WEITERE GESTALTUNGSMÖGLICHKEITEN

LINKS Detail aus *Galloway Landscape* (2017). Ein Gesamtbild der Arbeit finden Sie auf Seite 101. Mixed Media. 30 × 23 cm

Besondere Effekte in Farbe und Form

Dieses Kapitel beleuchtet das Pflanzenmaterial aus einem völlig anderen Blickwinkel. Können durch Insektenschäden ansprechende Muster auf Blättern entstehen? Welche Beeren liefern brauchbare Farben für Collagen, wenn man sie zerdrückt? Suchen Sie stets nach interessanten Gestaltungmöglichkeiten oder gehen Sie eigene, innovative Wege.

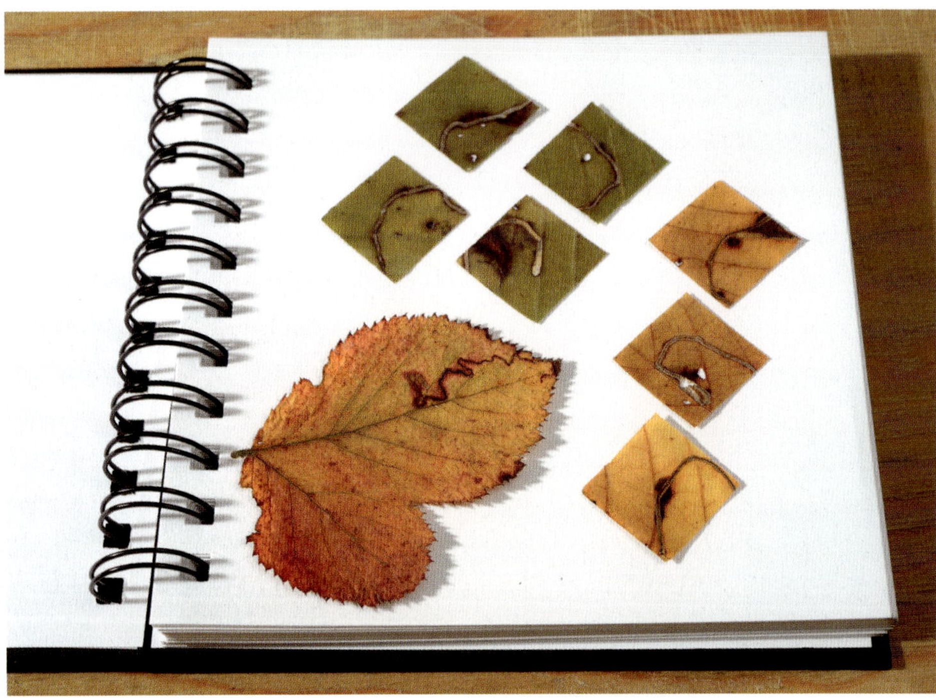

OBEN Larvengänge der Minierfliege in Himbeer- und Brombeerblättern

Blätter mit Insektenschäden

Das Laub von Brombeere (*Rubus* spp.) und Vogel-Kirsche *(Prunus avium)* weist häufig Schäden durch die Minierfliege auf, die die Blätter ansticht und deren Larven deutlich sichtbare Gänge in die Blattoberfläche bohren. Die Gänge sind als weiße, manchmal auch schwarze Linien sichtbar und scheinen wie auf die Blattoberfläche gemalt. Ich finde sie sehr reizvoll.

Ich setze diese Linien gerne fließend aneinander, was jedoch recht schwierig ist. Man findet nicht viele solcher Blätter und deshalb habe ich nie genug davon. Normalerweise verarbeite ich sie in freien Collagen, in denen ich die Quadrate mit den weißen Linien mit anderen Texturen und Farben kombiniere.

Mohn

Alle Mohnarten (*Papaver* spp.) haben wunderschön eingefärbte Blütenblätter, die sich sehr gut pressen lassen.

Sammeln Sie die Blütenblätter, wenn sie trocken und vollständig geöffnet sind, und pressen Sie sie vorsichtig. Nach dem Pressen werden viele der Blütenblätter halbtransparent und weisen sehr schöne Linien und Texturen auf. Alle Blütenblätter haben eine schwarze Mitte, die sich sehr gut in das Design integrieren lässt.

Die gepressten Blütenblätter müssen behutsam behandelt und zugeschnitten werden. Tupfen Sie nur einen winzigen Klecks Kleber direkt auf das Papier und platzieren Sie das zarte Blütenmaterial vorsichtig.

Bei der dreilagigen Collage auf Seite 87 habe ich mir die Transparenz der Blütenblätter zunutze gemacht und kleine Blütenblätter sowie Laubblätter unter die Mohnquadrate sowie kleine Blätter und Blüten darauf gelegt.

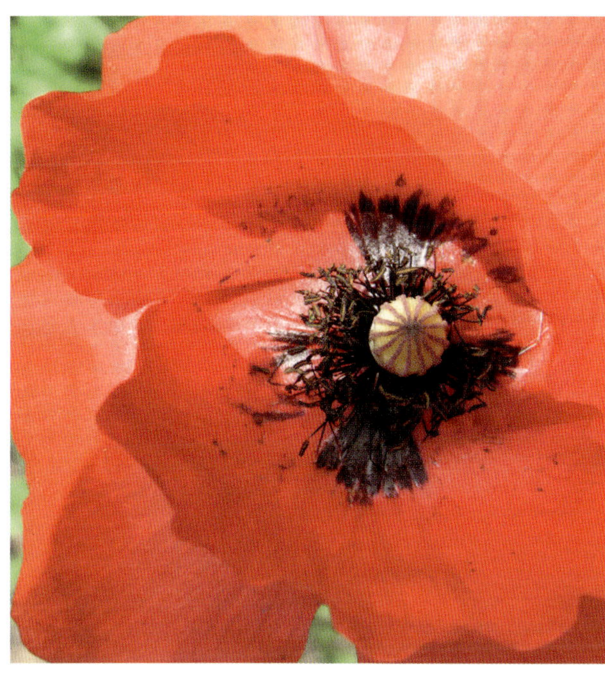

LINKS Gartenmohn

UNTEN Gepresste Mohnblütenblätter, darunter auch Tibet-Scheinmohn

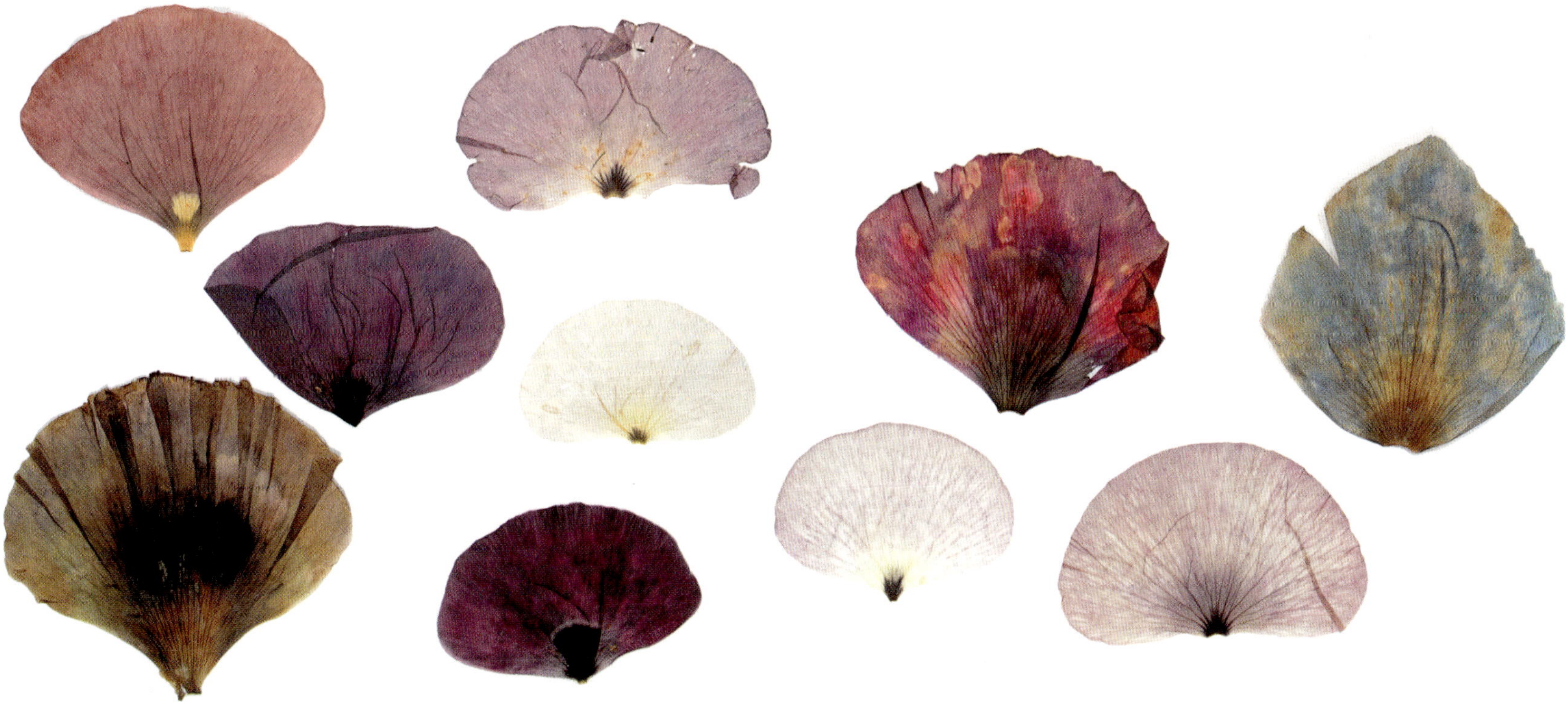

In der unten abgebildeten Collage kommen Blütenblätter in dunklen, kräftigen Farben zum Einsatz. Darauf sind als obere Lage Blüten von Bärlauch *(Allium ursinum)* und Blütenkelche von Braunelle *(Prunella vulgaris)* angeordnet.

Bei der Collage gegenüber wurden transparentere Blütenblätter in blassen Farben verwendet. Kleine Blätter und Blütenköpfe liegen unter dem Mohn und Braunelle-Blütenkelche *(Prunella vulgaris)* sowie Geranienblütenblätter darauf.

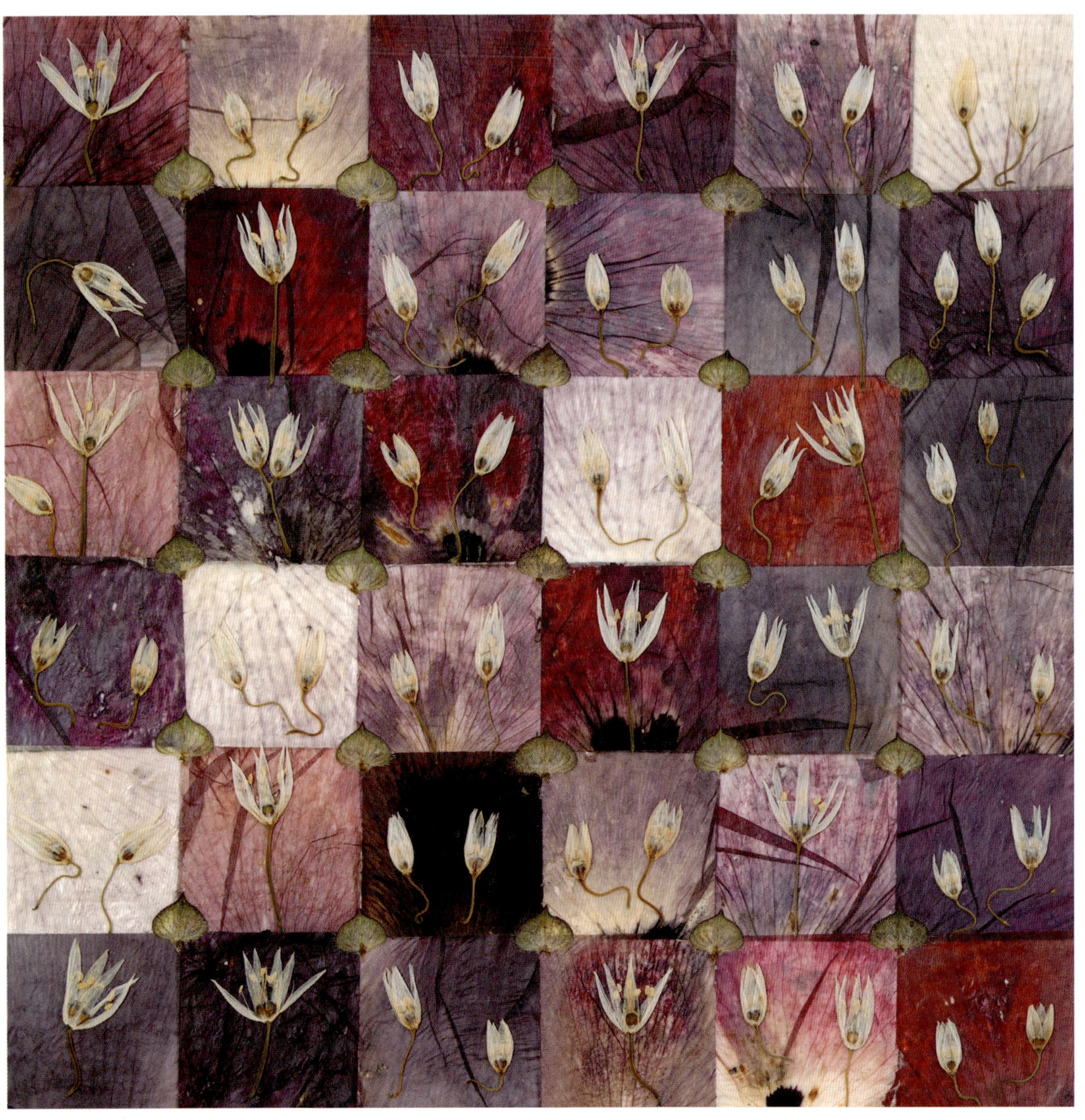

LINKS Collage zum Thema Mohn aus Mohnblütenblättern, Bärlauchblüten und Braunelle-Blütenkelchen (2017). 15 × 15 cm

RECHTS Dreilagige Collage zum Thema Mohn (2017), bei der Mohnquadrate die mittlere Schicht bilden. 15 × 15 cm

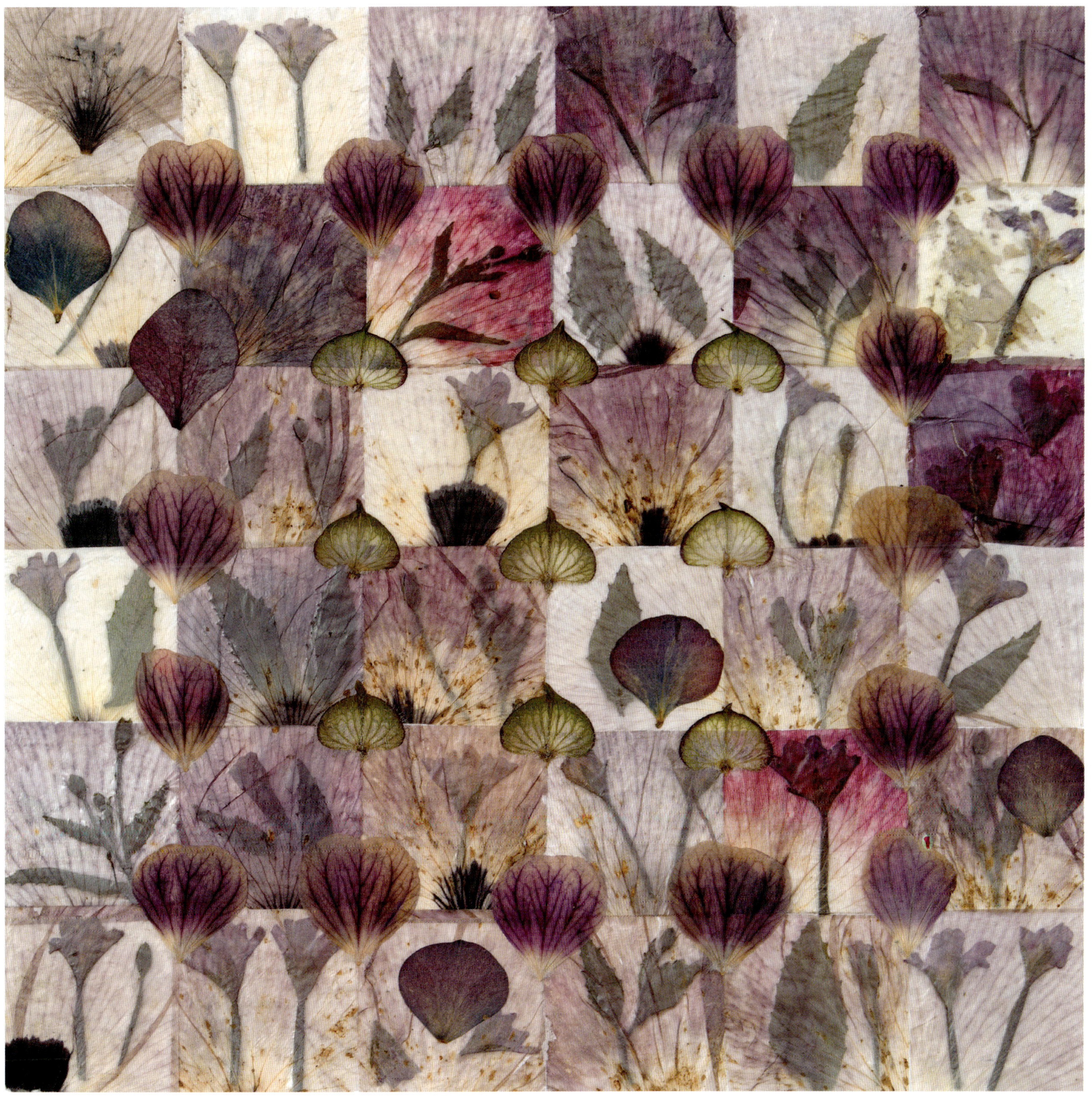

Schnittblumen

Für meine Collagen habe ich nie Schnittblumen gekauft. Hatte ich aber Tulpen (*Tulipa* spp.) und Inkalilien oder Alstroemerien (*Alstroemeria* spp.) im Haus, so habe ich sie verwendet, um herauszufinden, wie sich die Blütenblätter pressen lassen. Es gibt bestimmt viele zum Pressen geeignete Schnittblumenarten, doch ich sammle lieber Garten- und Wildblumen.

Tulpen sind besonders geeignet. Ich sammle die Blütenblätter, wenn der Blütenkopf voll sowie ganz geöffnet ist und sie sich gerade noch am Stiel halten. Dann sind die Blütenblätter groß, flach und leicht zu pressen. Tulpenblütenblätter werden durch das Pressen sehr seidig und bekommen einen schönen Glanz. Man kann sie gut allein oder in Kombination mit anderen Blütenblättern verwenden. Ganz hervorragend sind die Blütenblätter gelber Tulpen.

Inkalilien sind sehr interessant, wenn man sie bei voll geöffneter Blüte gegen Ende der Blütezeit presst. Ihre Blütenblätter sind sehr hübsch geformt und glänzend-transparent. Auch diese Blütenblätter können Sie allein oder mit anderen zarten Blüten kombiniert verwenden. Darüber hinaus haben Inkalilien sehr lange, schön geformte Staubgefäße, die sich gut pressen und leicht in eine Arbeit einfügen lassen.

Bei der rechts abgebildeten Arbeit wurden Blütenblätter von weißen Inkalilien verwendet. Ich habe die größeren Blütenblätter von den Blütenköpfen abgezupft und die kleineren nur verwendet, wenn sie schön geformt waren. Da die Blütenblätter sehr zerbrechlich sind, habe ich den Kleber sehr vorsichtig mit einem angespitzten Streichholz – damit nur kleinste Klebermengen aufgenommen werden können – auf die Unterseite des Blütenblatts gestrichen. Diese zarten Blüten wirken allein und in einer ganz einfachen Anordnung präsentiert am besten. Alternativ können Sie sie auch mit Blütenblättern kombinieren, die ähnlich zart sind.

RECHTS *Alstroemerias* (2017). 30 × 30 cm

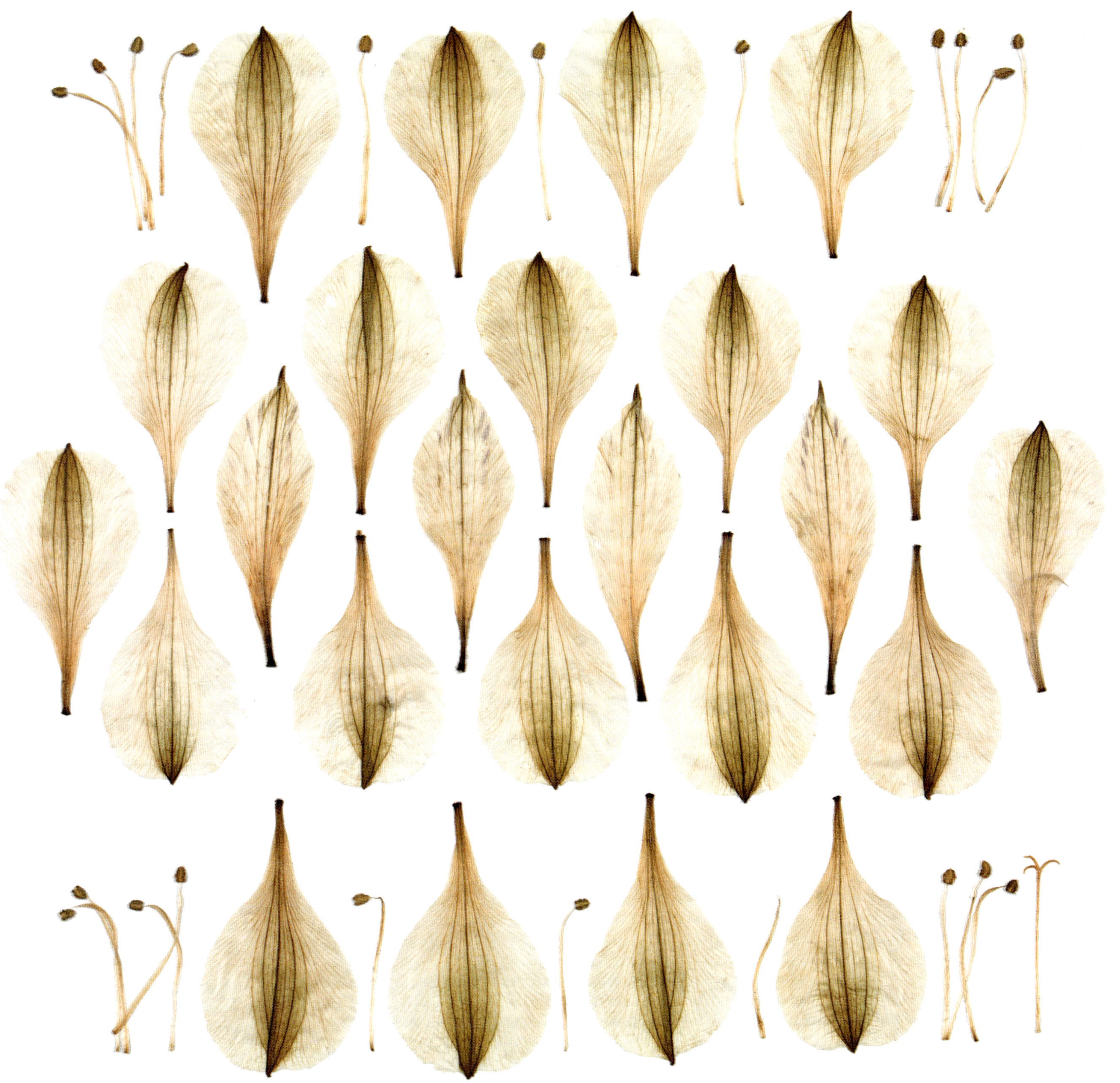

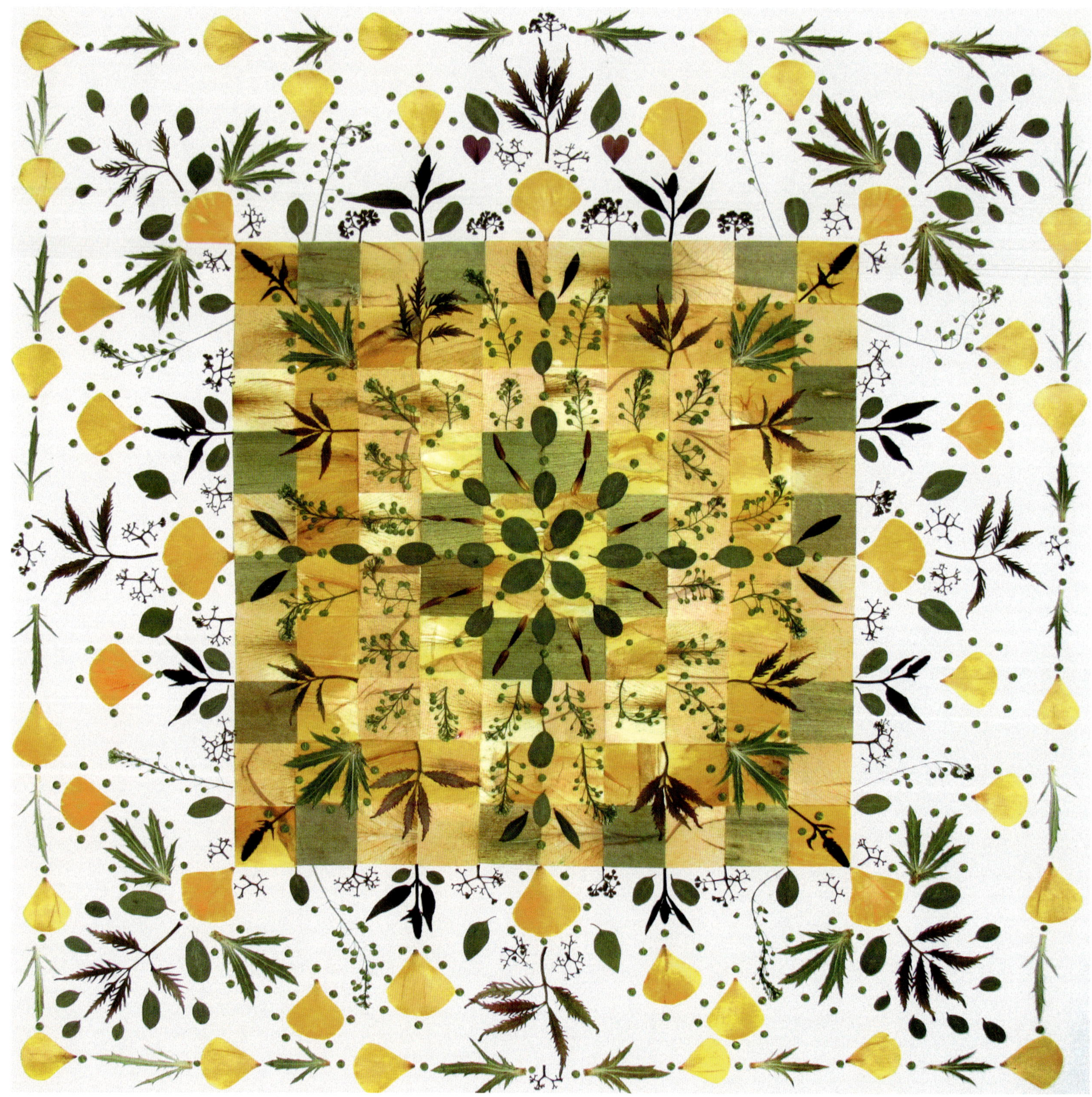

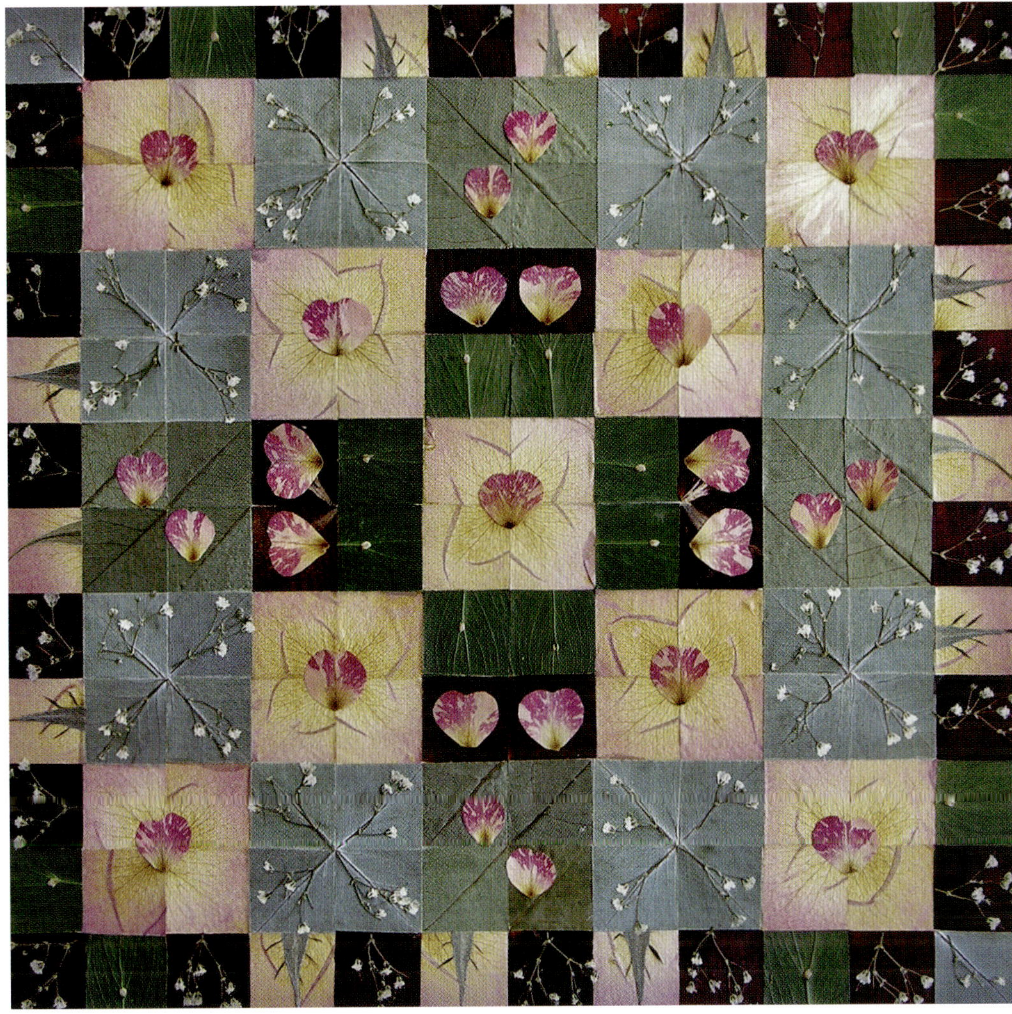

Brautbouquets

Manchmal werde ich gebeten, die Blüten und Blätter eines Brautstraußes zu pressen. Doch die Sträuße sind nicht immer geeignet, da sie sich auf wenige Blumensorten beschränken, die u. U. schwierig zu pressen sind. Die Designs, die ich kreieren kann, sind häufig ganz schlicht und beinhalten ein oder zwei Blumensorten aus dem Strauß.

Das kann recht interessant sein, denn eine eingeschränkte Blüten- und Blätter-„Palette" grenzt auch die Auswahl an Formen und Farben ein. Die Herausforderung ergibt sich, wenn man versucht, daraus ein funktionierendes Design zu kreieren. Ich setze mich gern mit derartigen Begrenzungen auseinander, z. B. wenn ich nur Pink oder Grün zur Verfügung habe und vielleicht nur einen einzigen winzigen Blütenkopf hinzufügen kann.

Eines der Designs (siehe links) war ein Sonderauftrag. Dafür sammelte ich Blätter und Blüten von allen Blumen der Festdekoration und des Brautbouquets. So konnte ich ein prächtiges Design mit sehr interessanten Farben und Formen gestalten. Braut und Bräutigam sind Künstlerkollegen und bei der Mustergestaltung für diese Collage hatte ich die beiden und ihre Töpferarbeiten vor Augen.

LINKS Ein komplexes Design, in das sämtliche Blumen der Hochzeitsfeier, auch die aus dem Brautstrauß, aufgenommen wurden.

OBEN Ein einfaches Design mit einer Auswahl von Blumen aus dem Brautstrauß

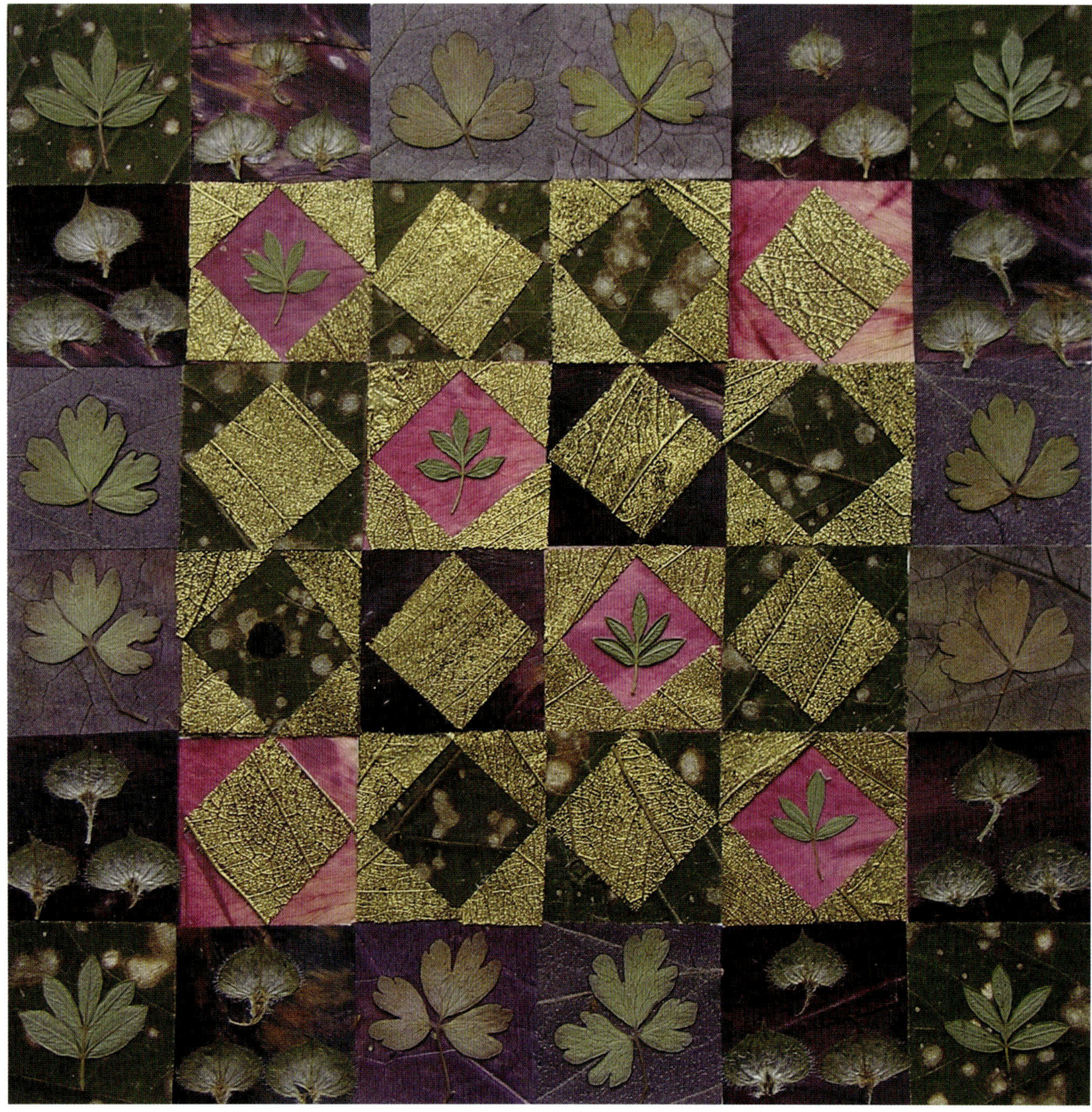

LINKS Eine einfache Collage aus Berg-Ahorn- und Purpurglöckchen-Laub mit Rosenblütenblättern, goldfarbig bemalten Blättern und Kleinteilen

RECHTS Detail aus *Silva* (2015), eine für die *Frost and Fire*-Ausstellung gestaltete Arbeit aus Flechten, Braunelle und Silberpapier. 25 × 25 cm

Gold und Silber

Einer meiner Freunde gab mir einmal ein paar goldfarbig bemalte Laubblätter aus Indien. Es handelte sich um die schönen herzförmigen Blätter der Pappel-Feige *(Ficus religiosa)*. Ich bewahrte die grell schimmernden Blätter mehrere Jahre lang auf und dachte, dass ich sie nie für meine Arbeit verwenden würde. Doch eines Tages begann ich, aus den zum Teil skelettierten Blättern Quadrate zuzuschneiden.

Es machte Spaß, sie in eine geometrische Arbeit einzufügen. Ich kombinierte das Gold mit Rot- und Violetttönen, was dem Design eine großartige Farbenfülle verlieh. Der

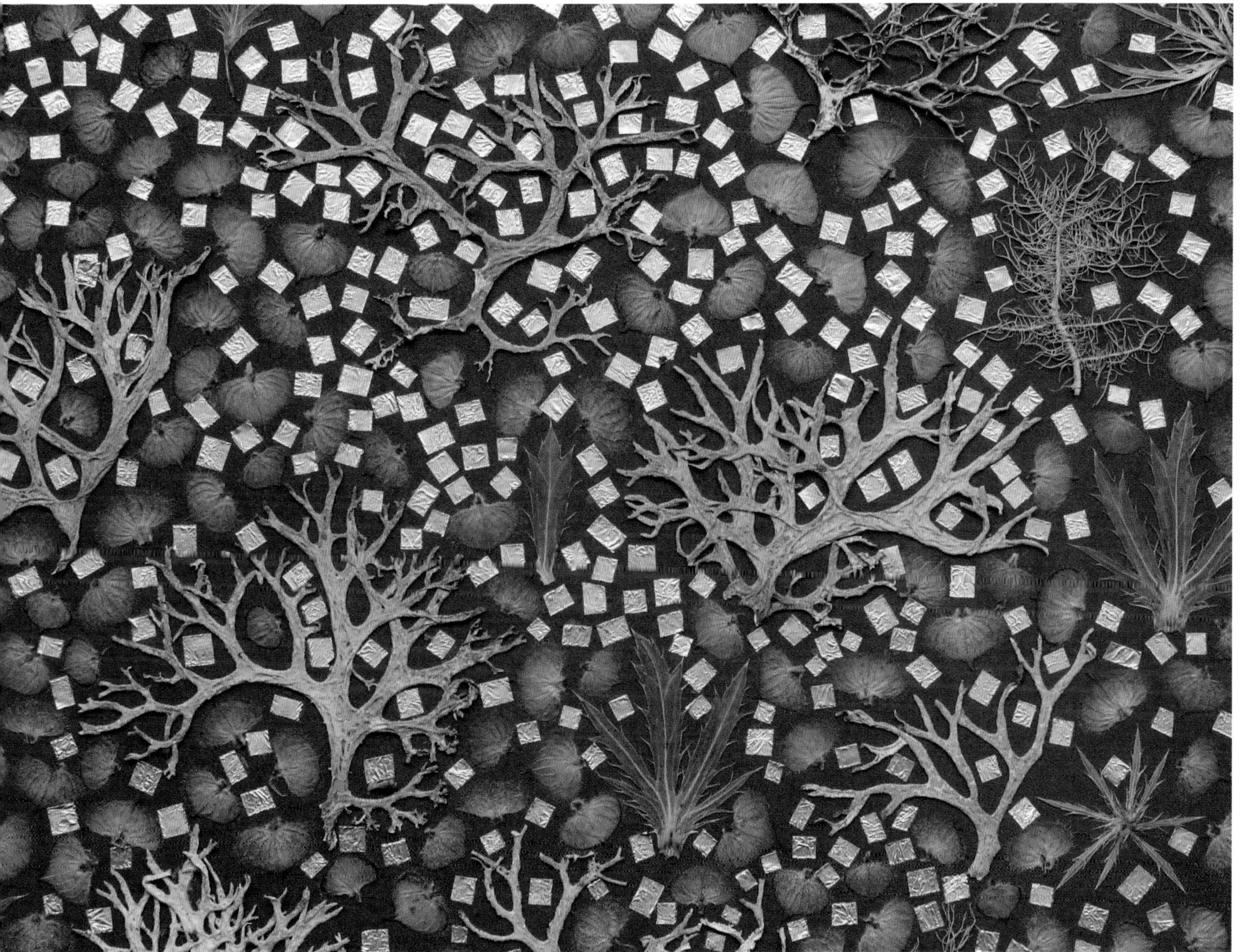

Vorrat an goldenen Blättern hielt nicht lange und ich habe nie wieder ähnliche Blätter im Künstlerbedarf gefunden. Daher sind meine Gold-Collagen sehr limitiert.

Silber kommt dagegen oft in meinen Werken vor. Ich verwende dafür das Silberpapier einer bestimmten Sorte Teegebäck. Meist zerschneide ich das Papier mit der Schere in sehr kleine Stücke, denn es ist nicht einfach, daraus mithilfe der Schablone Quadrate zuzuschneiden. Vor allem bei Winterthemen kombiniere ich Silber gerne mit Grautönen und anderen neutralen Farbabstufungen.

Farbe aus Beeren

Historisch betrachtet wurden Pflanzen schon immer zum Färben von Stoffen und Wolle genutzt. Das Färben von Wolle mit natürlichen Farbstoffen ist ein traditionelles Verfahren, das Handspinner heute noch anwenden. Mit Flechten sowie zahlreichen Blütenpflanzen und Blättern, die ich in meinen Werken verwende, kann man wunderschöne Farben erzielen.

Für die Arbeit auf der gegenüberliegenden Seite habe ich den Saft von Holunderbeeren *(Sambucus nigra)* als Hintergrundfarbe eingesetzt. Es handelt sich um eine sehr kräftige Farbe. Die Beeren sind leicht zu finden und einfach zu verarbeiten. Mir gefiel die Idee, in einer Collage die gesamte Pflanze – mitsamt Laub, Blüten und Beeren – zu verwenden.

Die Beeren habe ich in einem Marmeladenglas mit Wasser angesetzt, so lange zerdrückt, bis das Wasser dunkelviolett war, und die Mischung anschließend durch ein Sieb gegossen, sodass nur das Fruchtmark zurückblieb. Ich habe dabei nur wenig Wasser verwendet, um eine dickflüssige Mixtur zu erhalten. Die Holunderbeerfarbe habe ich schließlich in mehreren Schichten auf Aquarellpapier aufgetragen, bis ein kräftig violetter Hintergrund entstand. Und darauf habe ich dann aus gepressten Holunderblättern und -blüten das Design gestaltet.

Sie haben hier viel Spielraum zum Experimentieren: Sie können die Pflanze als einfaches Färbematerial verwenden, ihre Blätter pressen und zu Collagen verarbeiten oder sie beim Papierschöpfen nutzen, wobei Sie sowohl Farbe als auch getrocknetes Material in den Papierbrei geben können. Brombeeren eignen sich ebenfalls gut zum Färben, zusätzlich können Sie mit den Beeren anderer Baumarten experimentieren.

RECHTS Blatt-und-Blüte-Collage. Auf dem mit Holunderbeersaft farbig gestalteten Hintergrund finden sich gepresste Holunderblätter, -knospen und -blüten.

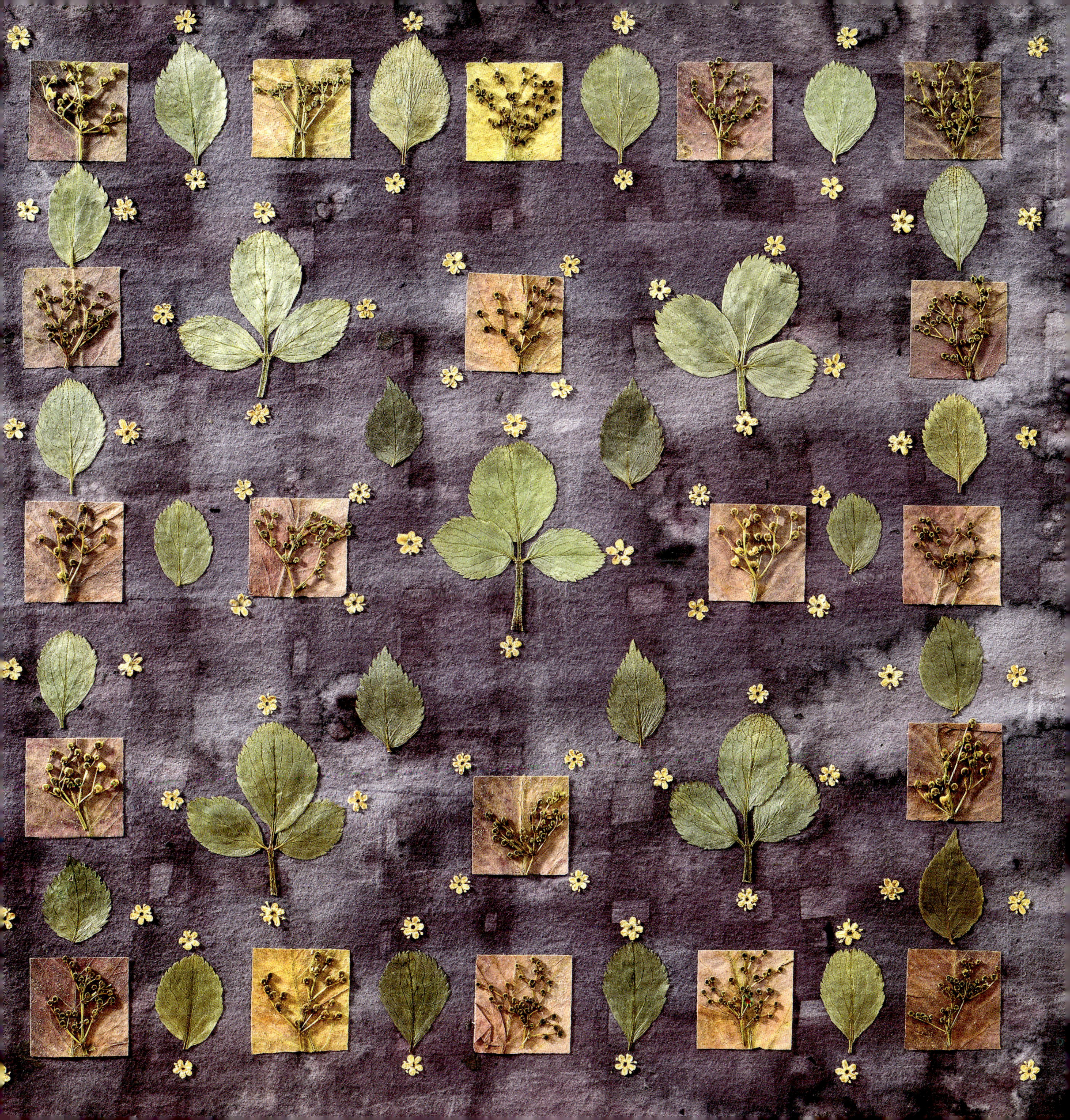

Aquarellfarbe und Gouache

Mit Farbe experimentierte ich erstmals, als ich anfing mit gepressten Blättern und Blüten zu arbeiten. Da mir die Landschaftsmalerei nicht fremd war, hatte ich Lust herauszufinden, wie man beide Medien miteinander verbinden kann. Meine Landschafts-Collagen entstanden in späteren Jahren, als ich für Ausstellungen arbeitete und experimentellere Ideen und Techniken umsetzen musste, was mir große Freude bereitete.

Das rechts abgebildete Werk entstand für die Ausstellung *Frost and Fire*. Samhain ist ein vor Winterbeginn stattfindendes keltisches Fest, bei dem die kommende Dunkelheit und das Feuer gefeiert werden. Ich wollte eine Winterlandschaft darstellen und dazu gepresste Flechten, die sehr stark an kahle Bäume erinnern, in Kombination mit der Hintergrundfarbe einsetzen.

Zuerst habe ich den Hintergrund der Landschaft gemalt. Darauf habe ich die Flechten angeordnet und an einigen Stellen mit Farbe betupft, um sie mit der Landschaft verschmelzen zu lassen. Mit den zum Himmel aufsteigenden Holunderblüten *(Sambucus nigra)* wollte ich die Verbindung zwischen Erde und Himmel und das „zarte Band" dieser Verbindung, das manche Menschen in dieser Jahreszeit zu spüren glauben, zum Ausdruck bringen.

Damals stellte ich auch fest, dass das gepresste Pflanzenmaterial die gleichen natürlichen Farben und Texturen hat wie um diese Jahreszeit in der Natur. Gepresstes Laub von Stumpfblättrigem Ampfer *(Rumex obtusifolius)* und Berg-Ahorn *(Acer pseudoplatanus)* habe ich mir für den Landschaftseffekt zunutze gemacht und zum Schluss im oberen Bildbereich eine Reihe Quadrate aufgemalt.

RECHTS *Samhain* (2015) für die *Frost and Fire*-Ausstellung. 39 × 47 cm

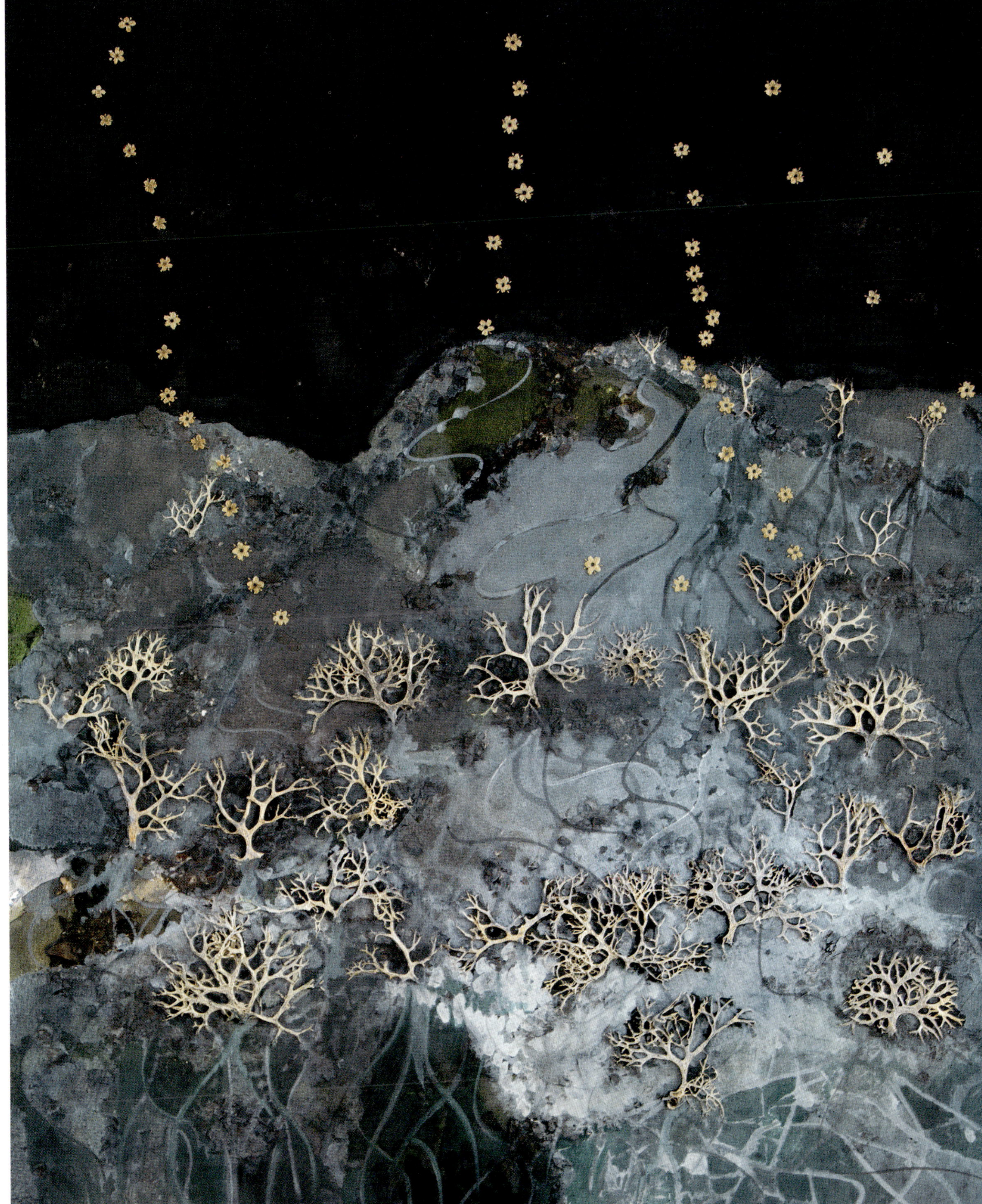

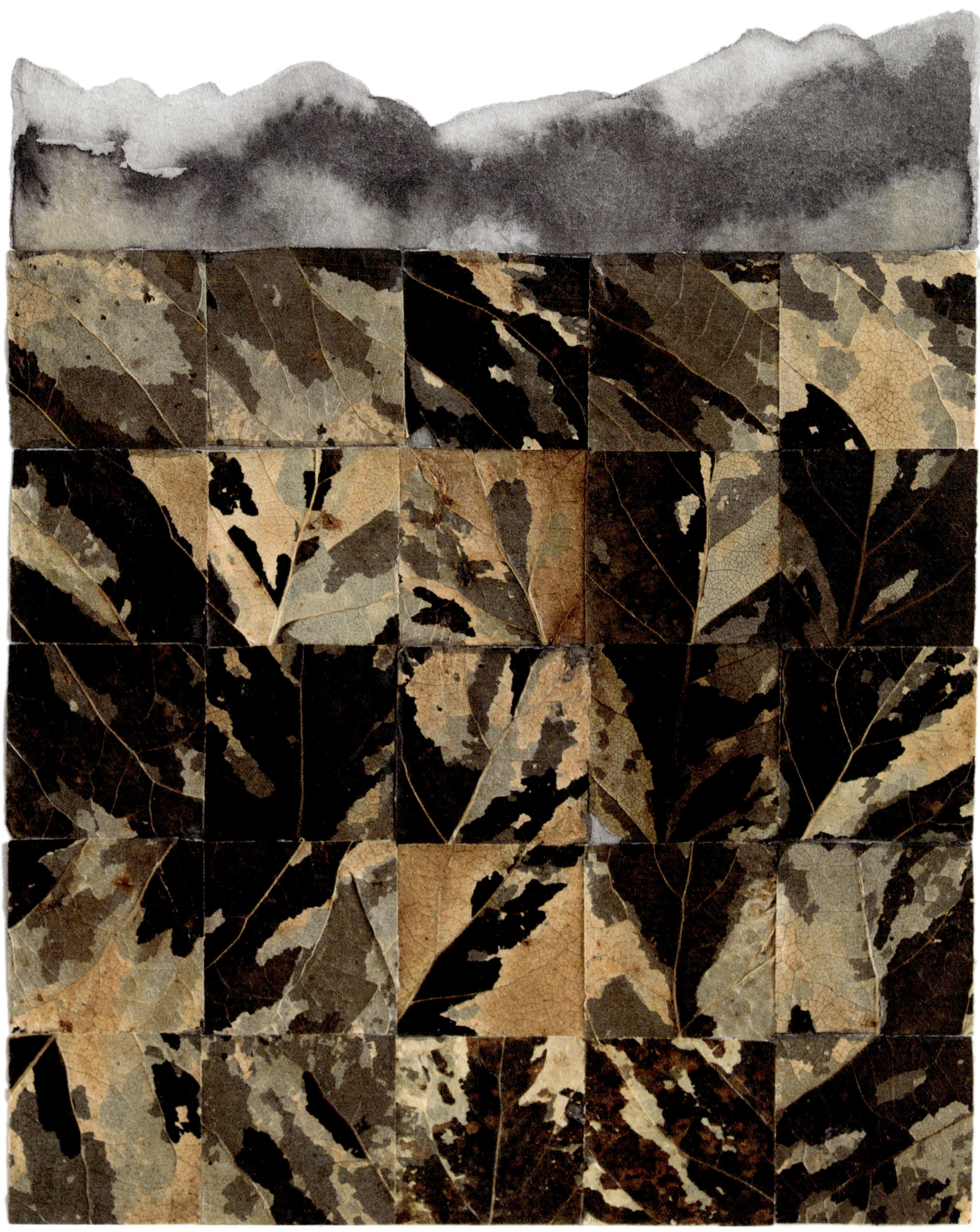

LINKS Einfache Landschaft aus geflecktem Balsam-Pappel-Laub (1998). 13 × 18 cm

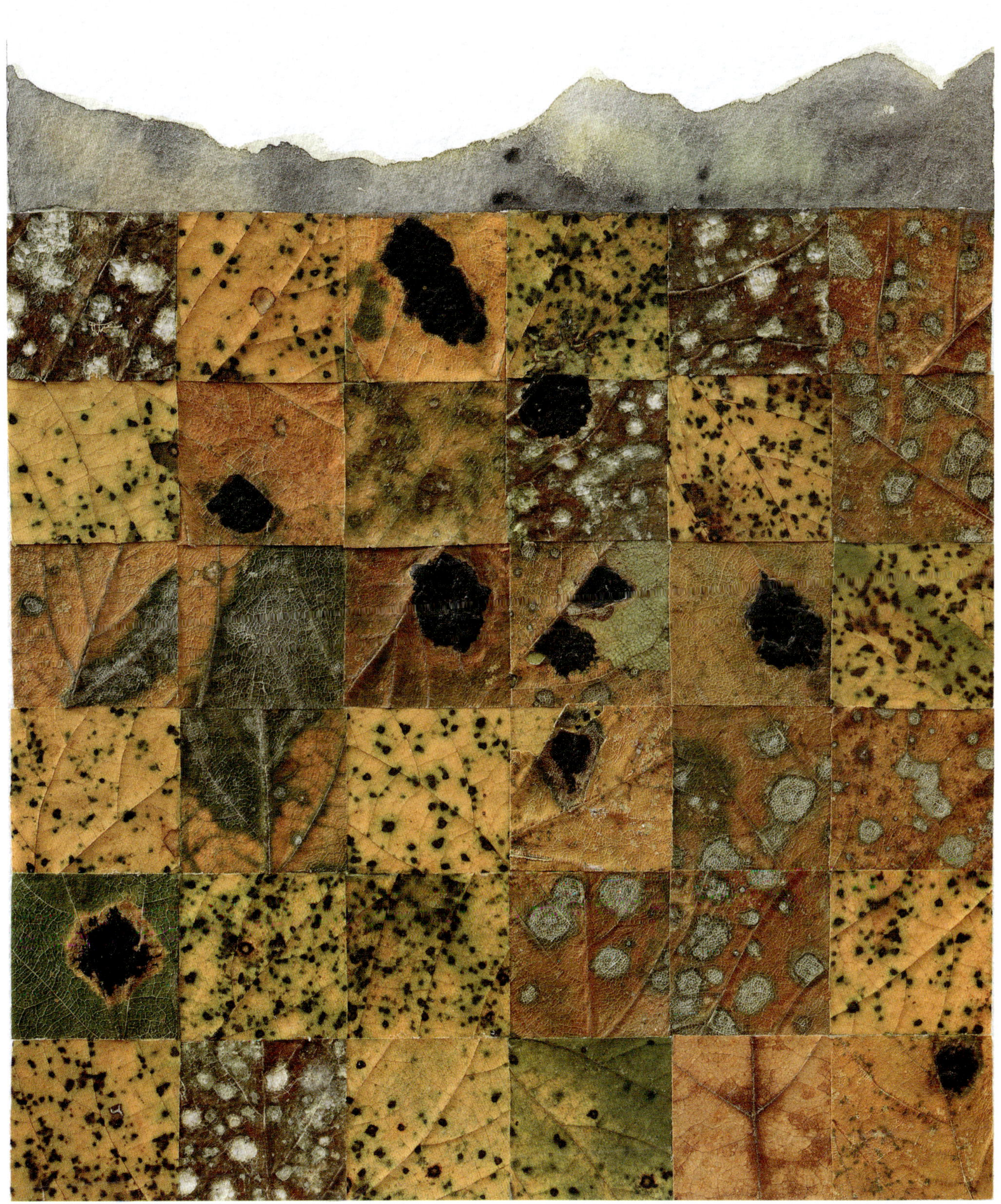

RECHTS Einfache Landschaft aus einer Mischung schön texturierter Blätter (1998). 15 × 18 cm

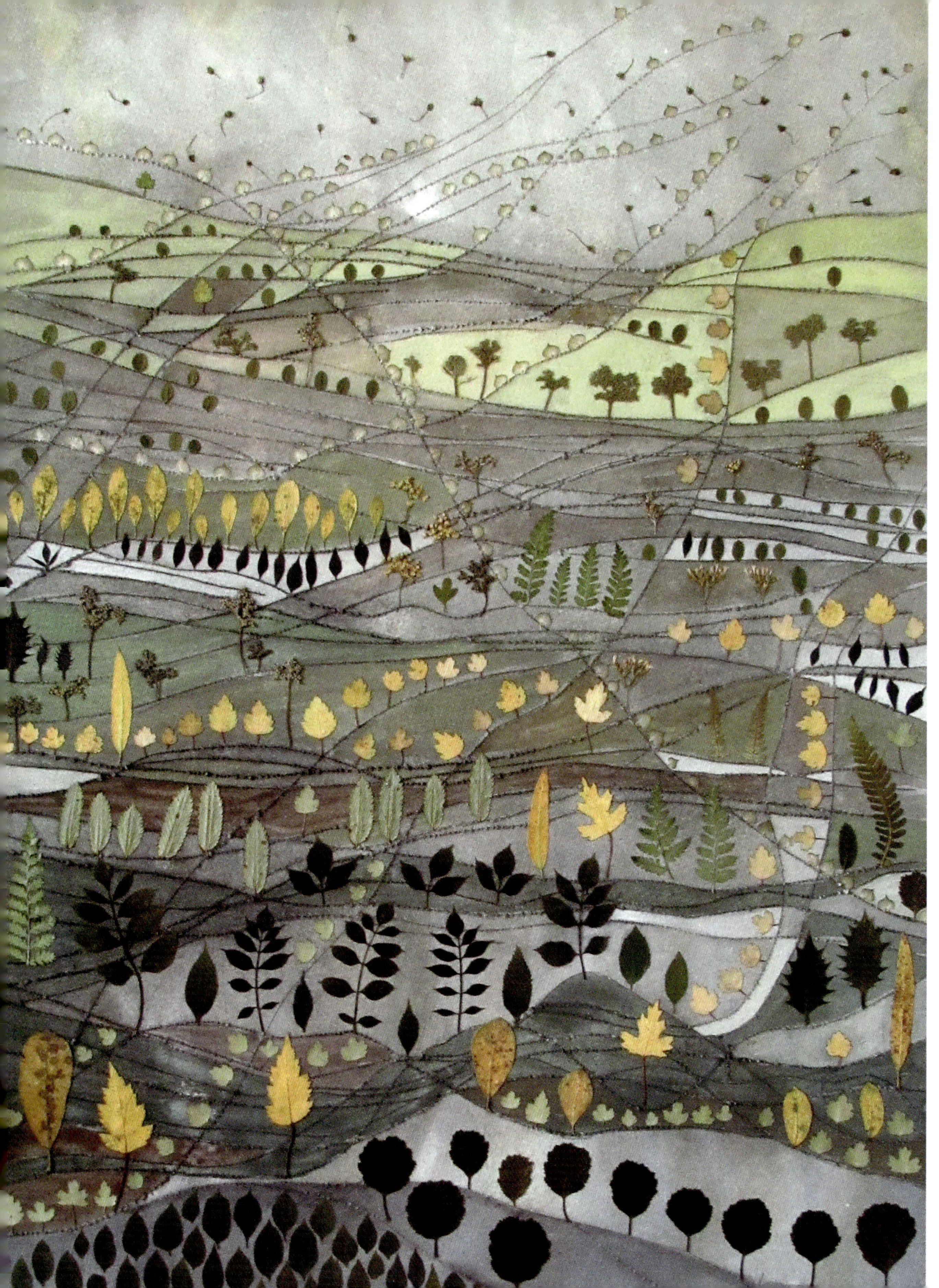

LINKS *Galloway Landscape I* (2017). 58 × 48 cm

RECHTS *Galloway Landscape II* (2017), Mixed Media. 30 × 23 cm

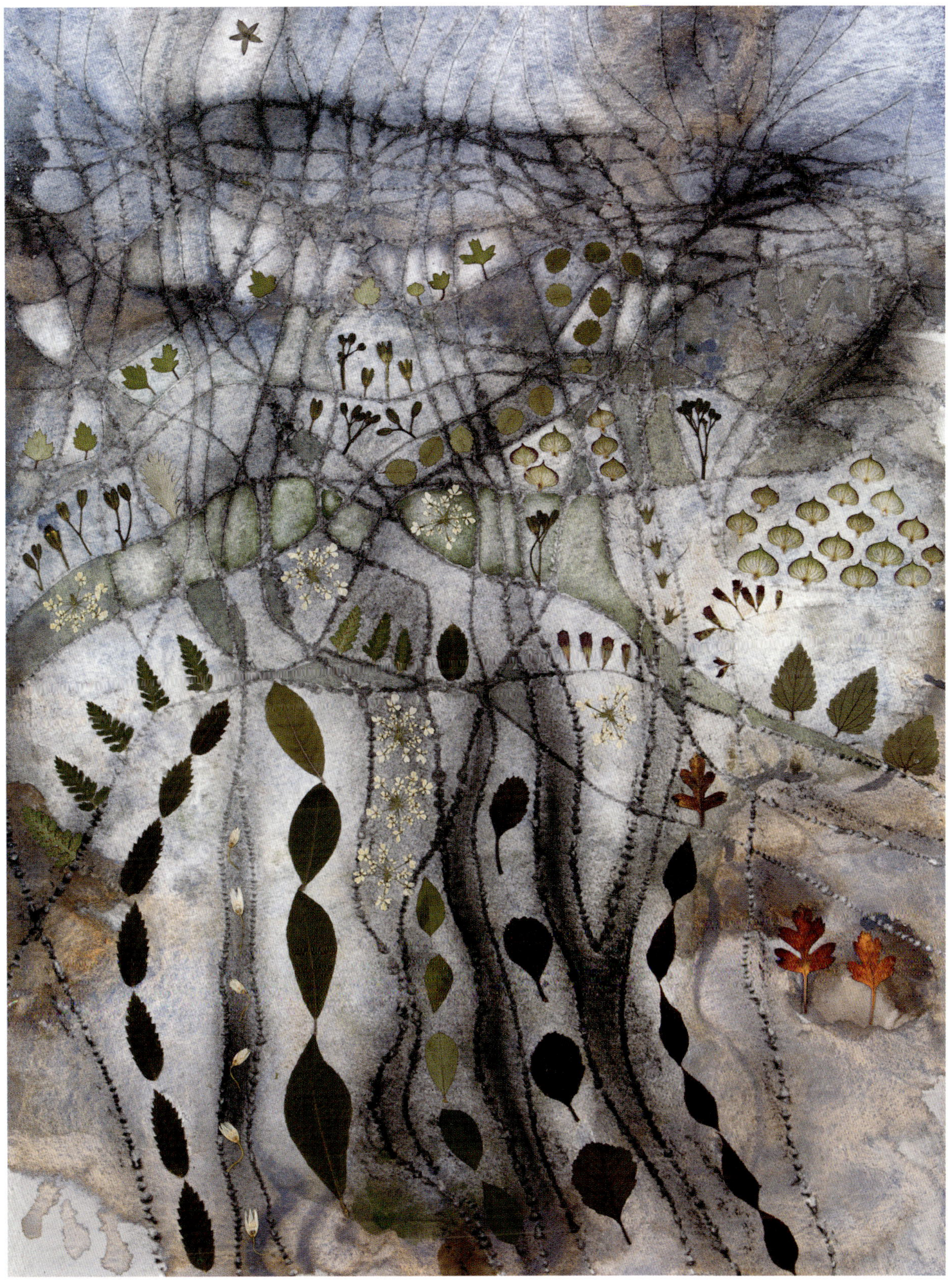

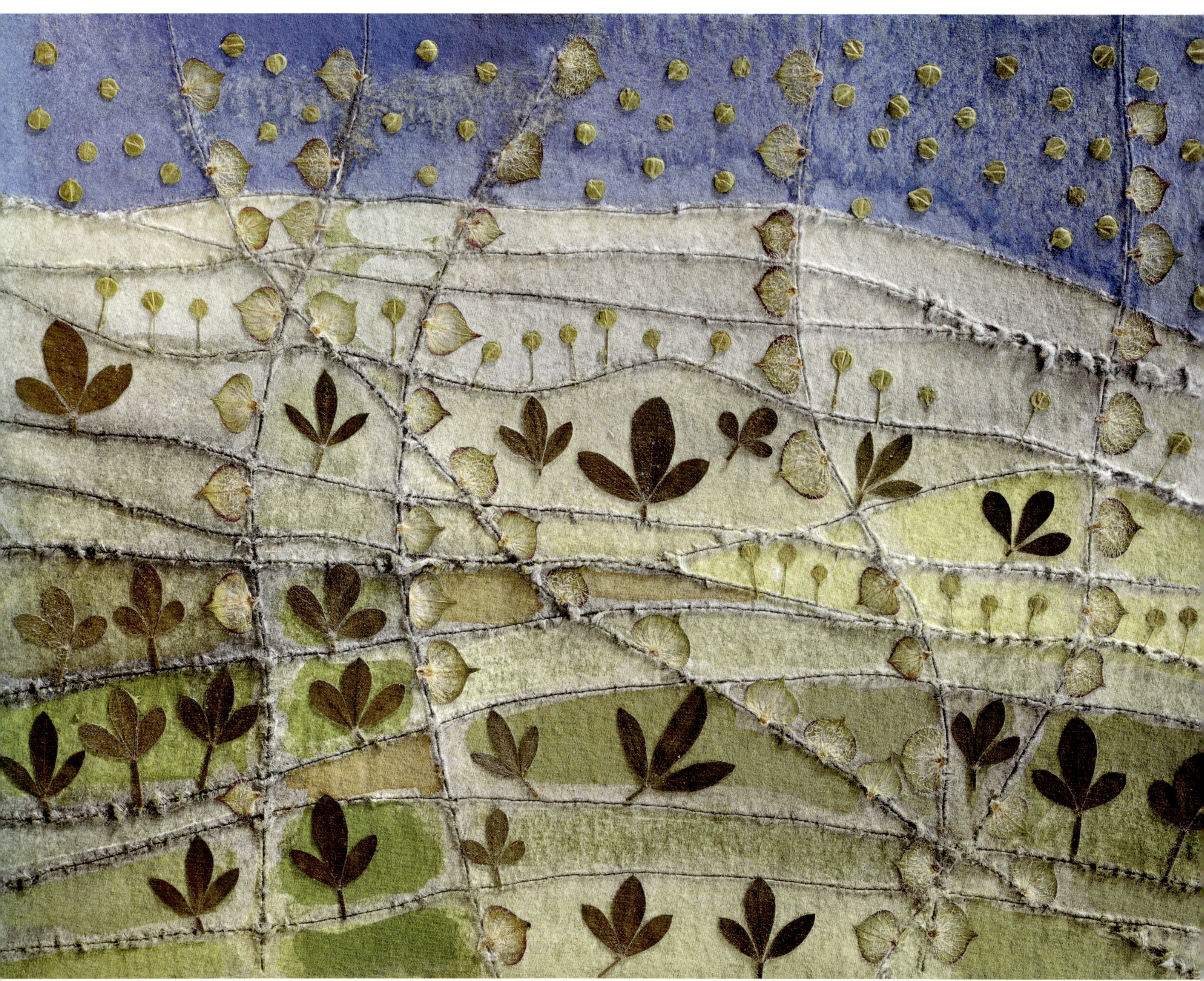

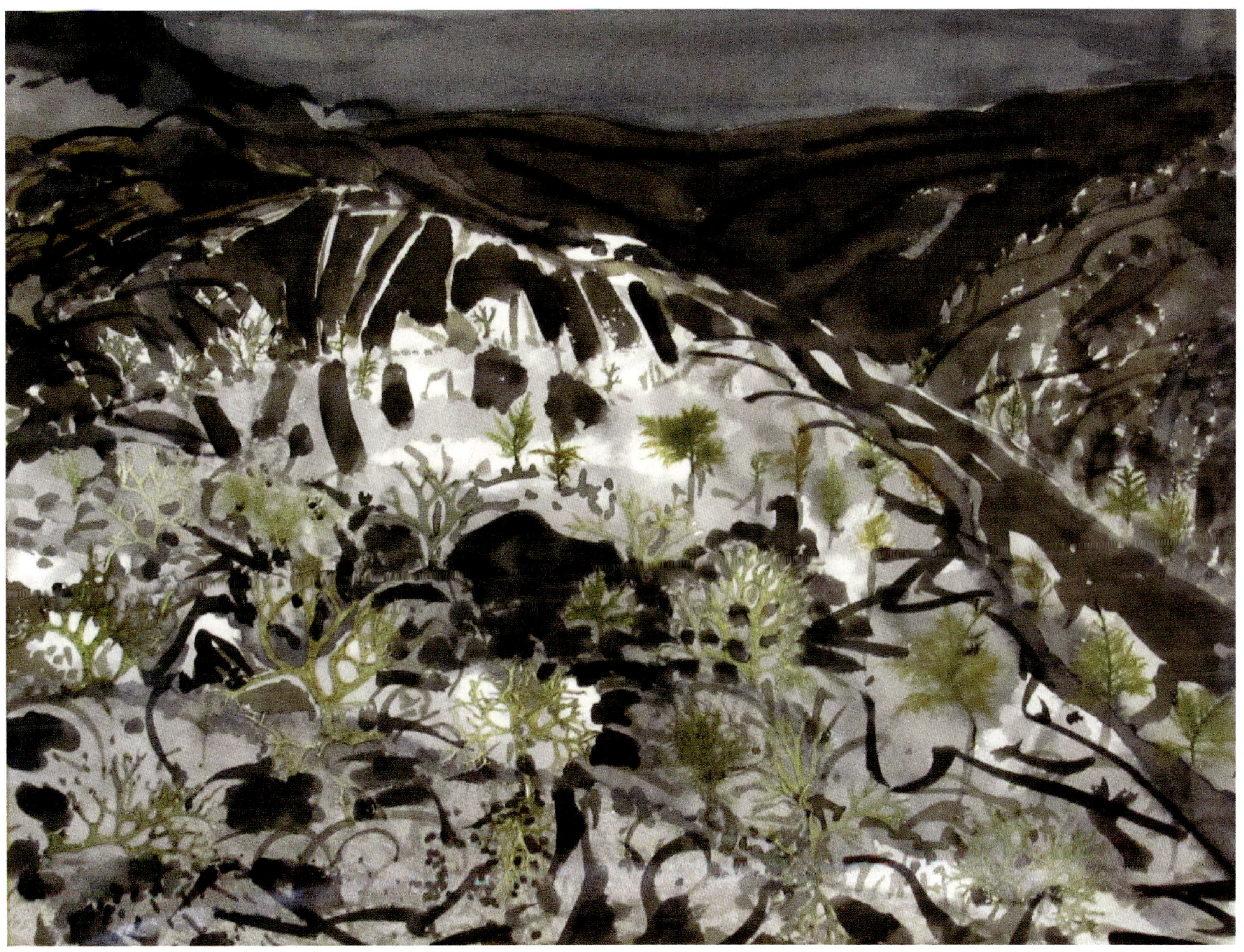

LINKS *Experimental Landscape* (2017). 20 × 25 cm

OBEN *Carrifran* (2015). 30 × 36 cm

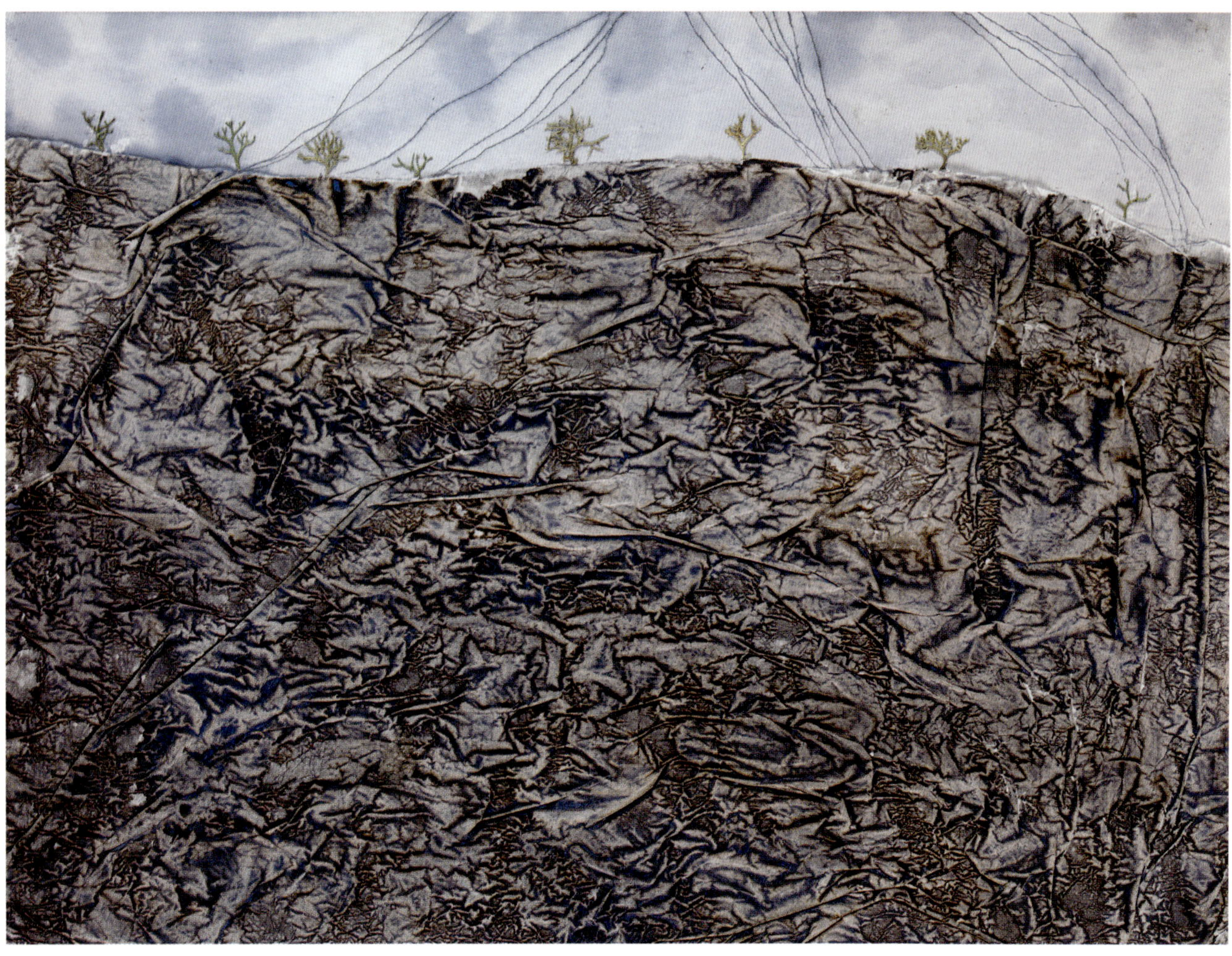

LINKS *Treeline* (2018). Mixed Media mit gepressten Flechten. 58 × 51cm

Experimentelles Arbeiten

Vor Kurzem nahm ich an einem zweitägigen Workshop teil. Dort experimentierte ich mit verschiedenen Materialien, u. a. mit Wachskreiden, Kohle, Conté-Stiften und Tinte. Dabei machte ich ganz andere Erfahrungen als bei meinen üblichen Bildern aus Blatt und Blüte, bei denen ich das gepresste Material entweder nach Augenmaß oder durch Ausmessen mit Sorgfalt platziere.

Nachdem es mir jahrelang um exakte Mustergestaltung gegangen war, verspürte ich nun den Drang nach freierem Arbeiten. Das Einbringen von Farbe in meine Werke und ein weniger strenger Ansatz hatten mich bereits weiter gebracht und als spontane Landschaftsmalerin wusste ich, dass ich zu einem expressiveren Ansatz in der Lage war, der sich vom Stil her absolut von meiner üblichen Arbeit unterscheiden würde. Am Workshop-Wochenende wurde aus vollen Zügen experimentell gearbeitet, was mir sehr großen Spaß machte! Der gesamte Prozess des Loslassens und Komponierens eines Œuvres gab mir enormen Antrieb.

Seither habe ich die expressivere Art des Arbeitens weiter entwickelt. Ich bemühe mich darum, beide Ansätze miteinander zu verknüpfen und gepresstes Material auf diese freie Weise zu verwenden. Ich arbeite mit Leim, Wachsstiften und Farbe und verändere die Oberfläche des Aquarellpapiers durch Ritzen mit einem scharfen, spitzen Werkzeug. Obwohl ich nie weiß, was dabei herauskommt, weiß ich, wie wichtig es ist, meine Arbeit auf der ständigen Suche nach Möglichkeiten zur Selbstentfaltung durch Ausprobieren neuer Ideen und Techniken weiter zu entwickeln.

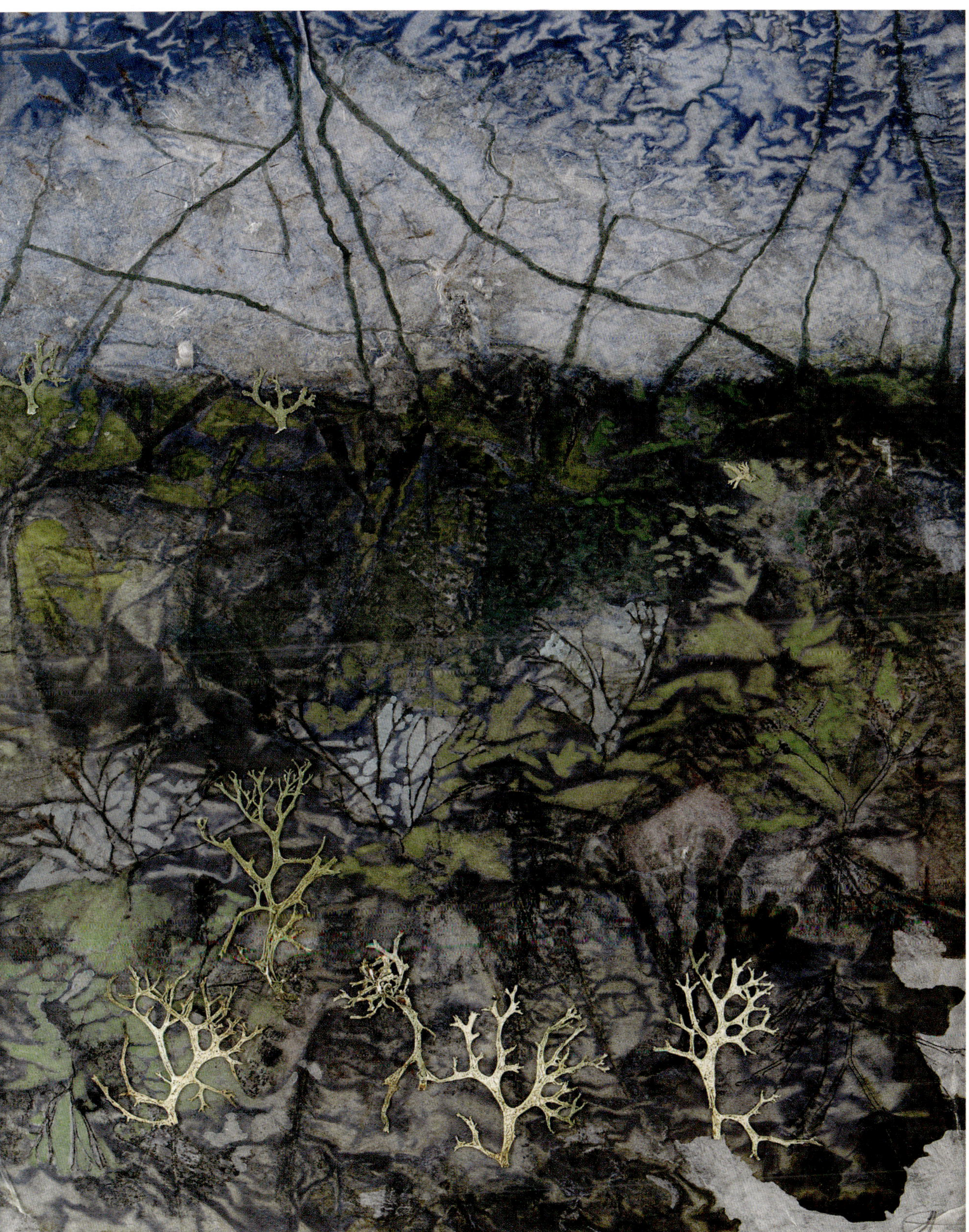

RECHTS Mixed-Media-Landschaft (2018). 40 × 29 cm

Großformatige Collagen

Bilder aus Blatt und Blüte wirken im Großformat sehr interessant. In der Regel fertige ich solche Werke für bestimmte Ausstellungen auf 80 × 80 cm großen Kartonbögen an. Für die *Catchment*-Ausstellung (siehe Seite 112) hatte ich den Auftrag, ein sehr großes Werk zu kreieren, für das vier 80 × 80 cm große Kartonbögen erforderlich waren, die einzeln als „Puzzle"-Teile zu erstellen waren. Die fertigen Bögen wurden auf eine mit Holzlatten versehene Hartfaserplatte geklebt und ergaben zusammengefügt ein Bild der Größe 180 × 180 cm.

Das Werk erhielt den Titel *Urr Water Quilt* und das gesamte Pflanzenmaterial stammt von Orten am Fluss Urr Water in Südwest-Schottland. Für das Design war eine enorme Menge an gepressten Blättern von Berg-Ahorn *(Acer pseudoplatanus)*, Himbeere *(Rubus idaeus)*, Schwarzem Holunder *(Sambucus nigra)*, Gemeiner Esche *(Fraxinus excelsior)*, Gänsefingerkraut *(Potentilla anserina)*, Echtem Mädesüß *(Filipendula ulmaria)* und Gemeinem Efeu *(Hedera helix)* sowie Blütenblättern von Hortensie (*Hydrangea* spp.) erforderlich.

Es war eine sehr anspruchsvolle Arbeit. Doch das fertige Werk war überaus ansprechend. Die technischen Einzelheiten waren knifflig: Die perfekte Passung der „Puzzle"-Tafeln und das Kaschieren der Verbindungsfugen mit Reihen kleiner Blättchen nahmen viele Stunden in Anspruch.

Bei einem so großen Stück wie diesem kann man nicht sehen, wie es von Weitem wirkt. Erst als der „Quilt" aufgehängt war, konnte man ihn als Ganzes betrachten.

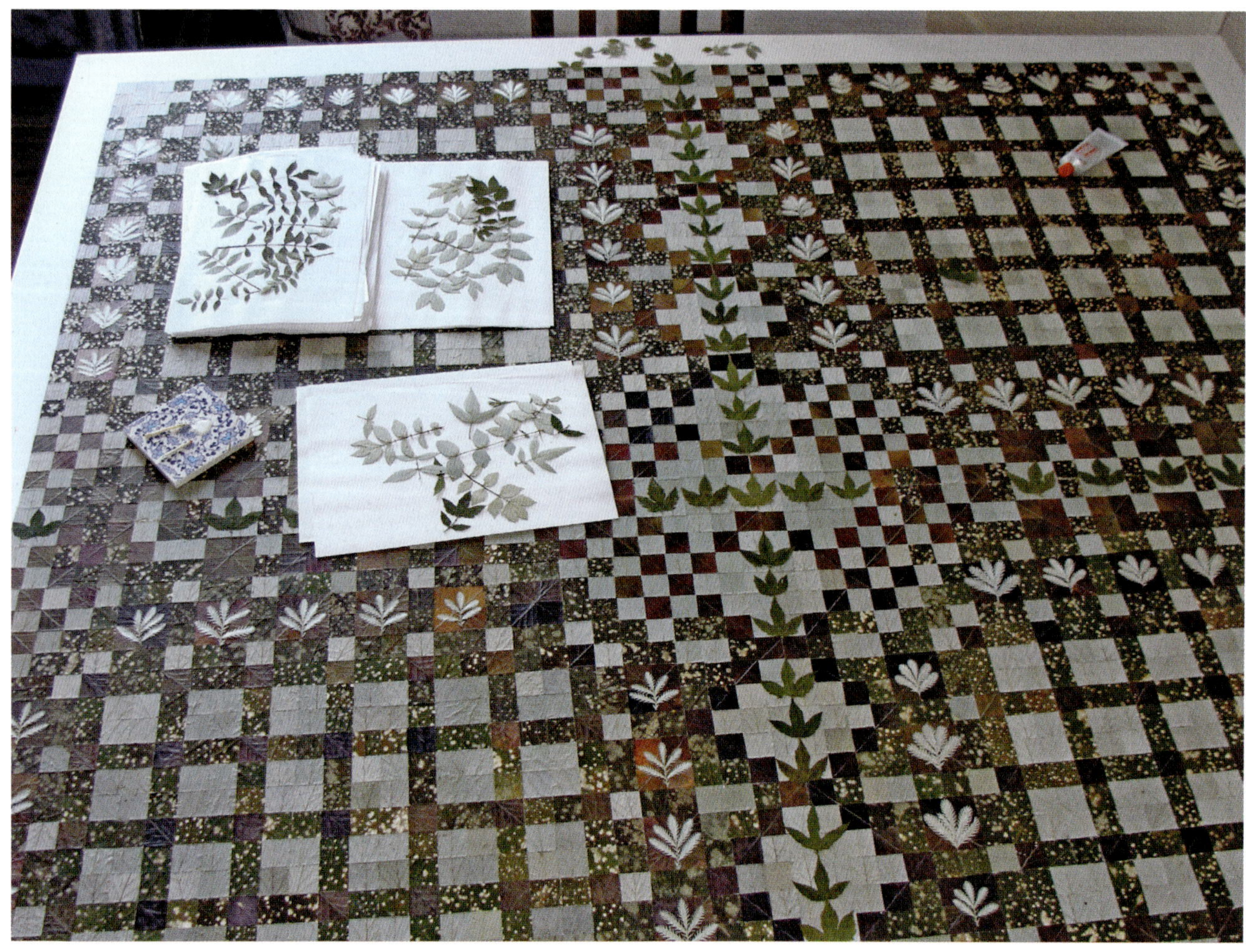

LINKS *Urr Water Quilt* (2013) halbfertige Arbeit für die *Catchment*-Ausstellung

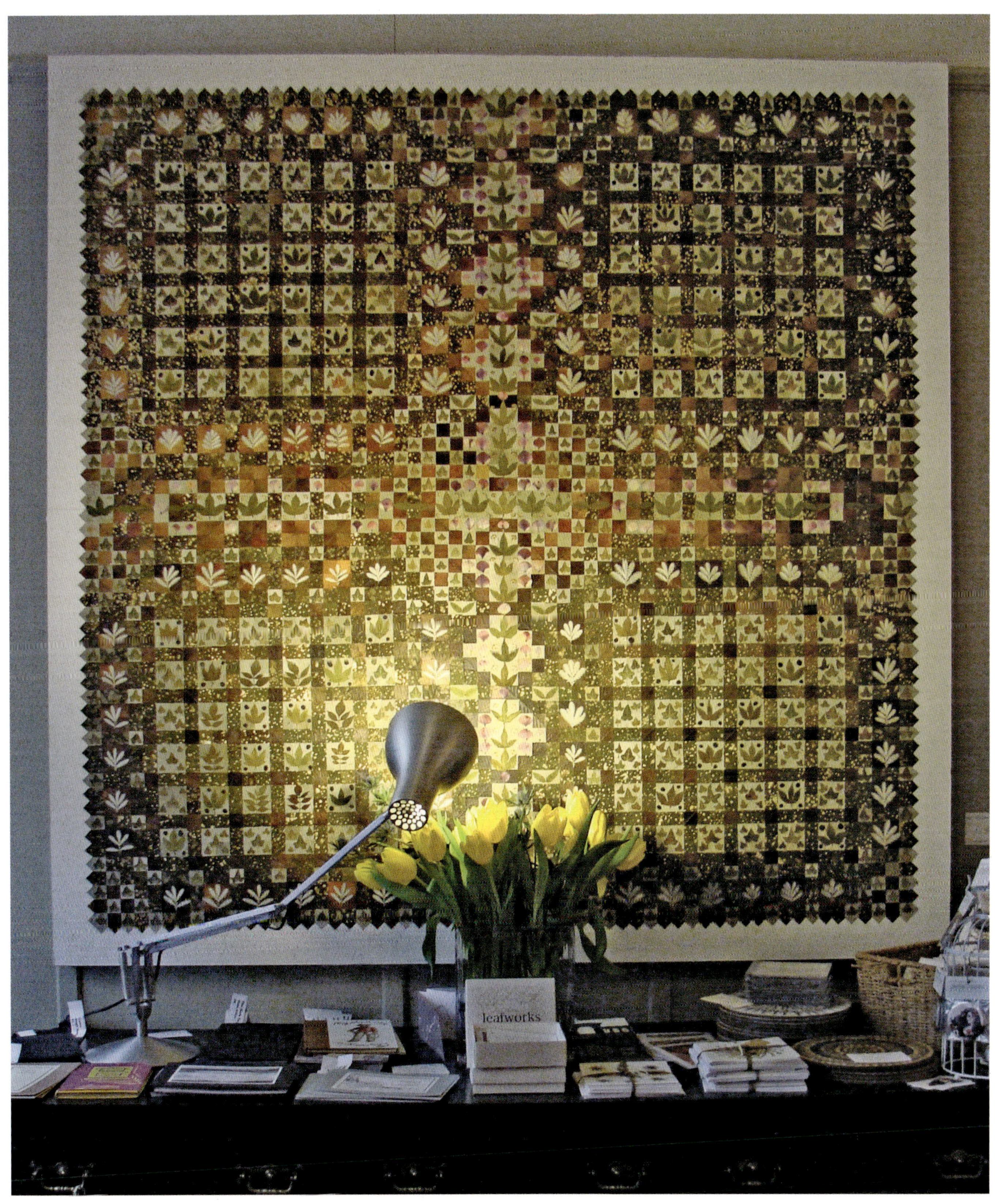

RECHTS
Urr Water Quilt
(2013). 1,80 × 1,80m

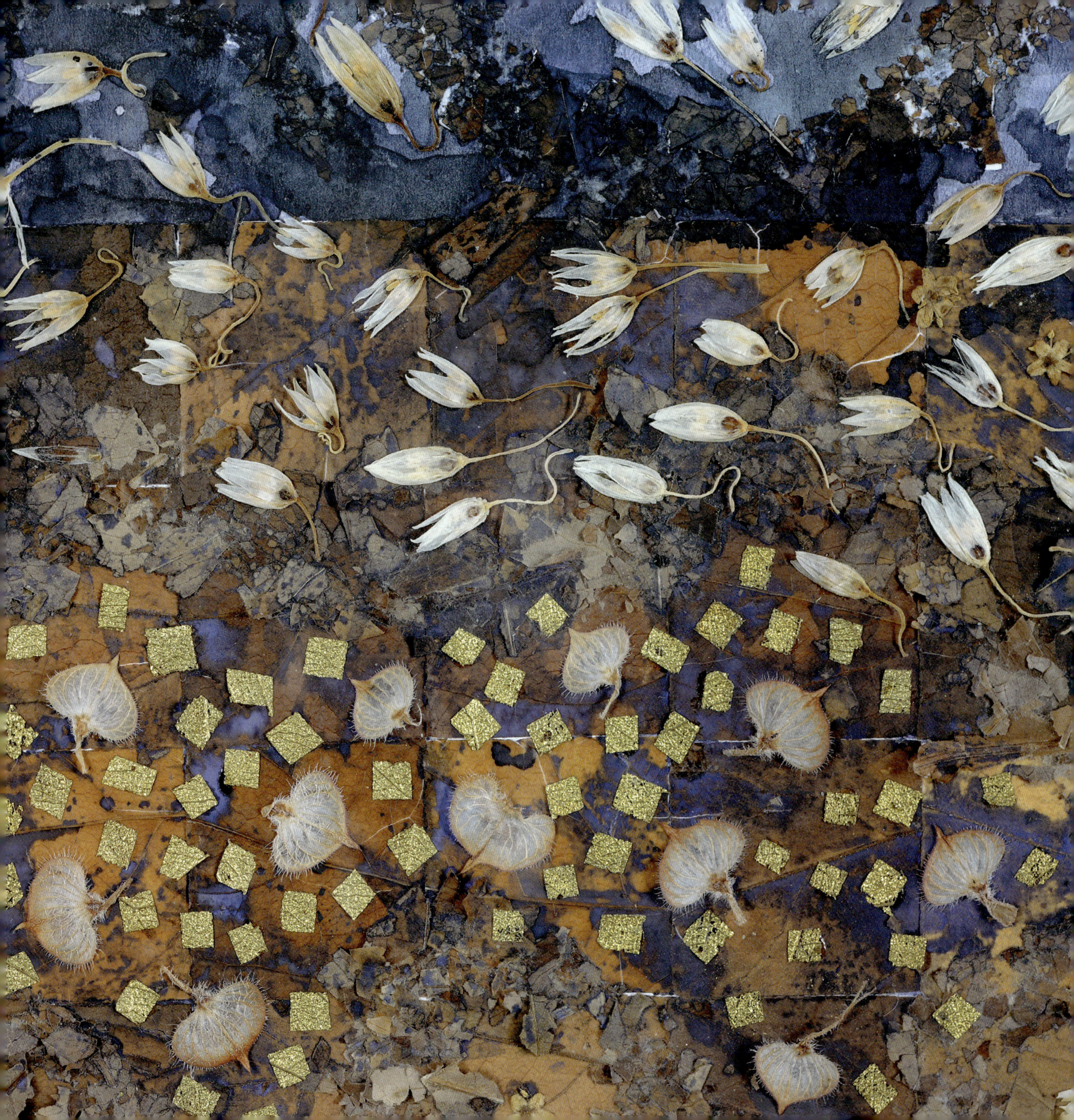

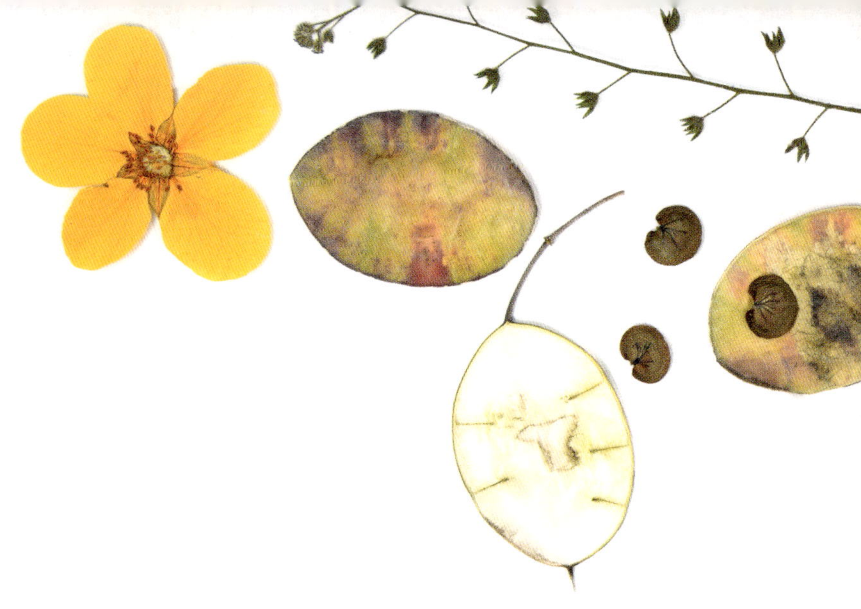

AUSSTELLUNGEN UND AUFTRAGSARBEITEN

LINKS Detail aus *Urr Water* (2013). Bärlauchblüten, Braunelle-Blütenkelche und Goldquadrate auf komplexem Hintergrund aus Blattquadraten und Farbe. Siehe auch Seite 112.

Ausstellungen

Es hat mir schon immer Spaß gemacht, an Ausstellungen teilzunehmen. Es inspiriert mich, wenn ich ein Thema zusammen mit anderen Künstlern bearbeiten kann. Dabei entdecke ich neue Wege kreativen Schaffens.

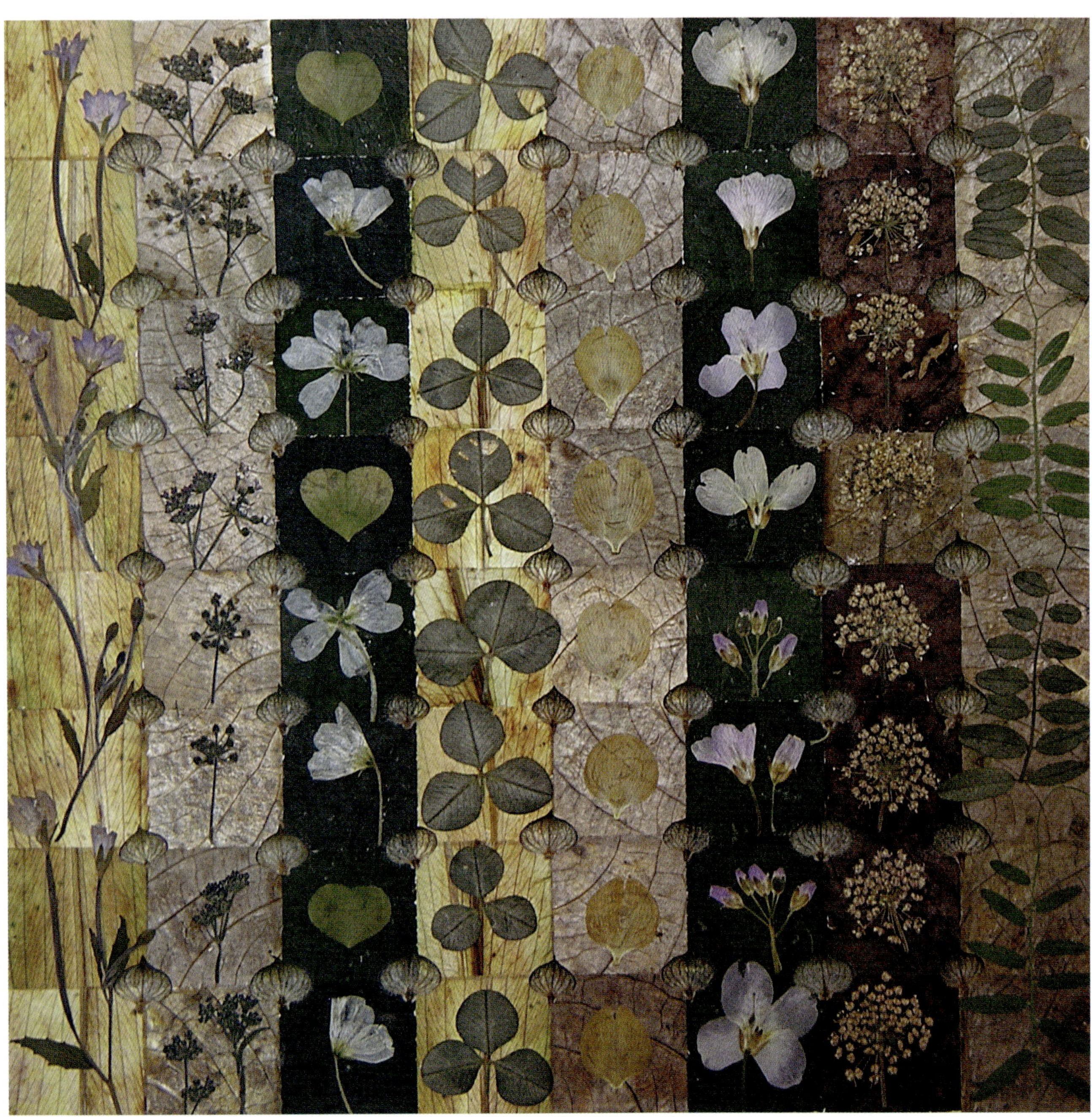

LINKS *April* (2012). 25 × 25 cm

RECHTS *February* (2012). 20 × 20 cm

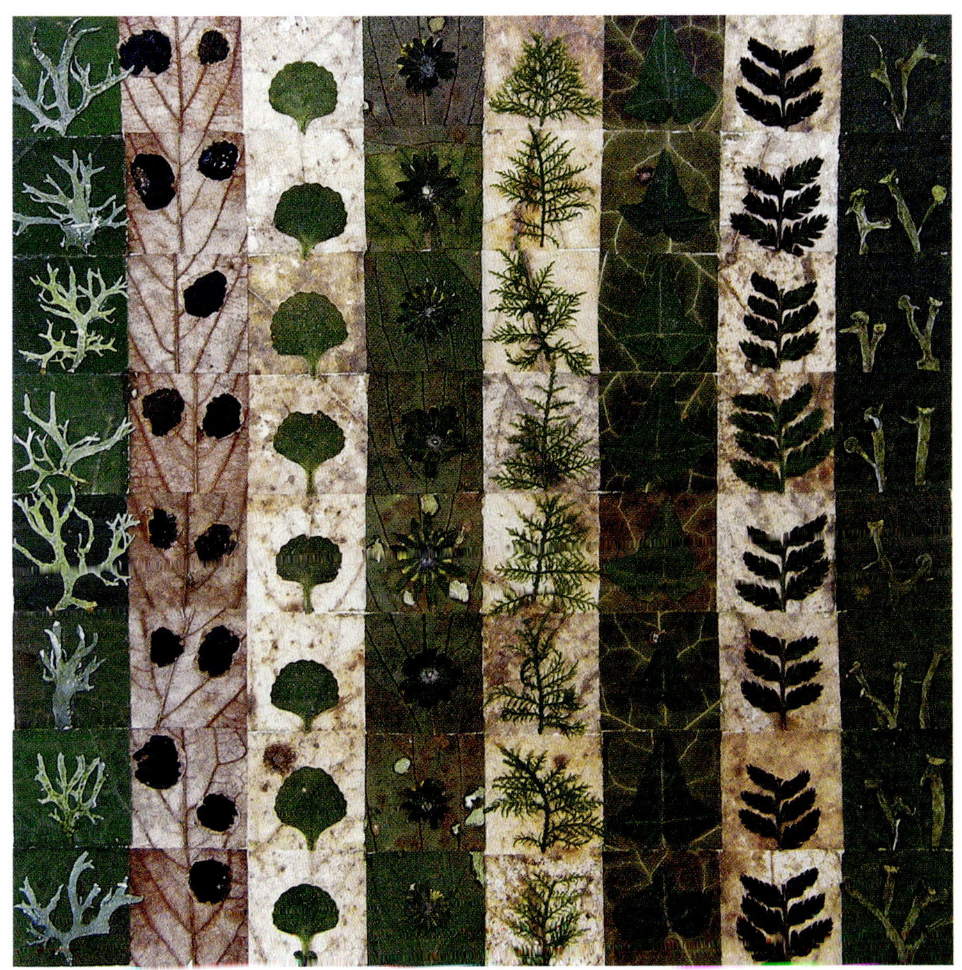

Twelve Months Growing

Diese Serie entstand vor einigen Jahren, nachdem ich mir vorgenommen hatte, das ganze Jahr hindurch Blätter und Blüten in meiner Umgebung zu sammeln. Und ich setzte mir zum Ziel, das Pflanzenwachstum in allen vier Jahreszeiten zu dokumentieren und daraus eine Kollektion von Werken für Ausstellungen zusammenzustellen.

Es gefiel mir, nur die Pflanzen verwenden zu können, die mir in dem jeweiligen Monat zur Verfügung standen und so aus jedem Design etwas Einzigartiges zu kreieren. Dabei gab es aber auch Zeiten, in denen ich keine große Auswahl hatte. Interessant war jedoch für mich, wie viel man in den Wintermonaten findet. Es gibt Pflanzen, die anscheinend nie aufhören zu wachsen. Obwohl man dann nicht in Farben schwelgen kann, gibt es dennoch reichlich nützliche Fundstücke. Auch das Unterholz bietet im Winter Farne und Niedrigbewuchs.

Ich entschied mich, zwei Werkserien mit jeweils zwölf Collagen zu kreieren. Bei der einen arbeite ich mit Streifen, die andere ist in meinem gewohnt geometrischen Stil gehalten. Die Arbeiten mit Streifen waren zu jener Zeit ein wahrer Aufbruch für mich und ich fand Gefallen an dieser schlichteren, weniger dekorativen Methode.

Catchment

Diese Gemeinschaftsausstellung umfasste Arbeiten eines Lyrikers, eines Malers, eines Grafikers, eines Keramikers und Bildhauers sowie meine eigenen Collagen. Ziel der Ausstellung war es, ein Œuvre zu erschaffen, das widerspiegelt, wie jeder einzelne Künstler Urr Water – einen Fluss in Galloway, Südwest-Schottland – persönlich thematisiert. Es war spannend zu sehen, wie sich unsere Interessen, Recherchen und Beobachtungen der Landschaft sowie des Ortes künstlerisch darstellen würden. Dies war für mich eine willkommene Gelegenheit, mit Künstlerkollegen an einer die Kreativität herausfordernden Gruppenausstellung zusammenzuarbeiten.

Urr Water ist ein Fluss, wie es viele in Schottland gibt. Er entspringt in einer entlegenen Heidelandschaft und fließt aus dem Loch Urr auf einer Länge von 56,3 km zur Küste am Solway Firth. Seit 2003, als ich nach Schottland zog, spielt er in meinem Leben eine bedeutende Rolle. Meine erste Wohnung lag am Ufer des Urr Water: Es war der schönste und friedlichste Ort und das hinter dem Haus vorbeifließende Wasser war ständig in meinem Bewusstsein. Für mich bedeutete der Fluss Energie und Vitalität und das Geräusch des zum Meer fließenden Wassers war allgegenwärtig. Die Böschungen waren reich mit Blumen und Gräsern bewachsen und stets eine Inspirationsquelle für meine Arbeit.

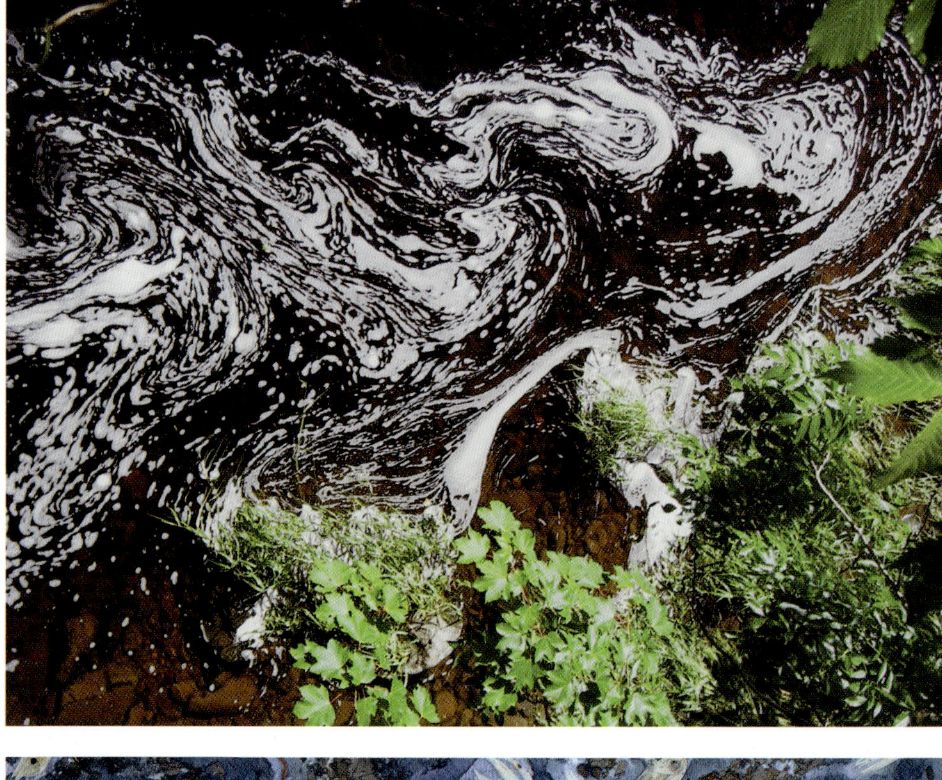

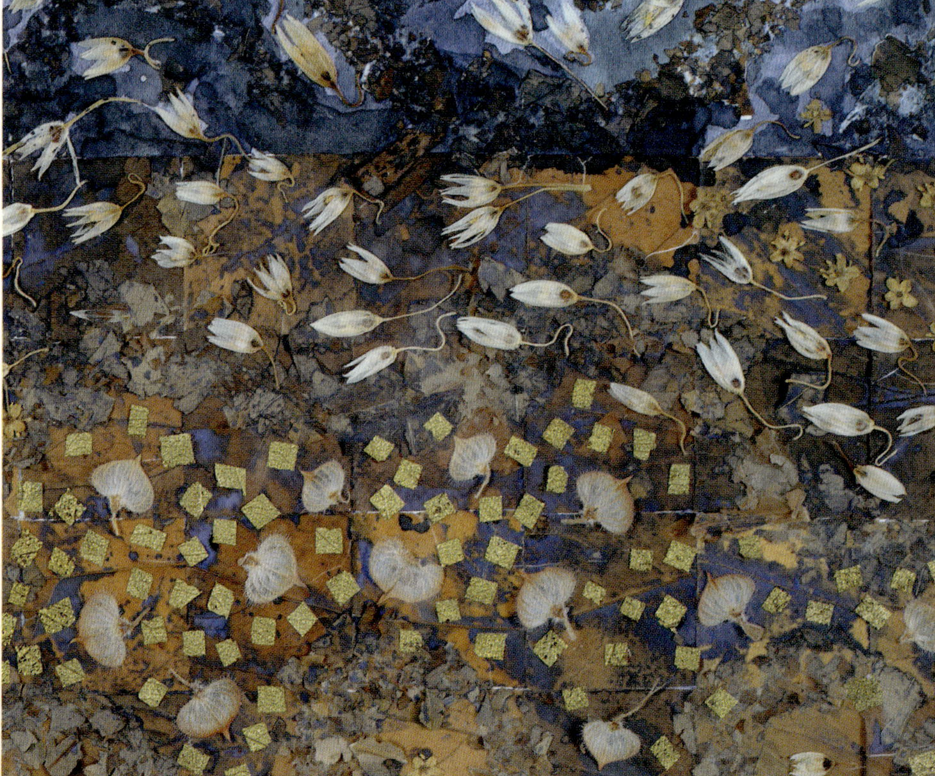

OBEN RECHTS Dieses Foto vom Fluss Urr Water zeigt interessante Strömungsmuster.

RECHTS *Urr Water* (2013) fängt das Fließen und das Funkeln des Flusses ein. Bärlauchblüten schwimmen auf der Wasseroberfläche, während goldene Quadrate reflektierendes Gestein im Flussbett andeuten.

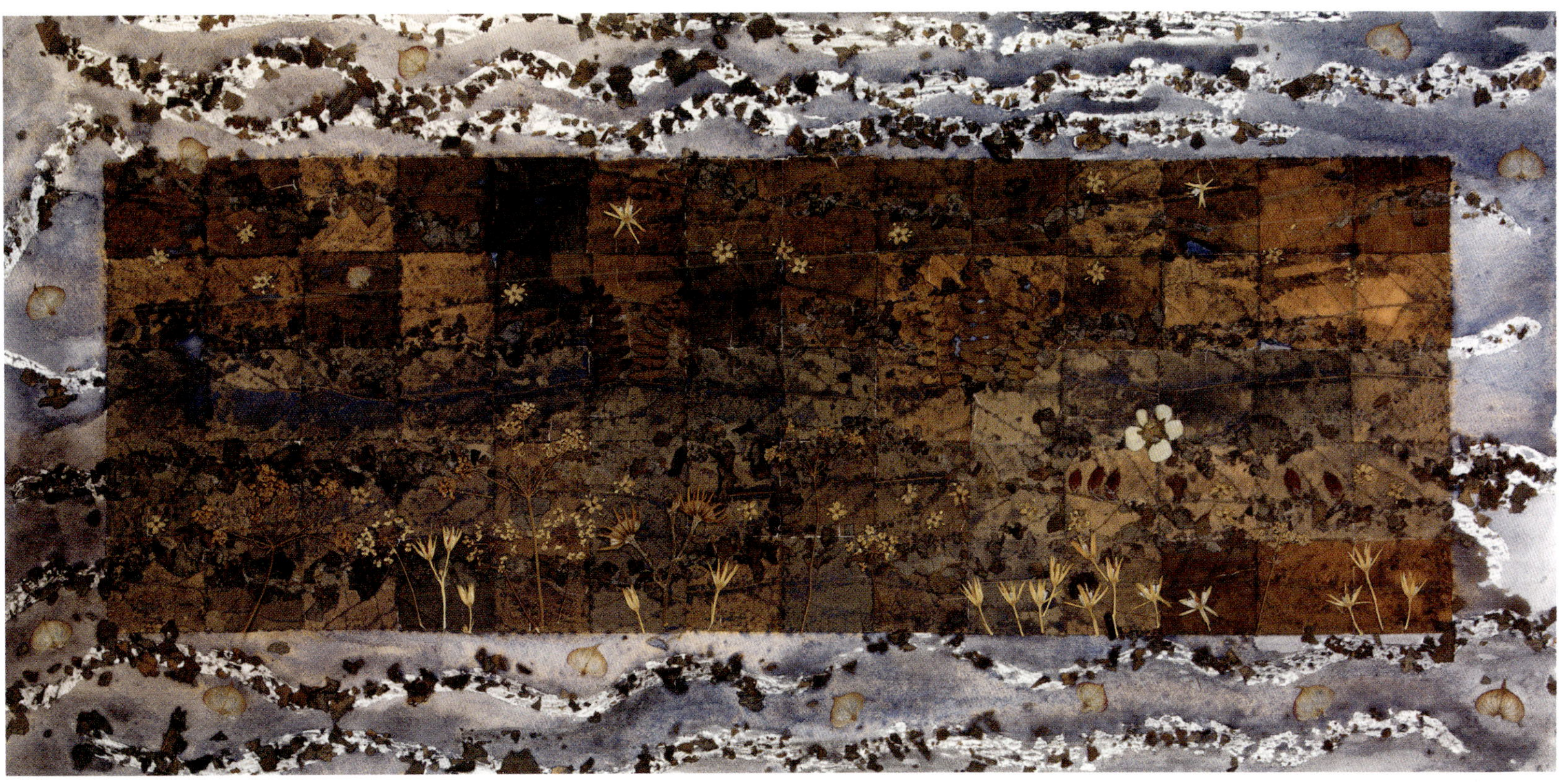

OBEN *Arkland Pool II* (2013). Landschaft mit Mixed-Media-Hintergrund, unter Verwendung von Material, das ich am Flussufer gesammelt habe. 49 × 15 cm

Meine nächste Berührung mit dem Urr Water ergab sich 18 Monate später, als ich einige Meilen flussaufwärts auf eine Farm zog. Der Fluss fließt durch das Farmgelände und ist hier breiter und tiefer. Es gibt offene, ausgedehnte Moorflächen sowie große Sitka-Fichten-Wälder *(Picea sitchensis)* mit eingestreuten Gruppen alter Waldkiefern *(Pinus sylvestris)*, die für diese Gegend typisch sind. Vor allem auf unbeweidetem Boden gedeihen zahlreiche, fruchtbare Pflanzen.

Mir war klar, dass ich diese Ausstellung ganz anders angehen und im wahrsten Sinne des Wortes mit dem Strom schwimmen musste. Ich nutzte den Fluss als Metapher und passte meine Herangehensweise an das Thema an. Eine der ersten Änderungen, die ich vornahm, bestand darin, rechteckige Landschafts-Collagen aus Blatt und Blüte zu erstellen – ein vollkommen neuer Ansatz (obwohl Landschaften für mich kein neues Thema waren, denn ich hatte mich bereits jahrelang mit Landschaftsmalerei und -drucken beschäftigt). Ich wollte auf die Landschaft mit Farbe, kombiniert mit gepresstem Pflanzenmaterial, Bezug nehmen.

Ich ging an verschiedenen Stellen zum Fluss, die unterschiedliche Lebensräume für zahlreiche Pflanzenarten bieten, und sammelte Material. Zudem machte ich Fotos, von denen einige für die Ausstellung verwendet wurden.

Die Größenordnung der Ausstellung war enorm und jedem Künstler stand viel Raum zur Verfügung. Es war eines der kreativsten Events, an denen ich jemals teilgenommen habe. Die Gelegenheit zu haben, Ansätze und Ideen mit Künstlerkollegen zu diskutieren, war sehr bereichernd für mich. Ein Event wie dieses bot eine wunderbare Möglichkeit, mein künstlerisches Schaffen zu erweitern.

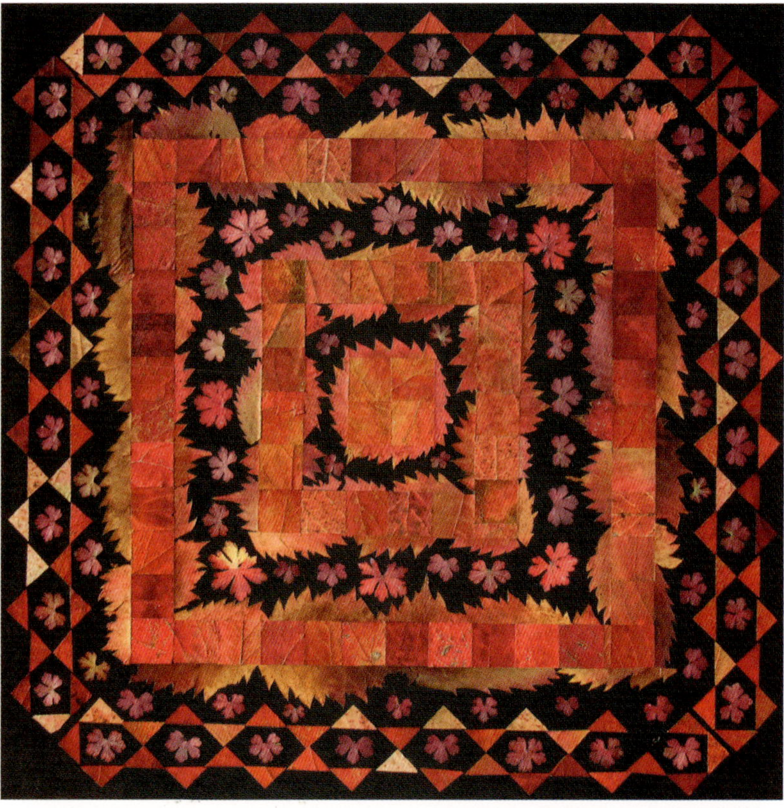

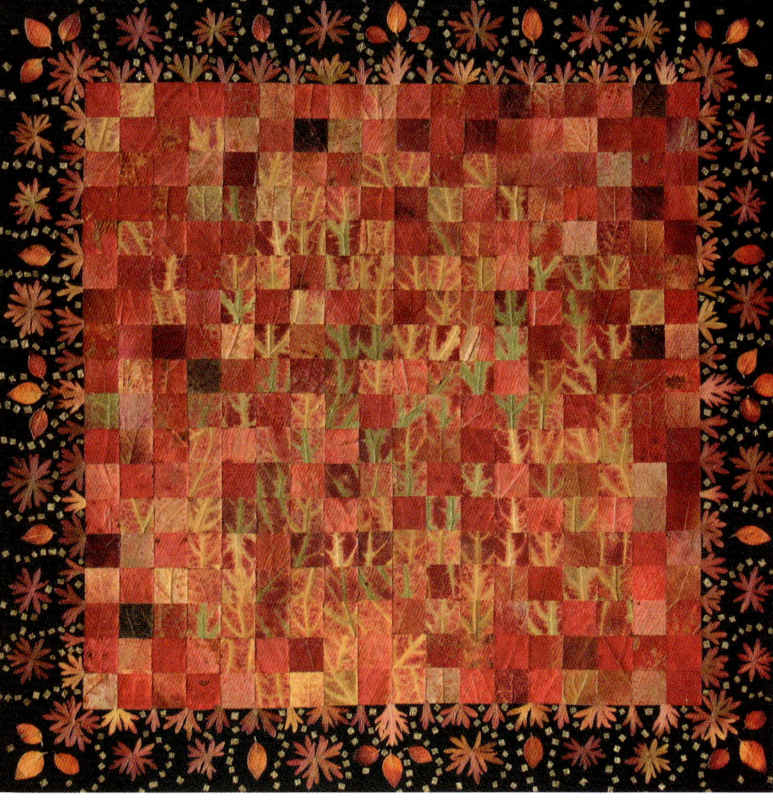

Frost and Fire

An dieser Ausstellung waren außer mir vier weitere Künstler beteiligt, die mit unterschiedlichen Medien arbeiteten. Wir stellten uns bei der mitten im Winter stattfindenden Ausstellung dem gemeinsamen Thema „Frost und Feuer“, mit dem wir uns individuell auseinandergesetzt hatten. Die Tatsache, dass es einen speziellen Titel gab, trug besondere Anforderungen an uns alle heran und war erneut eine Gelegenheit, einzigartige Kunstwerke zu erschaffen.

Ich entschied mich dafür, mit gepresstem Material zu arbeiten, das „frostige“ und „feurige“ Farben hatte, und auf das Thema mit dieser begrenzten Farbpalette zu antworten. Ich verwendete Wilden Wein *(Parthenocissus quinquefolia)*, Weinreben (*Vitis* spp.) und Perückenstrauch (*Cotinus coggygria* 'Flame') für das Feuer und Himbeere *(Rubus idaeus)*, Gänsefingerkraut *(Potentilla anserina)* und Silberpapier neben anderen Kleinteilen für den Frost sowie in einigen Landschaftsarbeiten Aquarellfarbe.

OBEN LINKS *Fire* (2015). Collage aus rotem Laub auf schwarzem Karton. 30 × 25 cm

LINKS *Fire* (2015). Collage aus rotem Laub und Gold auf schwarzem Karton. 40 × 40 cm

RECHTS *Starlight* (2015) mit silberfarbenen und grauen Pflanzen- und Kleinteilen. 30 × 30 cm

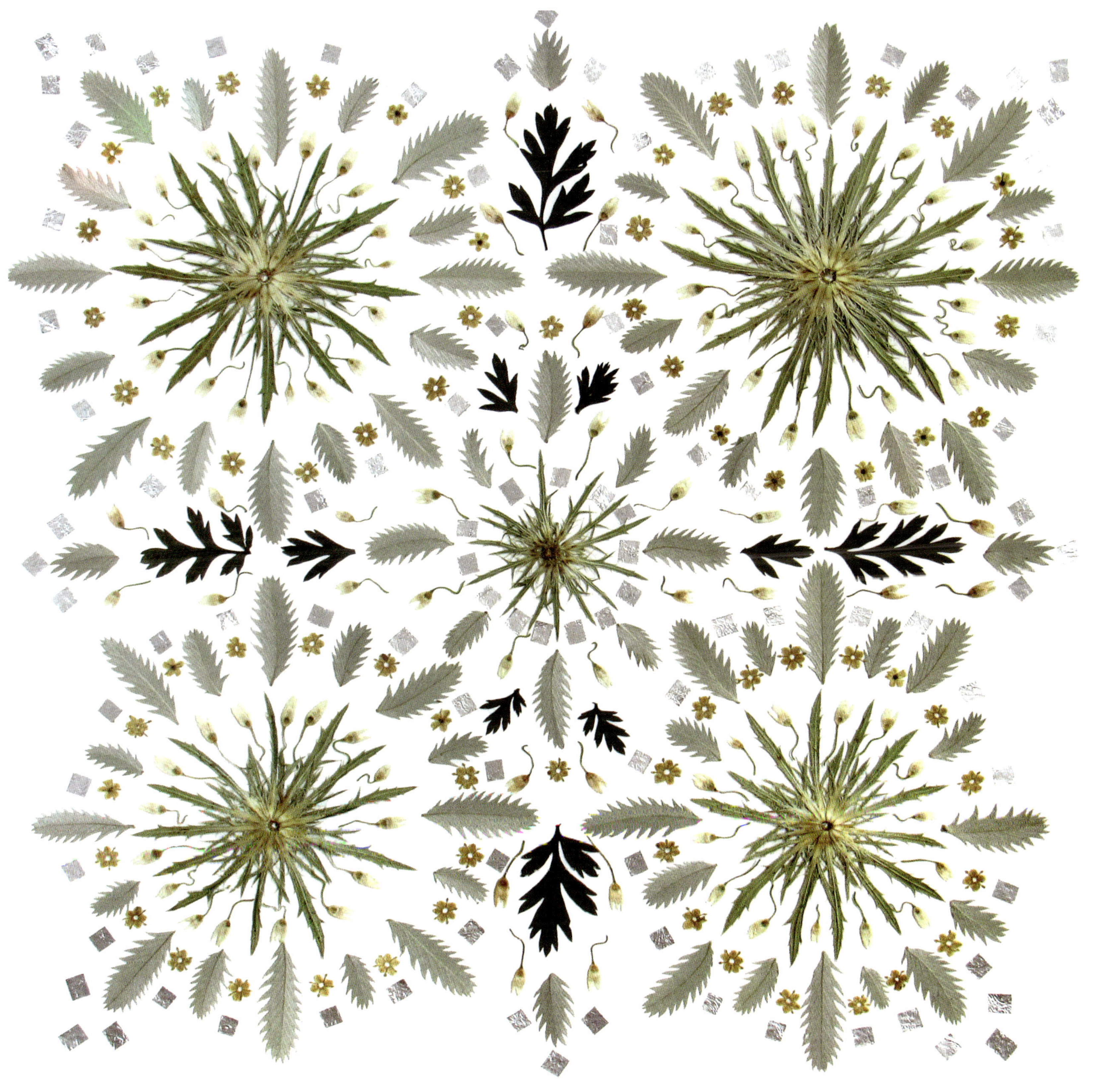

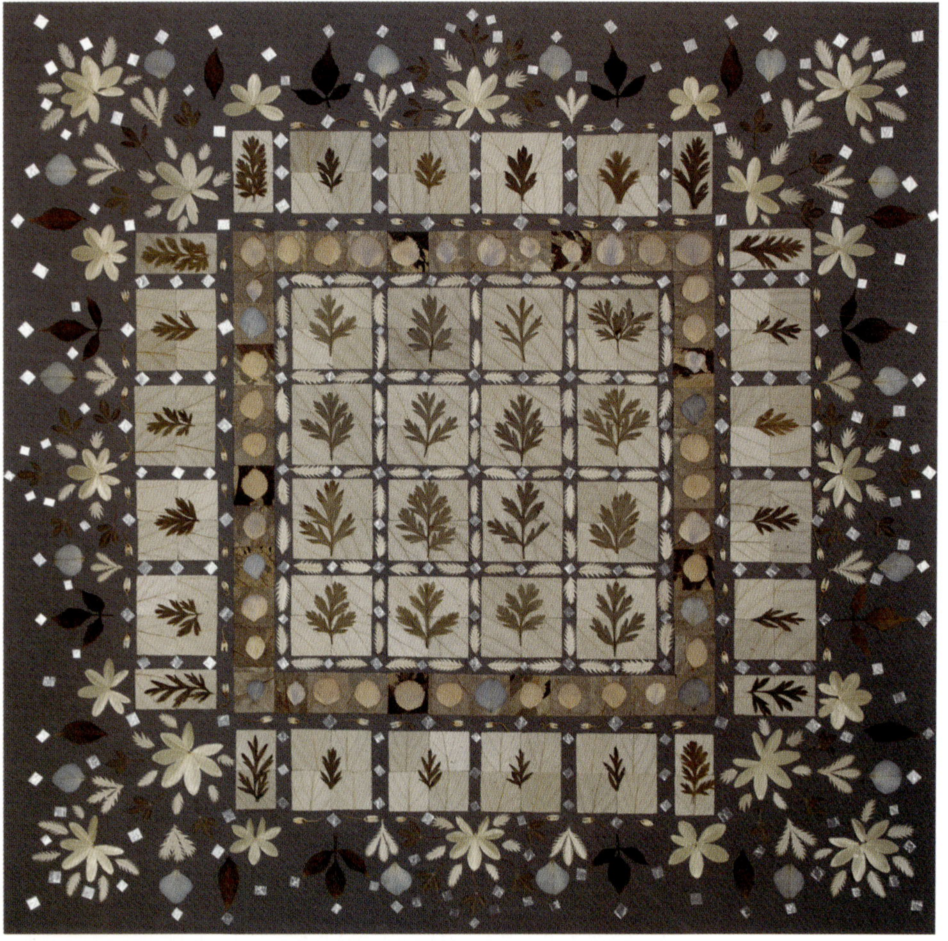

Winter Quilt

Für das Winterthema „Frost" habe ich Abstufungen von neutralem Grau, Schwarz und Silber verwendet. *Winter Quilt* ist ein formales Patchwork-Muster auf dunkelgrauem Kartonhintergrund. Um die mittigen Blattquadrate aus Himbeerblättern *(Rubus idaeus)* herum, auf denen ich graue federartige Blätter platziert habe, bleibt jeweils ein Zwischenraum. Auf den schmalen grauen Streifen zwischen den Quadraten habe ich Gänsefingerkraut *(Potentilla anserina)* und aus Silberpapier geschnittene Quadrate angeordnet. Das gesamte Mittelquadrat habe ich mit Quadraten aus gepresster Balsam-Pappel (*Populus candicans* 'Aurora') und blaugrauen Hortensienblütenblättern (*Hydrangea* spp.) eingefasst. Die äußere Einfassung besteht aus dekorativeren Formen, die eine Verknüpfung zu den Hortensien und dem Gänsefingerkraut herstellen. Abschließend habe ich rundherum sorgfältig kleine Silberquadrate platziert. Das Stück erinnert mich an ein Tischdecken- oder Teppichdesign.

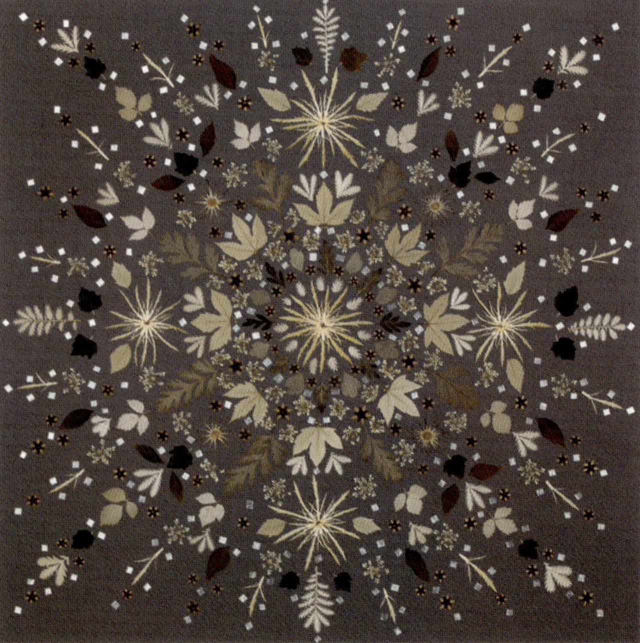

OBEN LINKS *Winter Quilt* (2015). Ein geometrisches Design, bei dem Grau und Silber auf grauem Hintergrund mit blauen Hortensienblütenblättern eingesetzt wurden. 59 × 59 cm

LINKS *Star of Night* (2015). Grau und Silber auf grauem Hintergrund. Ein strahlenförmiges Design mit markantem Mittelteil aus Mannstreu-Blättern. 59 × 59 cm

Celtic Trees

Hier ein weiteres Thema, zu dem ich Werke für die in meiner Gegend alljährlich stattfindenden Offenen Ateliertage kreiert habe. Vor vielen Jahren las ich *Die weiße Göttin. Sprache des Mythos* von Robert von Graves und war schon immer fasziniert von der Beziehung zwischen Bäumen, Magie, Folklore und keltischer Kultur. Das Ogham-Alphabet ist eine frühe Druidenschrift, bei der Runen bestimmten Bäumen zugeordnet sind, etwa der Hänge-Birke *(Betula pendula)*, der Weide (*Salix* spp.) oder der Gemeinen Esche *(Fraxinus excelsior)*. Das keltische Jahr umfasste 13 Monate und jeder Monat bezog sich ebenfalls auf einen bestimmten Baum. So hat z. B. die als Welten- und Lebensbaum bekannte Esche im Baumkalender ihren Platz im dritten Monat, der vom 18. Februar bis zum 17. März dauert.

Ich suchte und fand fast alle Bäume des Keltischen Baumkalenders und entdeckte, dass es Bäume sind, die im Vereinigten Königreich heimisch sind. Mich inspiriert es, dass es noch heute Bäume gibt, die die Kelten bereits kannten und die Druiden verehrten.

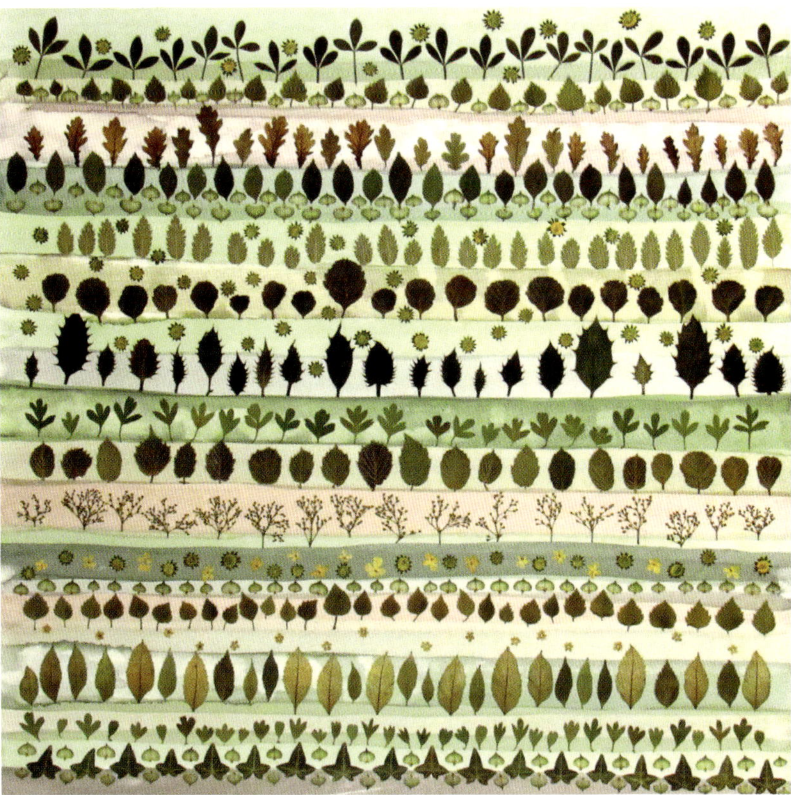

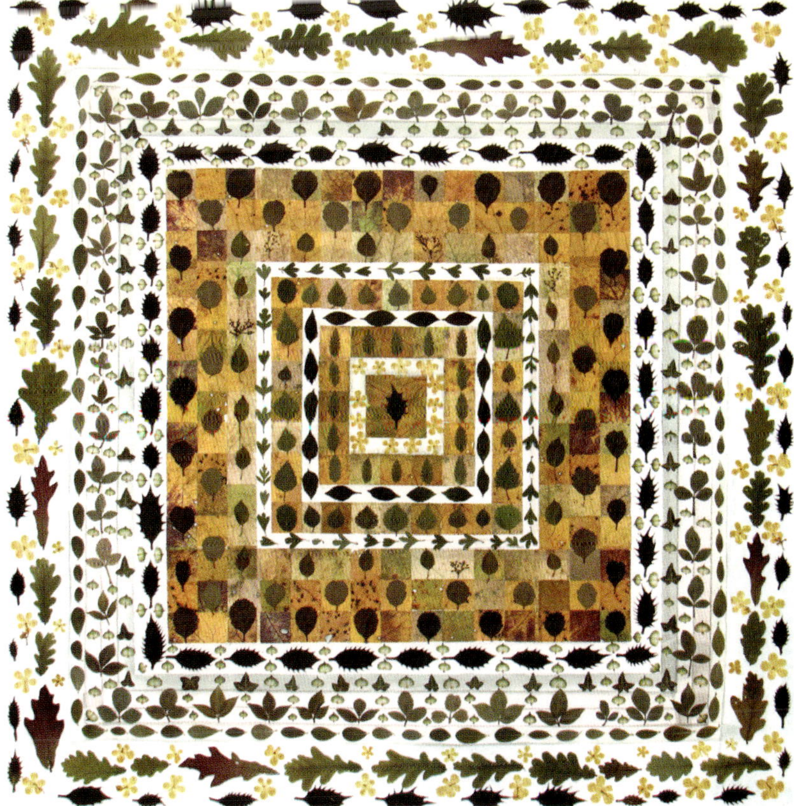

OBEN RECHTS *Celtic Trees* (2017). 47 × 47 cm

RECHTS *Celtic Tree Quilt* (2017). 61 × 61 cm

Auftragsarbeiten

Ich werde häufig angesprochen, zu einem bestimmten Garten oder Ort eine Collage anzufertigen. Das kann großen Spaß machen, denn man geht ein- oder zweimal hin, um Pflanzenmaterial zum Pressen zu sammeln und mit den Besitzern zu besprechen, was für das Werk verarbeitet werden soll.

Chipperkyle

Auftragsarbeiten bringen es oft mit sich, dass man einen bestimmten Garten besucht, um dort Blüten und Blätter zu sammeln. Ich mag die damit verbundene Herausforderung, denn bisweilen wachsen in dem Garten nicht viele schöne Pflanzen oder er ist wie in einem Fall ziemlich ungepflegt oder fast verwildert! Das bedeutet, dass ich nach allem Ausschau halte, was für das Design brauchbar sein könnte – auch nach Blättern aus dem Nutzgarten und nach dem, was viele Menschen vielleicht als Unkräuter ansehen, die dennoch sehr schön sein können.

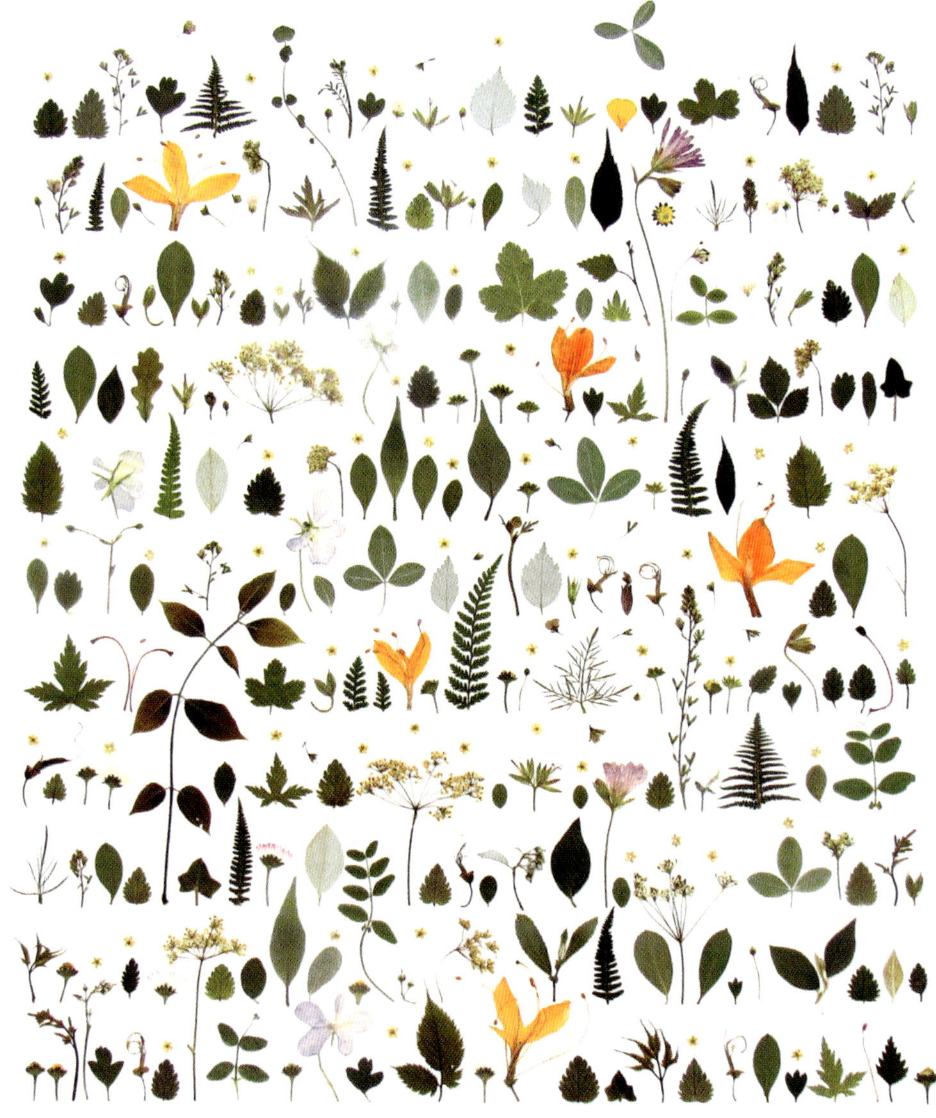

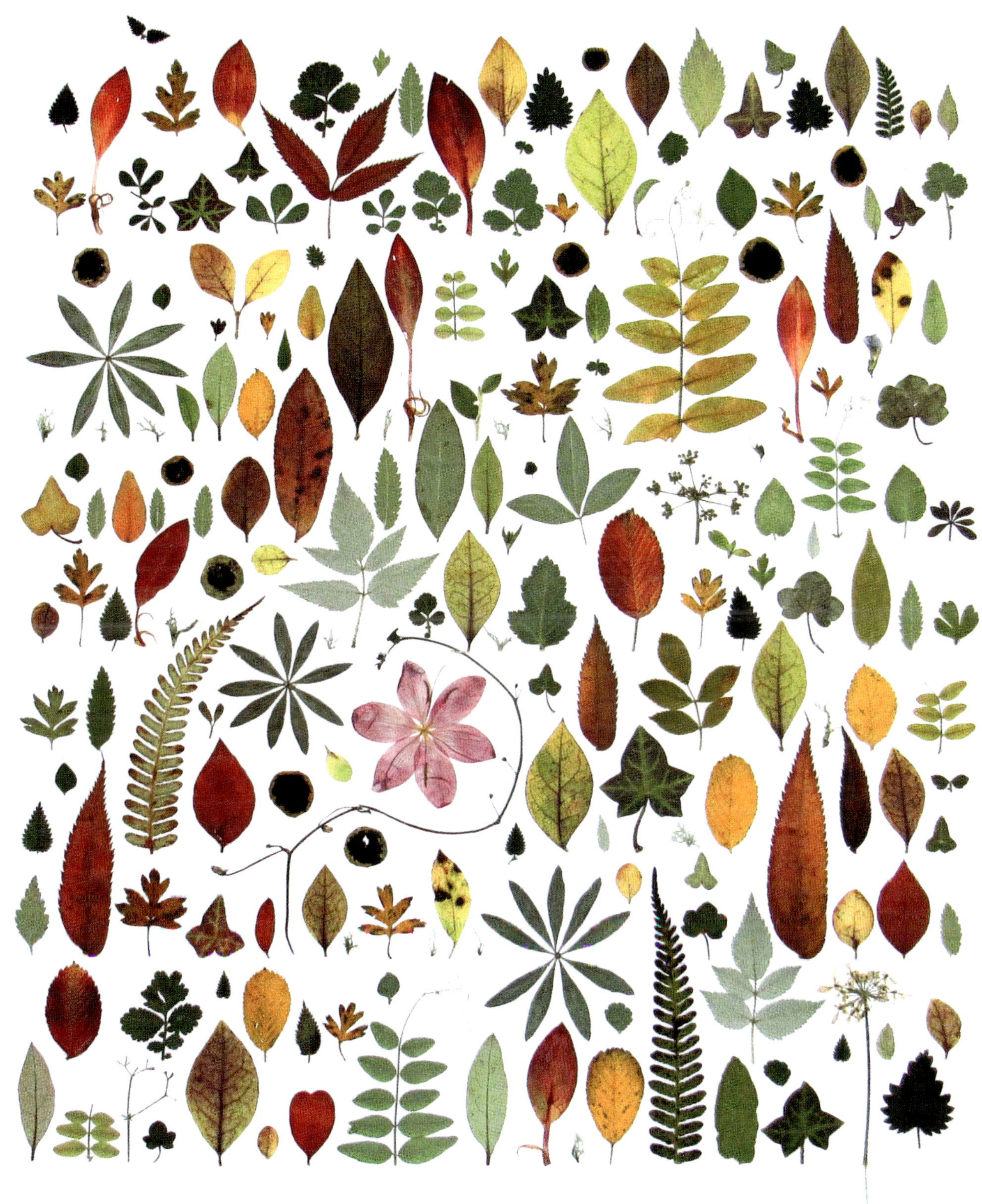

LINKS *Spring, Chipperkyle* (2017). 40 × 30 cm

RECHTS *Autumn, Chipperkyle* (2017). 40 × 30 cm

Ein Gefühl für den Ort: *Village Walk*

Ein Großteil meiner Arbeit besteht darin, hinauszugehen und Pflanzenmaterial am Wegesrand zu sammeln, um es zu Hause zu pressen. Ich dokumentiere, was an bestimmten Stellen wächst – das gibt mir ein Bewusstsein für den Ort. Ein Spaziergang durch mein Dorf verschafft mir immer wieder neues Material, Jahr für Jahr.

Zuerst gehe ich hinunter ins Dorf, wo viele Mauern mit Zimbelkraut bewachsen sind, einer sehr hübschen Rankpflanze mit kleinen violetten Blüten und schön geformtem Laub. Diese Pflanze fühlt sich in Mauerritzen und Pflasterspalten ausgesprochen wohl. Gemeiner Efeu gedeiht überall: Er haftet sich an Wände und durchrankt Büsche und Hecken. Der Glänzende Storchschnabel ist eine leuchtende, ausdauernde, farbenfrohe und sehr vitale Pflanze, die mitunter in den Fugen alter Mauern wächst. Ihre hübsch geformten Blätter überzieht ein leuchtendes Rot.

Weiter unten an der Straße wachsen eine herrliche Sal-Weide und ein Schwarzer Holunder. Einer der Stars im Dorf ist für mich der Wilde Wein, der die alte Mühle fast vollständig überzieht. Im September und Oktober ist sein Laub spektakulär, mit einem atemberaubenden Farbenspiel von Rot-, Pink- und Orangetönen. Ich komme auch an einem Perückenstrauch vorbei, der sich in dunklem Violett zeigt. Seine kleinen violetten Blätter sehen gepresst einfach wunderschön aus.

Ich gehe durch eine öffentliche Gartenanlage weiter zur Mühlenstraße. Der Weg verläuft an dem gurgelnden Bach entlang, der sich aus den umliegenden Bergen kommend in eine Art Bucht ergießt – ein etwas verwildertes, unbewohntes Waldgebiet, in dem viele Bäume und Blütenpflanzen wachsen. Überlässt man die Natur sich selbst, dann gedeiht sie und lässt Gebiete von großer Schönheit und Ruhe entstehen.

Auch im Winter ist der Spaziergang sehr angenehm. Die Silhouetten blattloser Äste zeichnen sich gegen den Himmel ab, Laub knirscht unter den Schuhen und Farne sowie Brombeersträucher wachsen in der kalten Jahreszeit unter den Bäumen. Gemeine Esche, Rotbuche; alte, von Fäulnis gezeichnete Berg-Ulmen; Schlehdorn, Schwarz-Erle, Eingriffeliger Weißdorn und Berg-Ahorn sowie Brombeeren und Adlerfarn gedeihen in dieser unberührten Natur. Schneeglöckchen und die Rundblättrige Glockenblume zeigen sich im Spätwinter und Farne sprießen auf Mauerresten.

Der Frühling bringt neue Blütenpflanzen, darunter die Gelbe Narzisse, die entlang des Baches wächst. Der schmale Fußpfad ist mit Waldmeister, Wald-Bingelkraut, Waldsauerklee und Buschwindröschen bedeckt.

Der Herbst wartet mit noch mehr Farbe auf: Die Buche verfärbt sich orange, der Ahorn gelb und viele Blätter sind fleckig durch Pilzbefall. Das Brombeerlaub ist rot, gelb und orange und hübsch texturiert.

Es geht noch einen guten Kilometer weiter, vorbei an Wiesen-Kerbel, der im Sommer am Wegesrand wächst. Hübscher Efeu bedeckt die Friedhofsmauern und ein leuchtend gelber Feld-Ahorn steht wie ein Wachposten am Straßenrand. Auf dem Rückweg ins Dorf komme ich an einer Hecke vorbei, in der Eingriffeliger Weißdorn, Gemeine Esche und Europäische Stechpalme wachsen, von denen ich schon häufig Laub gesammelt habe.

So wie John Richard Jefferies, ein englischer Naturschriftsteller aus dem 19. Jhd., in seinem Essay *Hours of Spring* all die Pflanzen aufzählt, die entlang eines Weges in seinem Heimatort vorkommen, so ist es auch meine Aufgabe als Künstlerin, der Natur mehr Aufmerksamkeit zu schenken. Heute findet man allerdings nur noch etwa die Hälfte der Pflanzen vor, die Jefferies einst beschrieb. Ein Rundgang ist eine einfache Möglichkeit, um die Pflanzen an Ihrem Wohnort zu bestimmen. Und ein Kunstwerk zu erschaffen, bei dem Sie gepresstes Pflanzenmaterial verwenden, ist auch eine wunderbare Möglichkeit, die Verletzlichkeit der Natur auf Ihre ganz persönliche Weise deutlich zu machen.

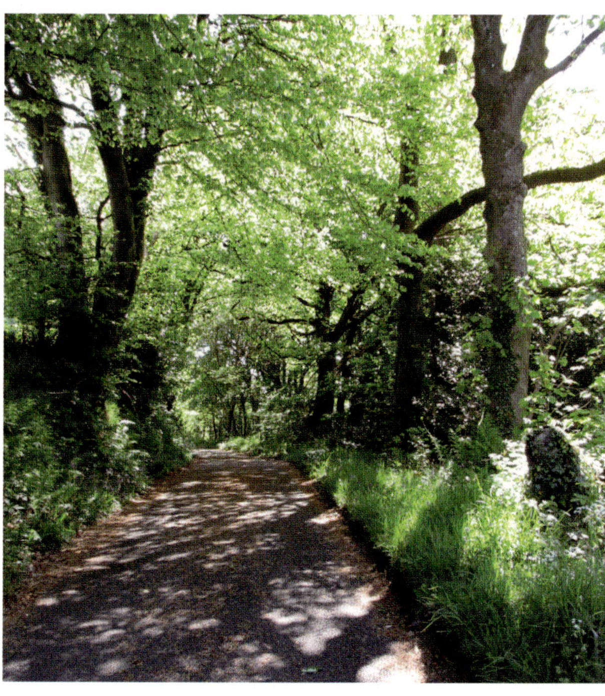

OBEN Ein Spaziergang durch meinen Wohnort verschafft mir das ganze Jahr über einen Vorrat an Pflanzenmaterial.

RECHTS *Village Walk* (2017). Collage mit Material, das ich während der ganzen Saison gesammelt habe: Bärlauchblätter und -blüten sowie Adlerfarnspitzen bilden die blasse Mitte, die Umrandungen sind gemalt. Ferner wurden Laub von Berg-Ahorn, Wildem Wein und Brombeere verwendet sowie Bärenklau, Esche, Efeu, Weide, Weißdorn, Gänseblümchen, Hahnenfuß und Wiesen-Kerbel. 59 × 59 cm

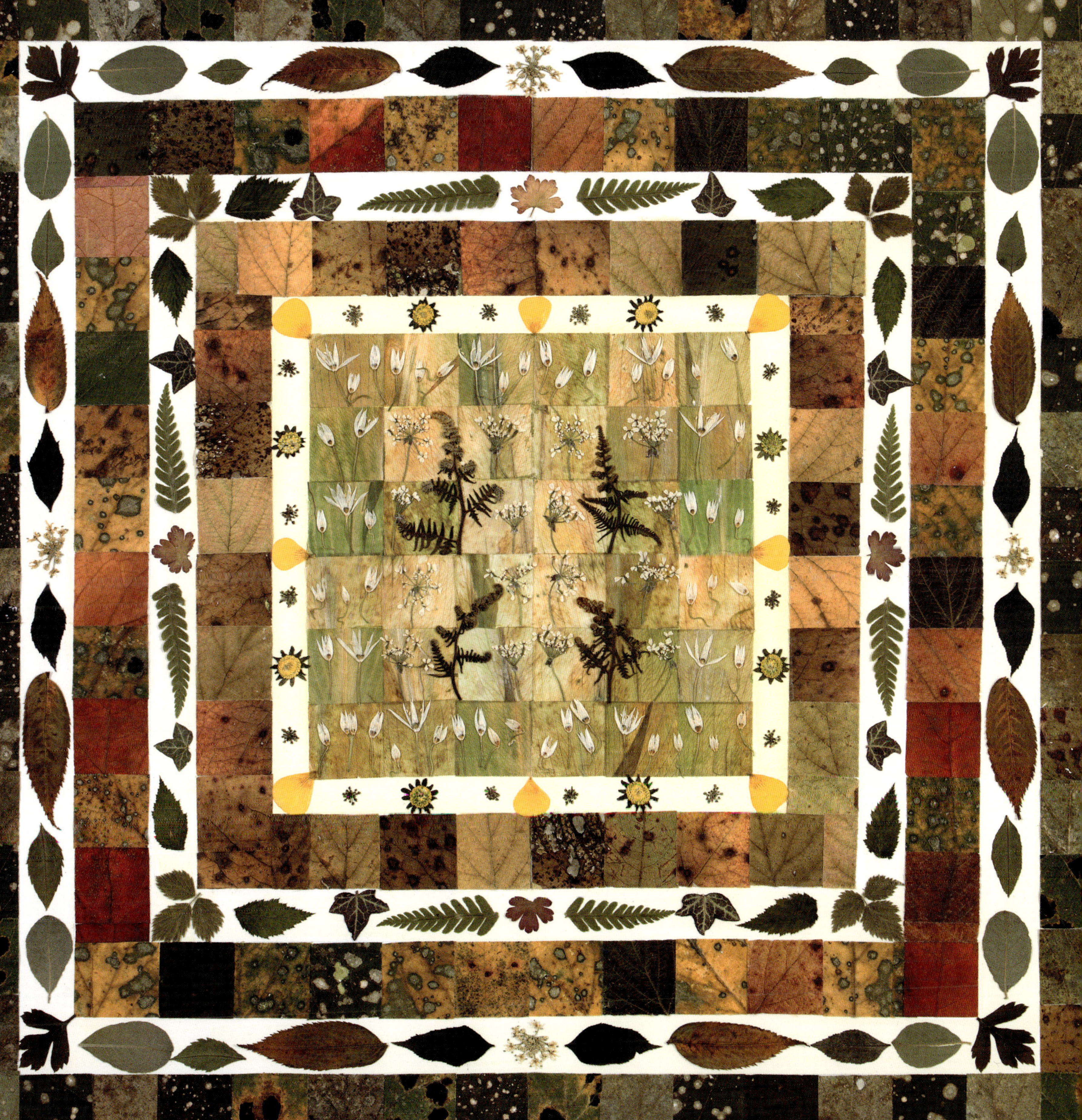

Zum Schluss

Bei dem abschließenden Kunstwerk rechts kamen viele der im Buch beschriebenen Techniken zum Einsatz.

Das Bild besteht aus zugeschnittenen Quadraten und Dreiecken, gemalten Farbstreifen – verziert mit kleinen Blütenblättern und Blättchen – und einem markanten mittigen Kreismotiv. Die äußere Einfassung entstand ohne Schablone, unter Verwendung von vogelähnlichen Blattformen und anderen kleinen Blättern. Der Titel lautet *Ascension* (Himmelfahrt) und bezieht sich auf die Verbindung zwischen Himmel und Erde.

Ich möchte Sie ermutigen, die eine oder andere Technik einmal auszuprobieren, um zu erfahren, wie viel Freude das Arbeiten mit Naturmaterialien bereitet. Dieser kreative Prozess ist nicht nur interessant und bereichernd, sondern bringt es meist auch mit sich, sich an der frischen Luft aufzuhalten und die Natur und all ihre Schönheit hautnah zu erleben. Es wird Sie auch dazu bringen, die Welt um Sie herum bewusster wahrzunehmen – die winzigen Veilchen und Gänseblümchen zu Ihren Füßen, das schmucke Zimbelkraut an der Mauer und den Hahnenfuß am Wegesrand. Die natürliche Schönheit von Blättern und Blüten finden Sie in jeder Umgebung, sei es in der Stadt, an Autobahnböschungen oder selbst auf anscheinend unwirtlichen Sanddünen. Halten Sie die Augen offen und lassen Sie sich überraschen!

RECHTS *Ascension* (2017).
81 × 81cm

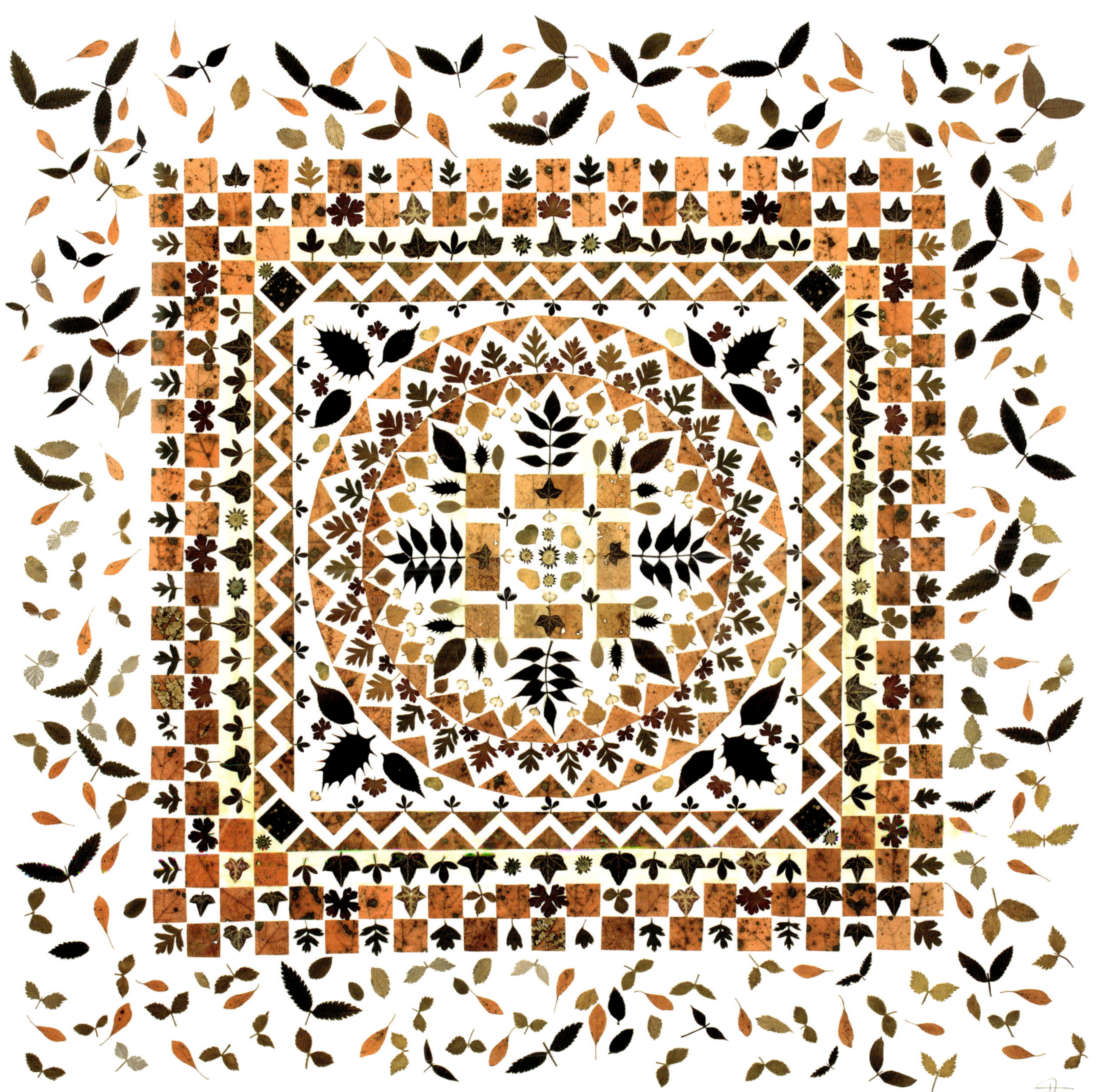

Pflanzenliste nach deutschen und botanischen Namen

Deutscher Name	Botanischer Name
Acker-Klettenkerbel	*Torilis arvensis*
Acker-Vergissmeinnicht	*Myosotis arvensis*
Adlerfarn	*Pteridium aquilinum*
Ahorn	*Acer* spp.
Akelei	*Aquilegia* spp.
Alpen-Frauenmantel	*Alchemilla alpina*
Amberbaum	*Liquidambar* spp.
Arznei-Engelwurz	*Angelica archangelica*
Atlantisches Hasenglöckchen	*Hyacinthoides non-scripta*
Ausdauernde Ochsenzunge	*Pentaglottis sempervirens*
Azalee	*Azalea* spp.
Bärlauch	*Allium ursinum*
Balsam-Pappel	*Populus balsamifera*
Behaarter Kälberkropf	*Chaerophyllum hirsutum*
Berg-Ahorn	*Acer pseudoplatanus*
Berg-Ulme	*Ulmus glabra*
Besenginster	*Cytisus scoparius*
Birke	*Betula* spp.
Blutwurz	*Potentilla erecta*
Borretsch	*Borago officinalis*
Braunelle	*Prunella vulgaris*
Breitblättrige Mehlbeere	*Sorbus latifolia*
Brombeere	*Rubus fruticosus*
Buschwindröschen	*Anemone nemorosa*
Dahlie	*Dahlia* spp.
Dill	*Anethum graveolens*
Eberesche	*Sorbus aucuparia*
Echte Zaunwinde	*Calystegia sepium*
Echter Kerbel	*Anthriscus cerefolium*
Echter Salbei	*Salvia officinalis*
Echtes Labkraut	*Galium verum*
Echtes Mädesüß	*Filipendula ulmaria*
Eiche	*Quercus* spp.

Deutscher Name	Botanischer Name
Eingriffeliger Weißdorn	*Crataegus monogyna*
Einjähriges Silberblatt	*Lunaria annua*
Erle	*Alnus* spp.
Espe	*Populus tremula*
Europäische Stechpalme	*Ilex aquifolium*
Feld-Ahorn	*Acer campestre*
Fenchel	*Foeniculum vulgare*
Fingerstrauch	*Potentilla fruticosa*
Französische Erdkastanie	*Conopodium majus*
Funkie	*Hosta* spp.
Gänseblümchen	*Bellis perennis*
Gänsefingerkraut	*Potentilla anserina*
Garten-Stiefmütterchen	*Viola wittrockiana*
Gelbe Narzisse	*Narcissus pseudonarcissus*
Gemeine Esche	*Fraxinus excelsior*
Gemeine Rosskastanie	*Aesculus hippocastanum*
Gemeiner Efeu	*Hedera helix*
Gemeiner Rainkohl	*Lapsana communis*
Gewöhnliche Waldrebe	*Clematis vitalba*
Giersch	*Aegopodium podagraria*
Glänzender Storchschnabel	*Geranium lucidum*
Gras-Sternmiere	*Stellaria graminea*
Graugrünes Weidenröschen	*Epilobium lamyi*
Große Brennnessel	*Urtica dioica*
Große Knorpelmöhre	*Ammi majus*
Große Sterndolde	*Astrantia major*
Hänge-Birke	*Betula pendula*
Heidelbeere	*Vaccinium* spp.
Henne mit Küken	*Tolmiea menziesii*
Himbeere	*Rubus idaeus*
Hoheria	*Hoheria* spp.
Holländische Linde	*Tilia* × *vulgaris*
Hortensie	*Hydrangea* spp.

Deutscher Name	Botanischer Name
Huflattich	*Tussilago farfara*
Inkalilie	*Alstroemeria* spp.
Iris	*Iris* spp.
Judasbaum	*Cercis* spp.
Jungfer im Grünen	*Nigella damascena*
Kalifornischer Mohn	*Eschscholzia californica*
Kartoffel-Rose	*Rosa rugosa*
Kirsche	*Prunus* spp.
Kleinblütiges Purpurglöckchen	*Heuchera micrantha*
Kornblume	*Cyanus segetum*
Lauch	*Allium* spp.
Löwenzahn	*Taraxacum* spp.
Lorbeerkirsche	*Prunus laurocerasus*
Lungenkraut	*Pulmonaria* spp.
Mannstreu	*Eryngium* spp.
Mohn	*Papaver* spp.
Nepal Fingerkraut 'Miss Wilmott'	*Potentilla nepalensis 'Miss Wilmott'*
Pappel-Feige	*Ficus religiosa*
Perückenstrauch	*Cotinus coggygria*
Pferdeeppich	*Smyrnium olusatrum*
Porzellanblümchen	*Saxifraga* × *urbium*
Prinzessinnenblume	*Tibouchina urvilleana*
Purpurglöckchen	*Heuchera* spp.
Rainfarn-Phazelie	*Phacelia tanacetifolia*
Rhododendron	*Rhododendron* spp.
Rose	*Rosa* spp.
Rotbuche	*Fagus sylvatica*
Rundblättrige Glockenblume	*Campanula rotundifolia*
Ruprechtskraut	*Geranium robertianum*
Sal-Weide	*Salix caprea*
Scharbockskraut	*Ficaria verna*
Scharfer Hahnenfuß	*Ranunculus acris*
Schlehdorn	*Prunus spinosa*

Deutscher Name	Botanischer Name
Schmalblättriges Weidenröschen	*Epilobium angustifolium*
Schneeglöckchen	*Galanthus* spp.
Schwarzer Holunder	*Sambucus nigra*
Sitka-Fichte	*Picea sitchensis*
Stängellose Schlüsselblume	*Primula vulgaris*
Storchschnabel	*Geranium* spp.
Strahlen-Breitsame	*Orlaya grandiflora*
Stumpfblättriger Ampfer	*Rumex obtusifolius*
Süßdolde	*Myrrhis odorata*
Tibet-Scheinmohn	*Meconopsis betonicifolia*
Tulpe	*Tulipa* spp.
Ulme	*Ulmus* spp.
Veilchen	*Viola* spp.
Vogel-Kirsche	*Prunus avium*
Wald-Bingelkraut	*Mercurialis perennis*
Wald Engelwurz	*Angelica sylvestris*
Waldkiefer	*Pinus sylvestris*
Waldmeister	*Galium odoratum*
Waldsauerklee	*Oxalis acetosella*
Wald-Scheinmohn	*Meconopsis cambrica*
Weide	*Salix* spp.
Weinraute	*Ruta graveolens*
Weinrebe	*Vitis* spp.
Weißes Labkraut	*Galium album*
Weißfilziges Greiskraut	*Jacobaea maritima*
Wiesen-Bärenklau	*Heracleum sphondylium*
Wiesen-Kerbel	*Anthriscus sylvestris*
Wilder Wein	*Parthenocissus quinquefolia*
Zaun-Wicke	*Vicia sepium*
Zimbelkraut	*Cymbalaria muralis*

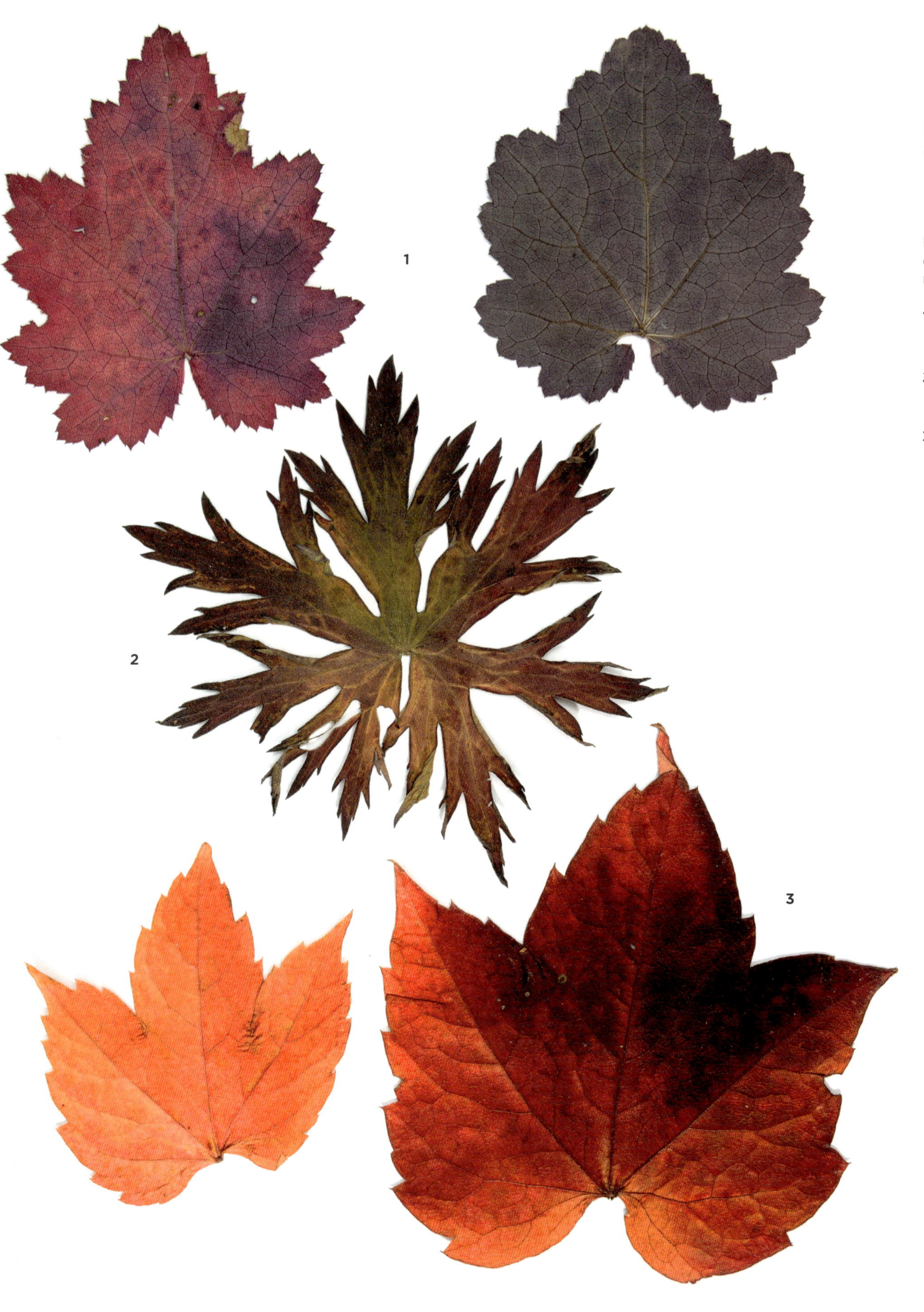

Pflanzenverzeichnis

PFLANZEN VON OBEN LINKS IM UHRZEIGERSINN:

1 Purpurglöckchen (*Heuchera* spp.)

2 Storchschnabel (*Geranium* spp.)

3 Wilder Wein (*Parthenocissus quinquefolia*)

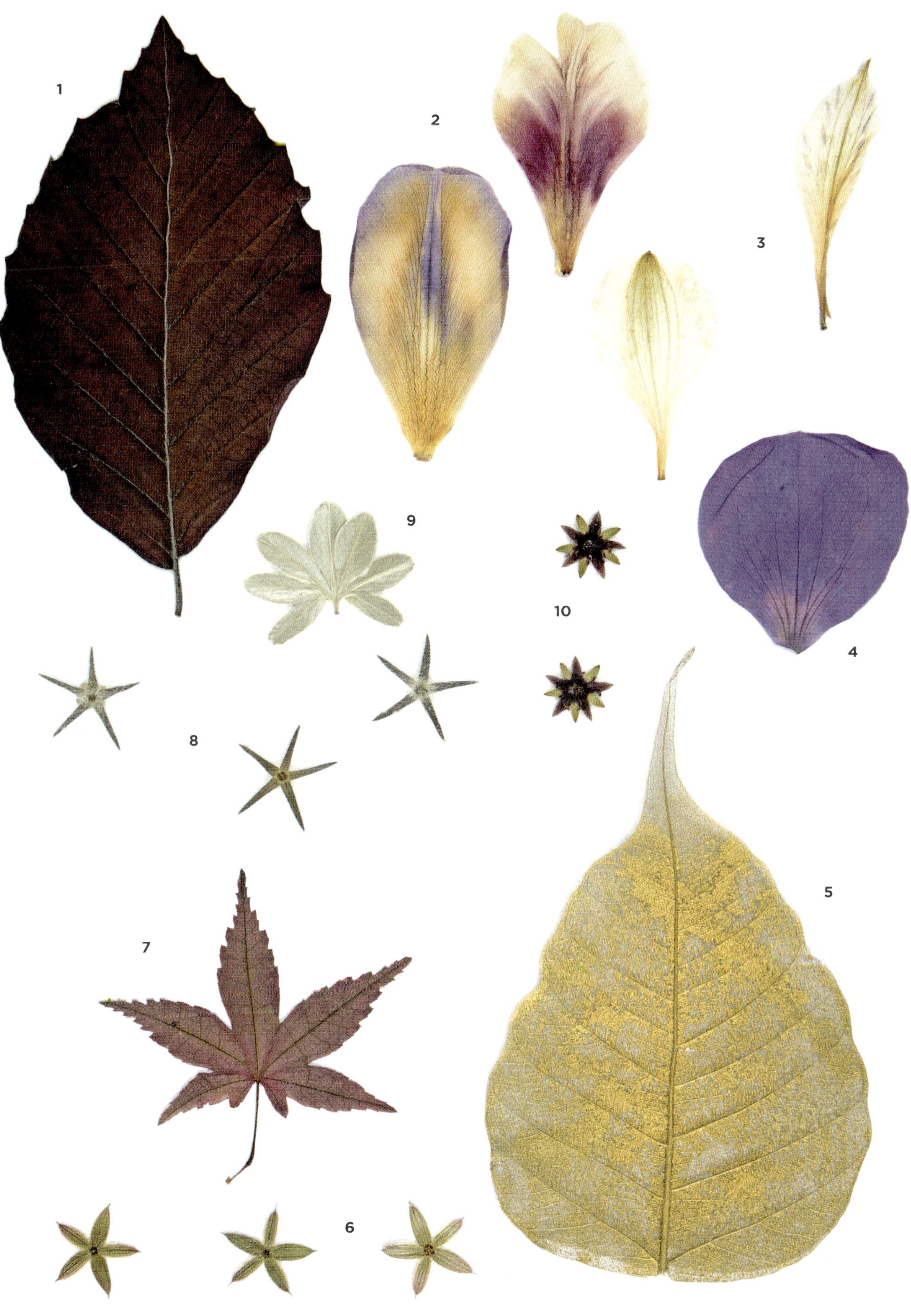

PFLANZENVERZEICHNIS

PFLANZEN VON OBEN LINKS IM UHRZEIGERSINN:

1 Blatt der Rotbuche *(Fagus sylvatica)*

2 Tulpe (*Tulipa* spp.)

3 Inkalilie (*Alstroemeria* spp.)

4 Prinzessinnenblume *(Tibouchina urvilleana)*

5 Mit Goldfarbe bemaltes Blatt der Pappel-Feige *(Ficus religiosa)*

6 Storchschnabel (*Geranium* spp.)

7 Ahorn (*Acer* spp.)

8 Borretsch *(Borago officinalis)*

9 Alpen-Frauenmantel *(Alchemilla alpina)*

10 Fingerstrauch *(Potentilla fruticosa)*

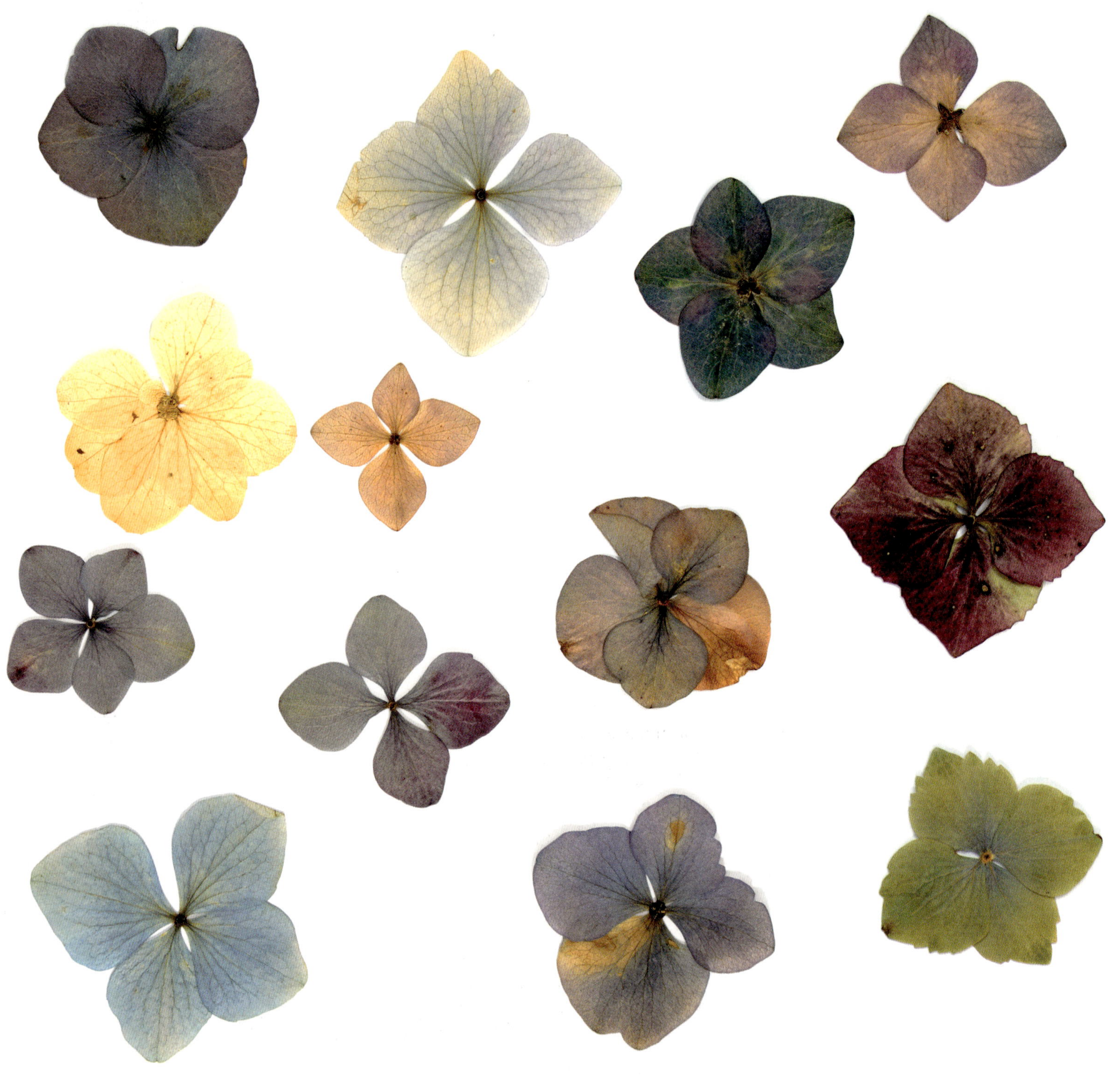

OBEN Unterschiedliche Hortensienblütenblätter

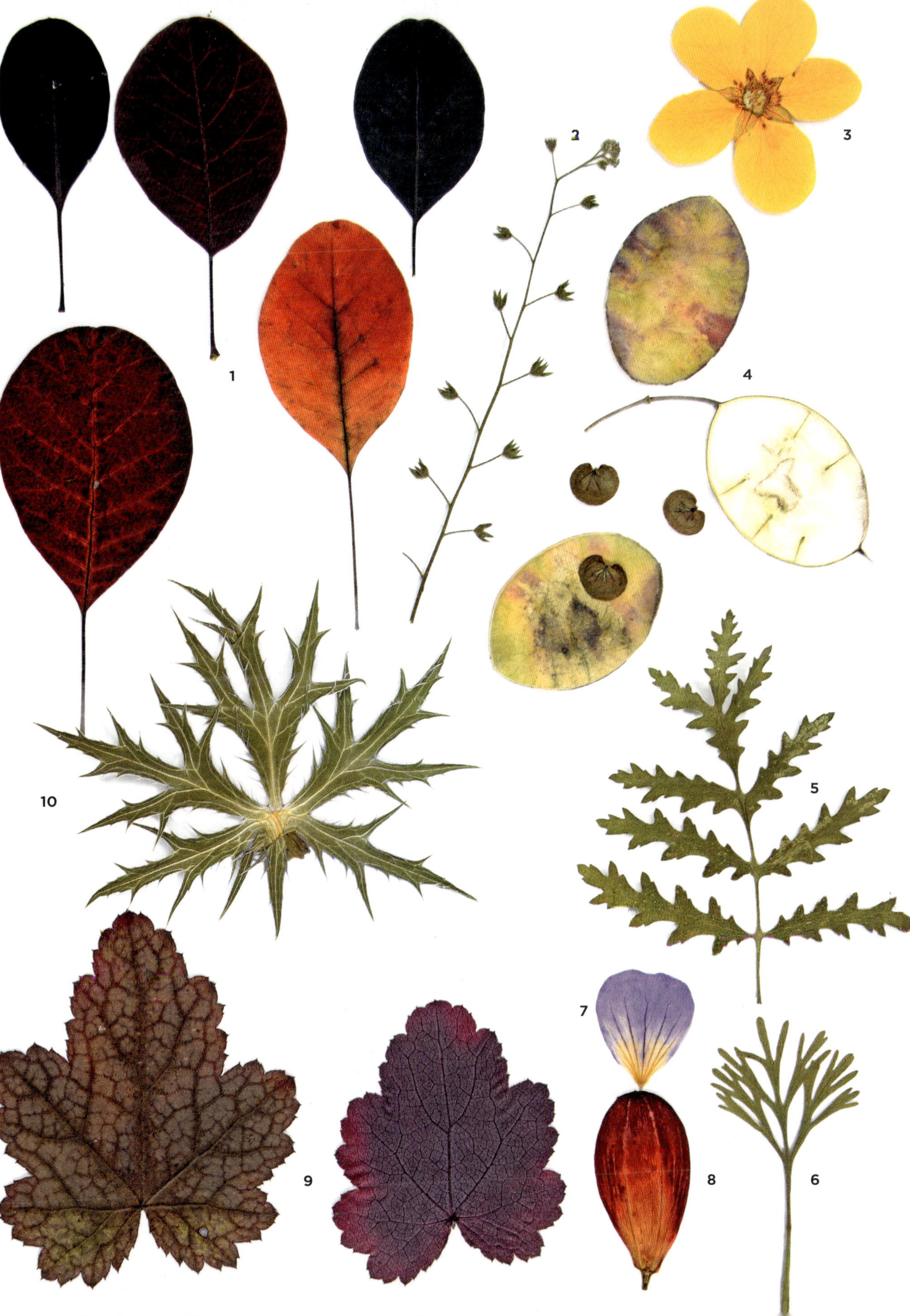

PFLANZENVERZEICHNIS

PFLANZEN VON OBEN LINKS IM UHRZEIGERSINN:

1 Blätter des Perückenstrauchs *(Cotinus coggygria)*

2 Blüte der Henne mit Küken *(Tolmiea menziesii)*

3 Blüte des Fingerstrauchs *(Potentilla fruticosa)*

4 Schoten des Einjährigen Silberblatts *(Lunaria annua)*

5 Blatt der Rainfarn-Phazelie *(Phacelia tanacetifolia)*

6 Blatt des Kalifornischen Mohns *(Eschscholzia californica)*

7 Storchschnabel-Blütenblatt (*Geranium* 'Johnson's Blue')

8 Dahlien-Blütenblatt (*Dahlia* fam.)

9 Blätter des Kleinblütigen Purpurglöckchens *(Heuchera micrantha)*

10 Mannstreu-Blatt (*Eryngium* fam.)

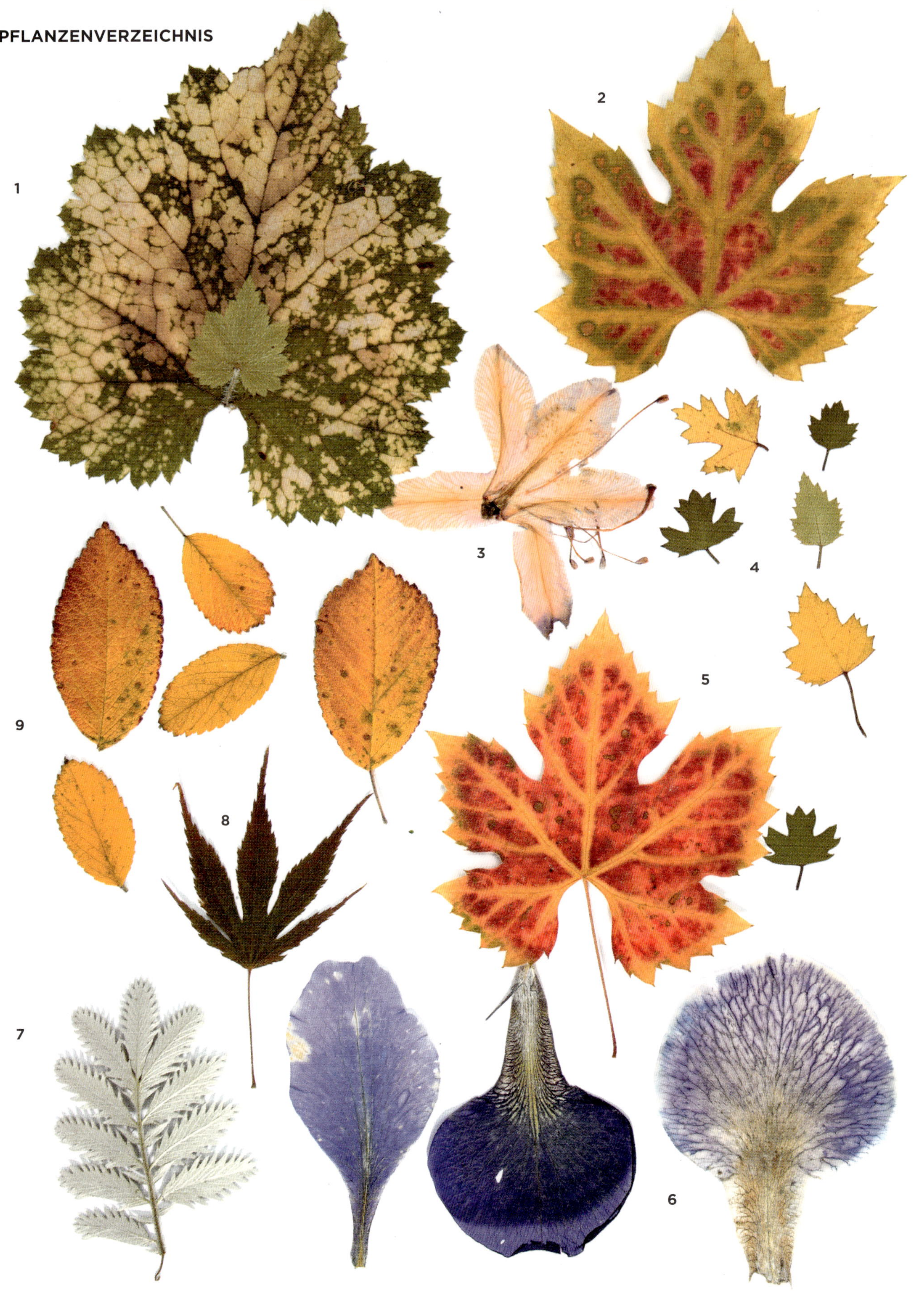

PFLANZEN VON OBEN LINKS IM UHRZEIGERSINN:

1 Blätter der Henne mit Küken *(Tolmiea menziesii)*

2 Weinrebenblatt (*Vitis* spp.)

3 Azalee *(Rhododendron)*

4 Hoheria *(Hoheria angustifolia)*

5 Weinrebenblatt (*Vitis* spp.)

6 Iris (*Iris* spp.)

7 Gänsefingerkraut *(Potentilla anserina)*

8 Ahorn (*Acer* spp.)

9 Rosenblätter (*Rosa* spp.)

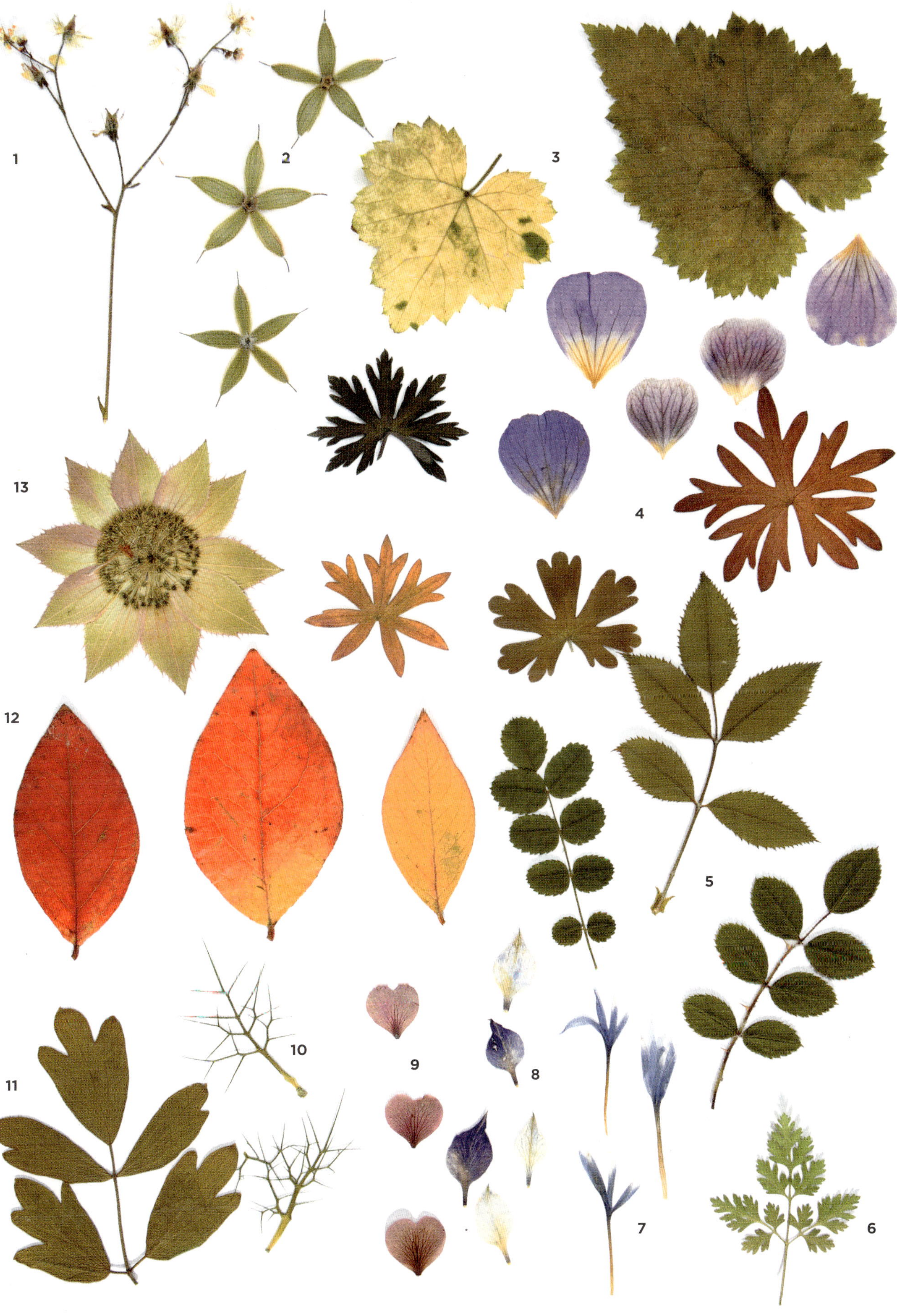

PFLANZENVERZEICHNIS

PFLANZEN VON OBEN LINKS IM UHRZEIGERSINN:

1 Porzellanblümchen *(Saxifraga × urbium)*

2 Kelchblatt des Storchschnabels (*Geranium* spp.)

3 Blätter der Henne mit Küken *(Tolmiea menziesii)*

4 Laub und Blütenblätter des Storchschnabels (*Geranium* spp.)

5 Rosenblätter (*Rosa* fam.)

6 Blatt des Echten Kerbels *(Anthriscus cerefolium)*

7 Blütenblätter der Kornblume *(Cyanus segetum)*

8 Blütenblätter der Jungfer im Grünen *(Nigella damascena)*

9 Blütenblätter des Nepal-Fingerkrauts *(Potentilla nepalenis)*

10 Blätter der Jungfer im Grünen *(Nigella damascena)*

11 Akeleiblatt (*Aquilegia* spp.)

12 Heidelbeerblätter *(Vaccinium myrtillus)*

13 Blüte der Großen Sterndolde *(Astrantia major)*

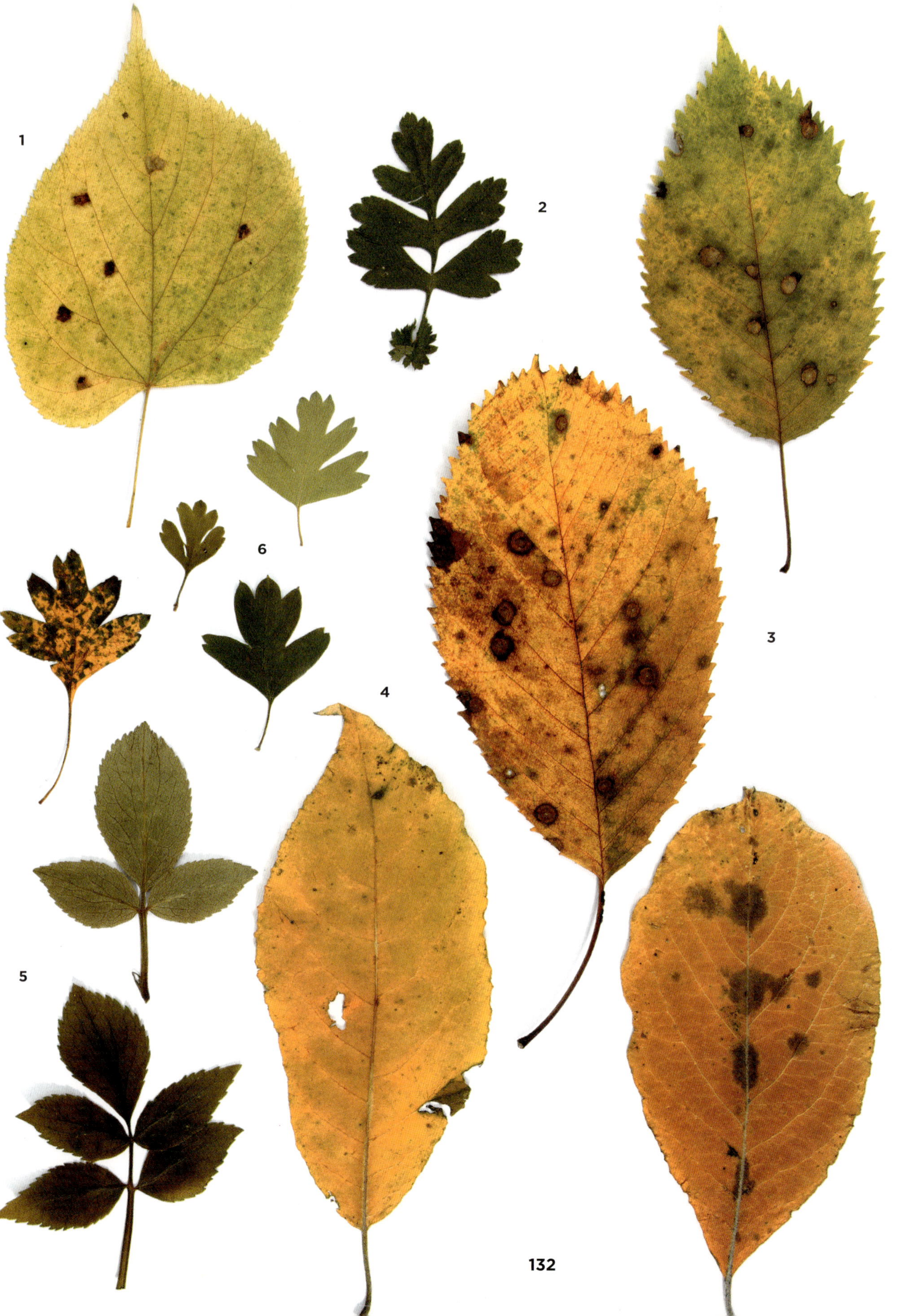

PFLANZEN VON OBEN LINKS IM UHRZEIGERSINN:

1 Holländische Linde *(Tilia × vulgaris)*

2 Eingriffeliger Weißdorn *(Crataegus monogyna)*

3 Kirsche (*Prunus* spp.)

4 Weide (*Salix* spp.)

5 Schwarzer Holunder *(Sambucus nigra)*

6 Eingriffeliger Weißdorn *(Crataegus monogyna)*

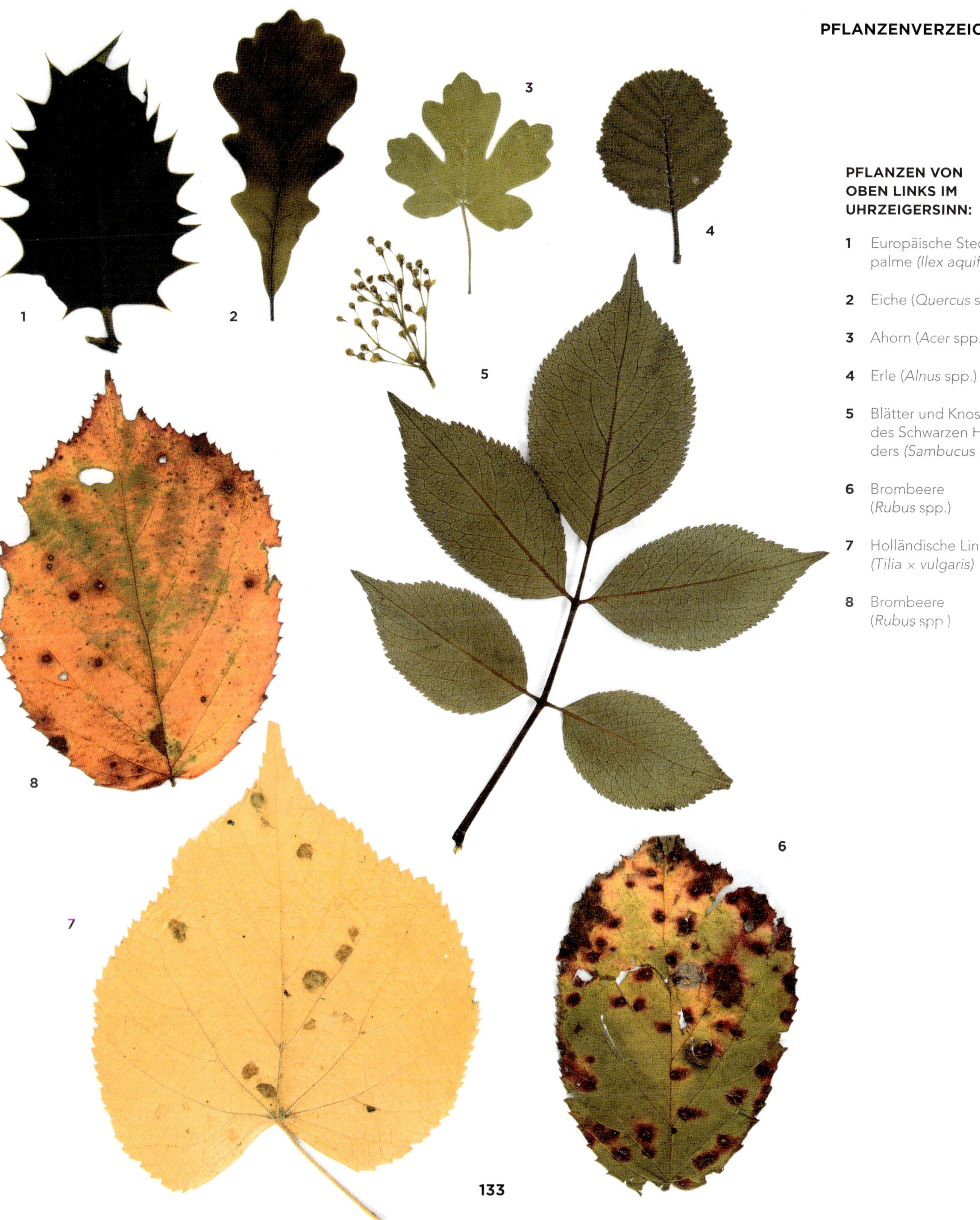

PFLANZEN VON OBEN LINKS IM UHRZEIGERSINN:

1 Europäische Stechpalme *(Ilex aquifolium)*

2 Eiche (*Quercus* spp.)

3 Ahorn (*Acer* spp.)

4 Erle (*Alnus* spp.)

5 Blätter und Knospen des Schwarzen Holunders *(Sambucus nigra)*

6 Brombeere (*Rubus* spp.)

7 Holländische Linde *(Tilia × vulgaris)*

8 Brombeere (*Rubus* spp.)

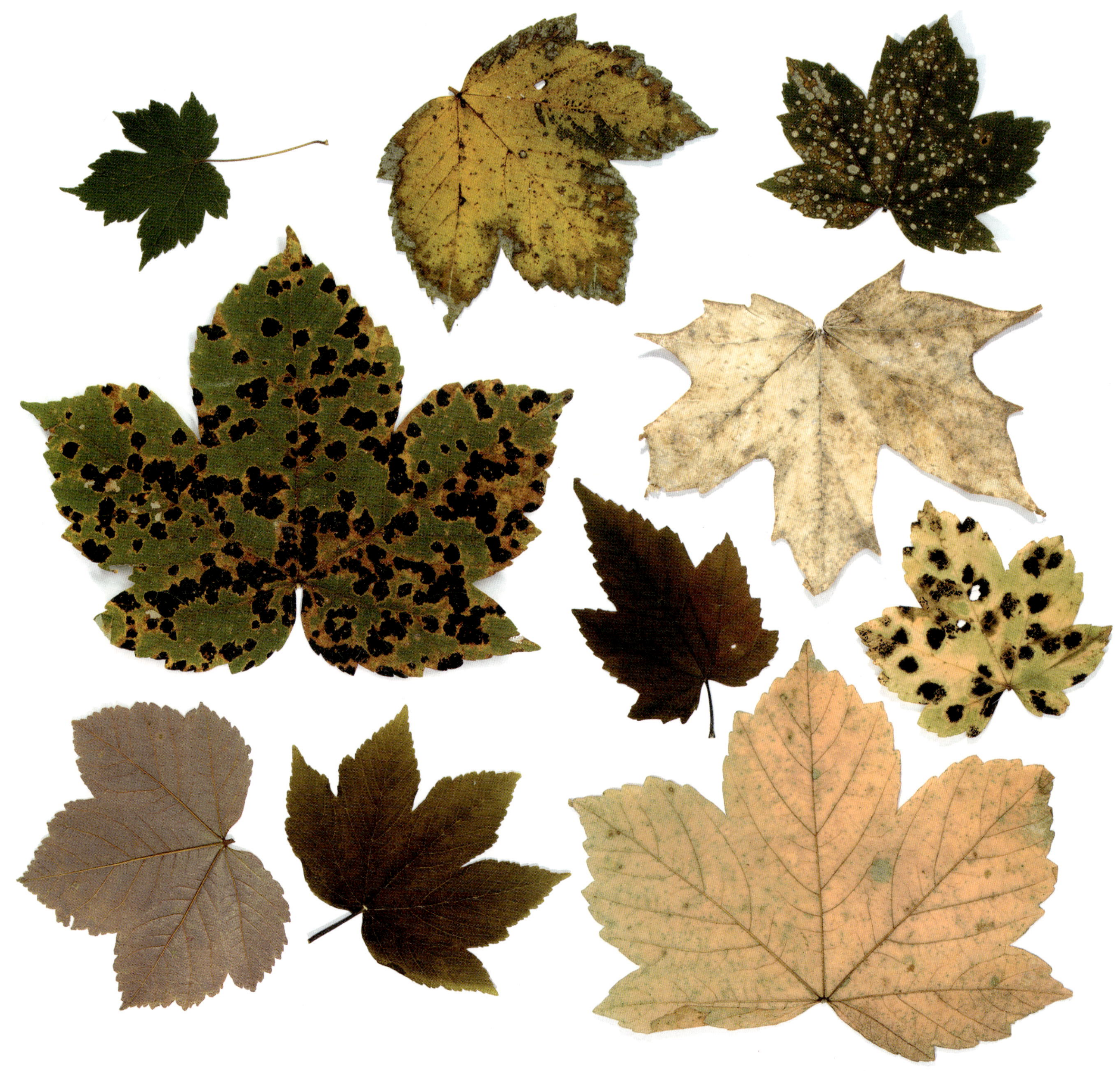

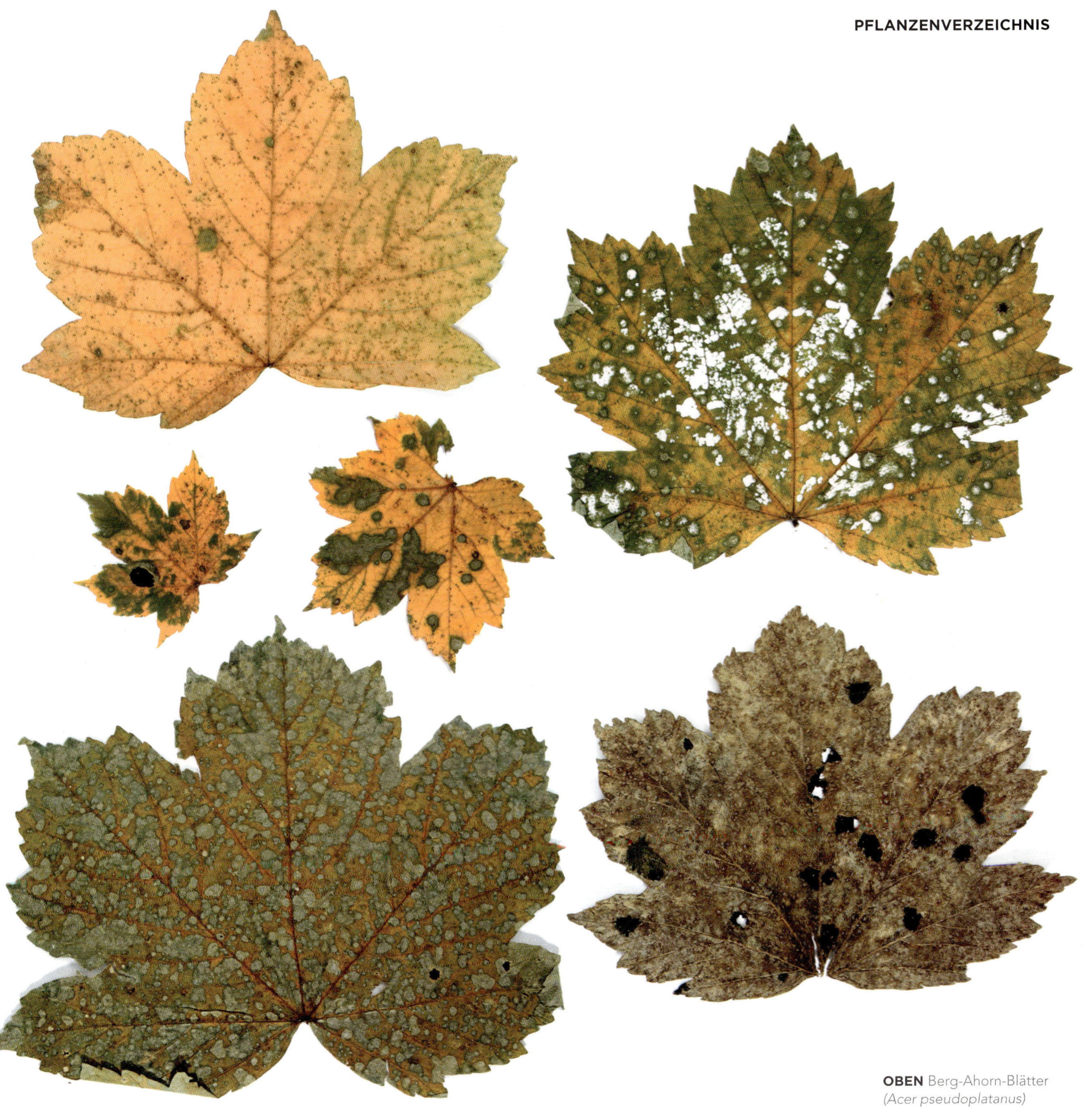

OBEN Berg-Ahorn-Blätter
(Acer pseudoplatanus)

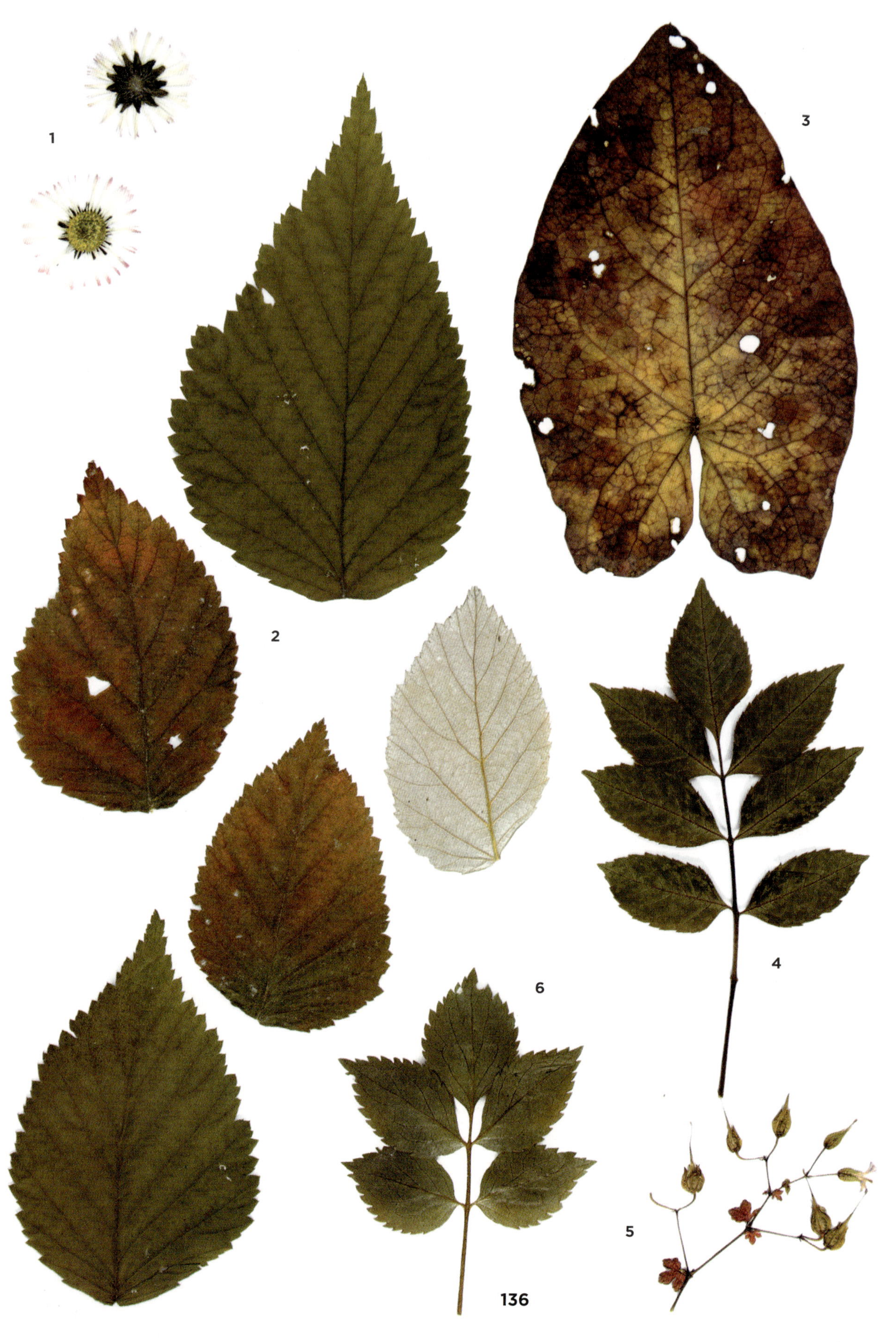

PFLANZEN VON OBEN LINKS IM UHRZEIGERSINN:

1 Gänseblümchen *(Bellis perennis)*

2 Himbeere *(Rubus idaeus)*

3 Echte Zaunwinde *(Calystegia sepium)*

4 Esche (*Fraxinus* spp.)

5 Glänzender Storchschnabel *(Geranium lucidum)*

6 Schwarzer Holunder *(Sambucus nigra)*

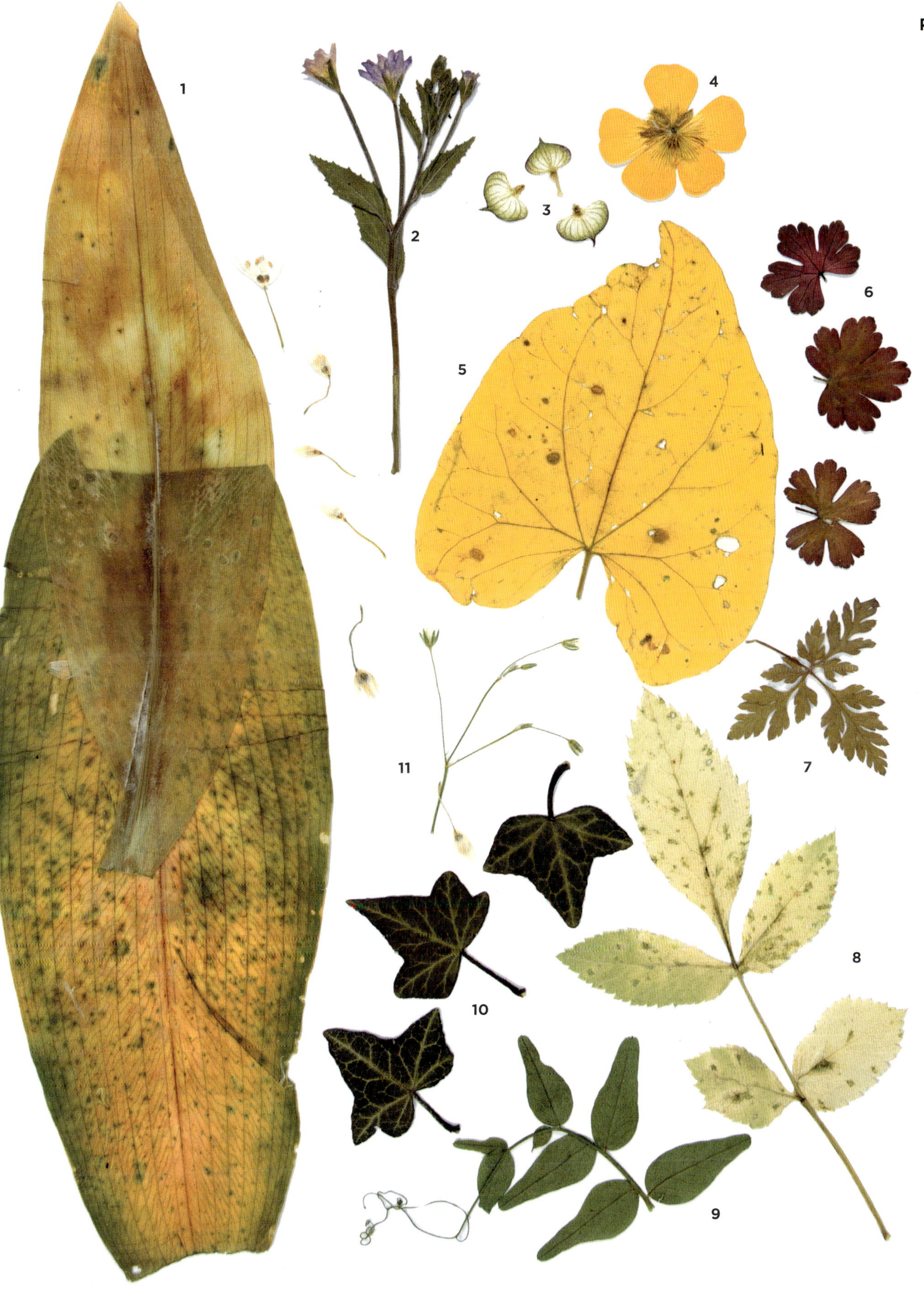

PFLANZENVERZEICHNIS

PFLANZEN VON OBEN LINKS IM UHRZEIGERSINN:

1 Bärlauch *(Allium ursinum)*

2 Graugrünes Weidenröschen *(Epilobium lamyi)*

3 Blütenkelche der Braunelle *(Prunella vulgaris)*

4 Scharfer Hahnenfuß *(Ranunculus acris)*

5 Echte Zaunwinde *(Calystegia sepium)*

6 Glänzender Storchschnabel *(Geranium lucidum)*

7 Ruprechtskraut *(Geranium robertianum)*

8 Wald-Engelwurz *(Angelica sylvestris)*

9 Zaun-Wicke *(Vicia sepium)*

10 Gemeiner Efeu *(Hedera helix)*

11 Echtes Labkraut *(Galium verum)*

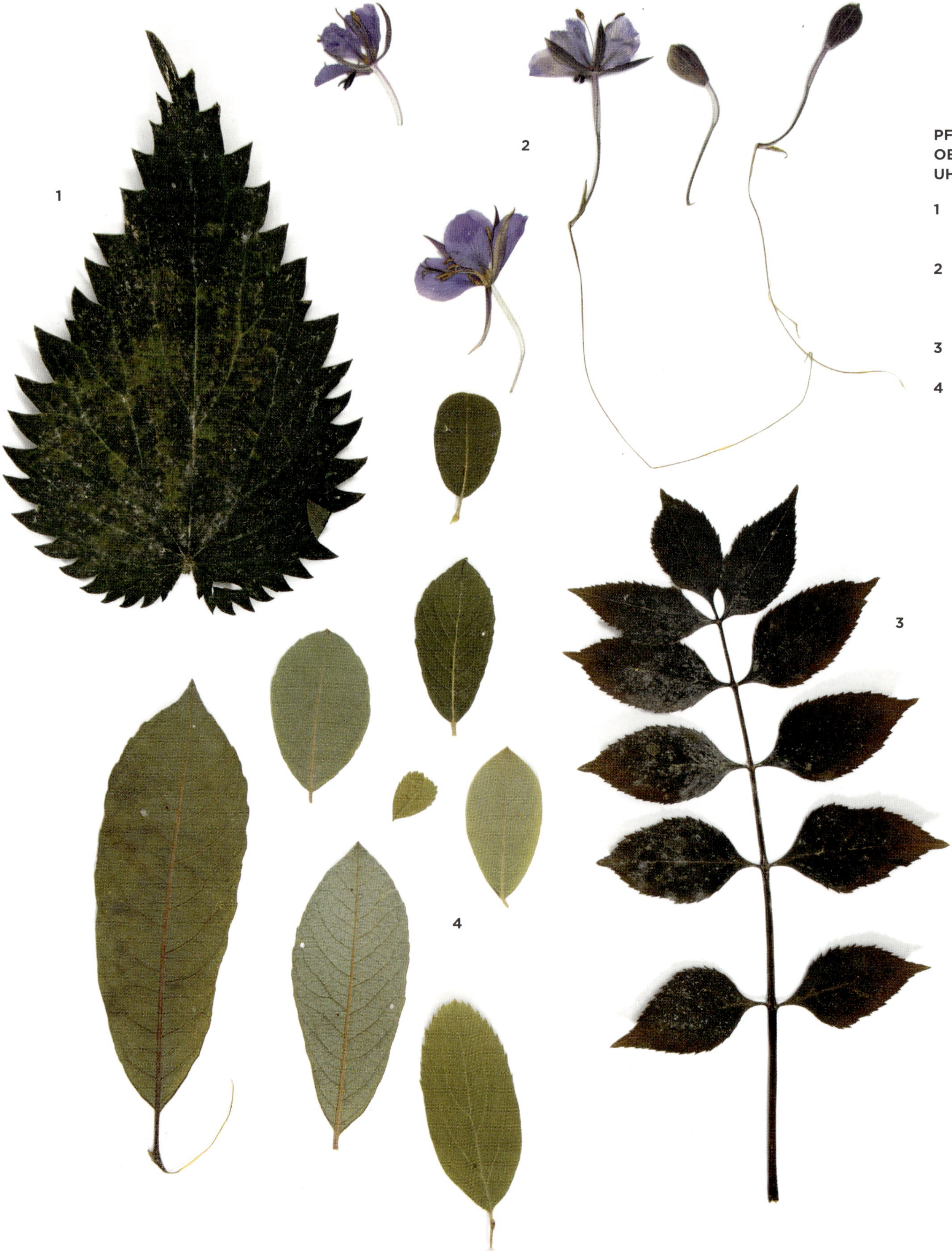

1

2

3

4

PFLANZEN VON OBEN LINKS IM UHRZEIGERSINN:

1 Große Brennnessel *(Urtica dioica)*

2 Schmalblättriges Weidenröschen *(Epilobium angustifolium)*

3 Esche (*Fraxinus* spp.)

4 Weide (*Salix* spp.)

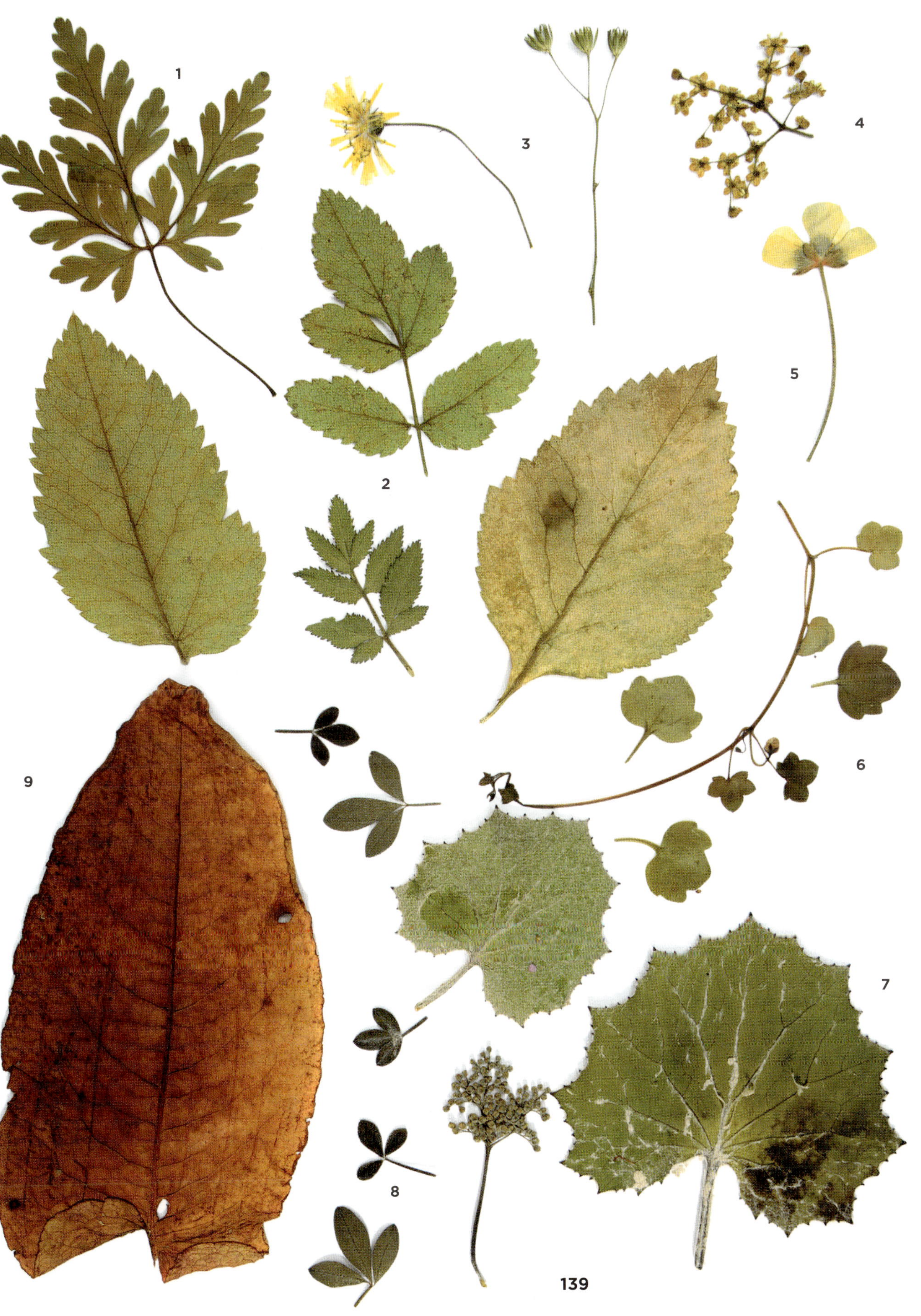

PFLANZENVERZEICHNIS

PFLANZEN VON OBEN LINKS IM UHRZEIGERSINN:

1. Ruprechtskraut *(Geranium robertianum)*
2. Wald-Engelwurz *(Angelica sylvestris)*
3. Gemeiner Rainkohl *(Lapsana communis)*
4. Blüten des Schwarzen Holunders *(Sambucus nigra)*
5. Scharfer Hahnenfuß *(Ranunculus acris)*
6. Zimbelkraut *(Cymbalaria muralis)*
7. Huflattich *(Tussilago farfara)*
8. Besenginster *(Cytisus scoparius)*
9. Stumpfblättriger Ampfer *(Rumex obtusifolius)*

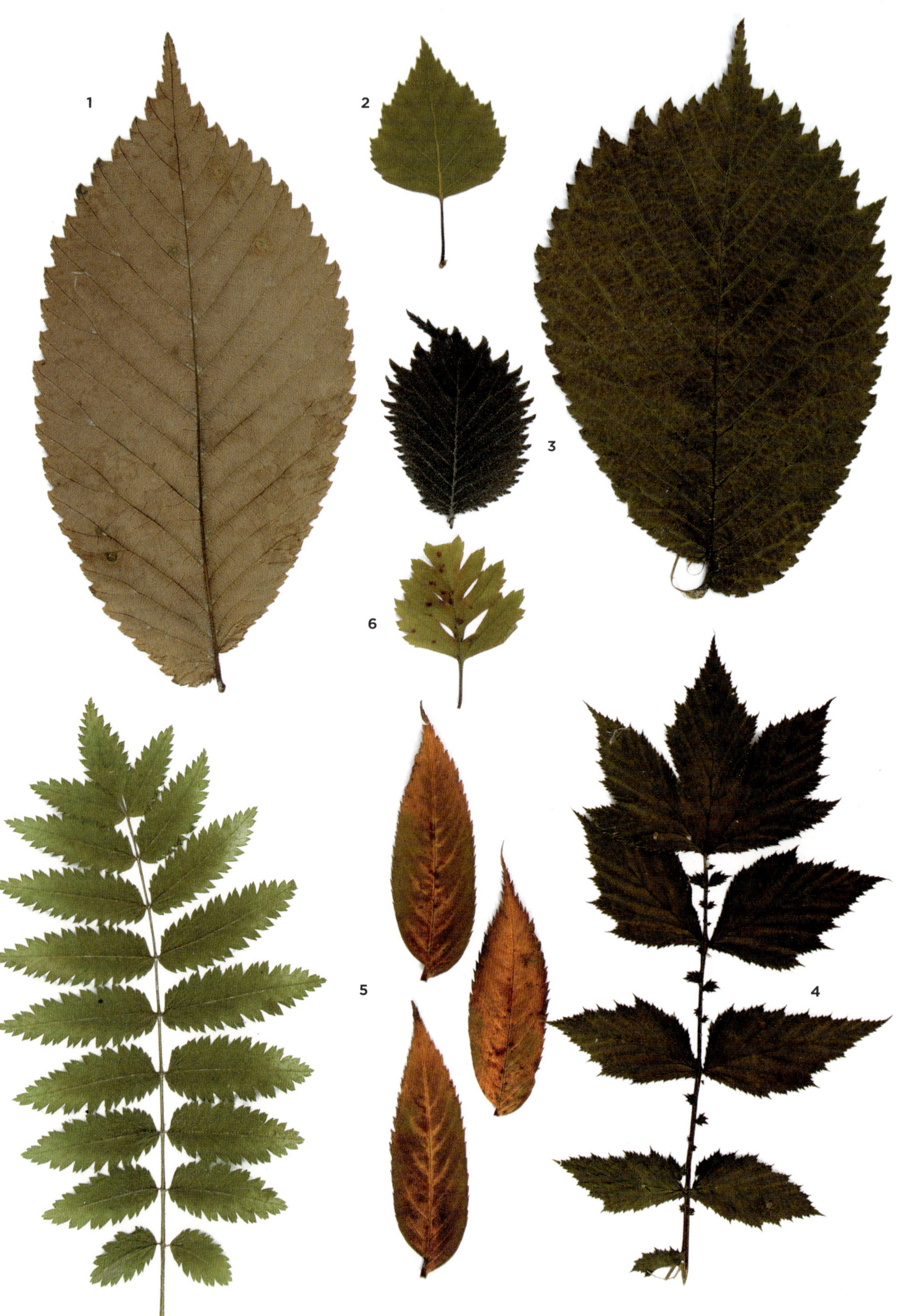

PFLANZEN VON OBEN LINKS IM UHRZEIGERSINN:

1 Ulme (*Ulmus* spp.)

2 Birke (*Betula* spp.)

3 Berg-Ulme *(Ulmus glabra)*

4 Echtes Mädesüß *(Filipendula ulmaria)*

5 Eberesche *(Sorbus aucuparia)*, als Zweig gepresst und einzelne Blätter

6 Eingriffeliger Weißdorn *(Crataegus monogyna)*

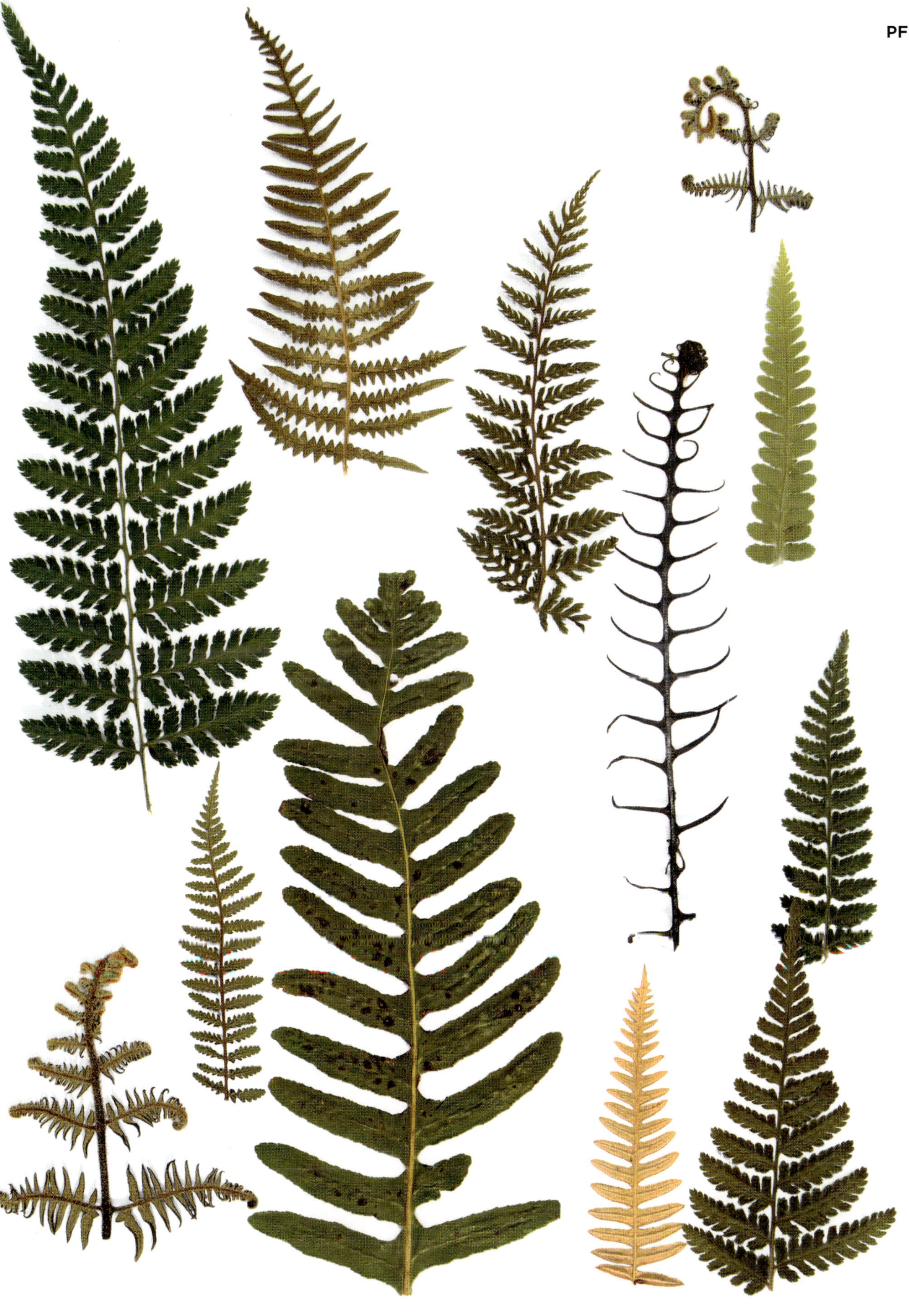

LINKS Verschiedene Farne

Register

Kursiv gedruckte Zahlen beziehen sich auf Seiten mit Abbildungen.

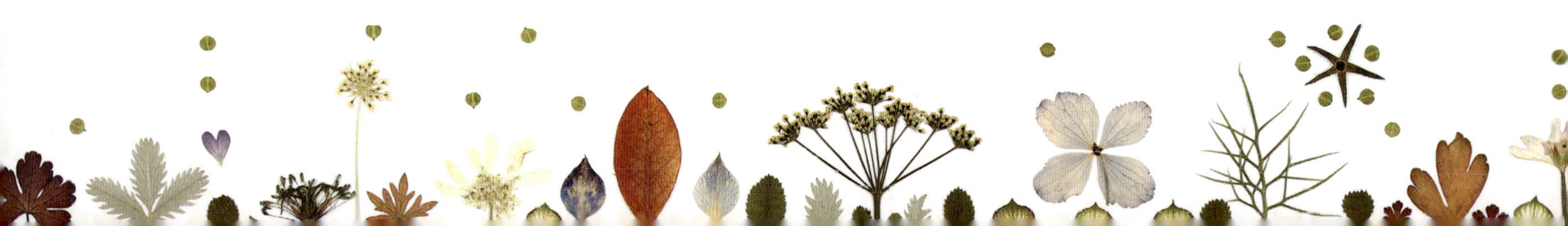

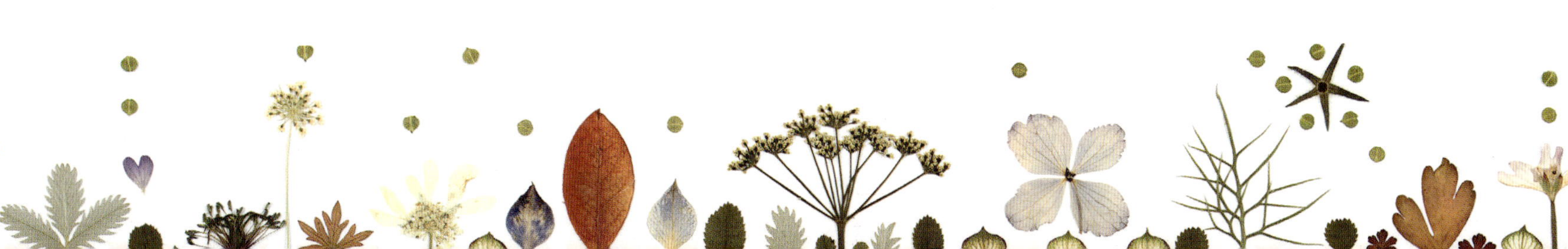

Literaturverzeichnis

Atkins, Hannah; Fokinther, Amy: *Botanical Treasures. Objects from the Herbarium and Library of the Royal Botanic Garden Edinburgh*. Royal Botanic Garden, Edinburgh 2014

Coombes, Allen J.: *Blätter und ihre Bäume. 600 Porträts*. Haupt Verlag, Bern 2012

Fairman, Elisabeth R. (Ed.): *Of Green Leaf, Bird and Flower. Artist's Books and the Natural World*. Yale University Press, London 2014

Gifford, Jane: *Die Magie der Bäume. Legenden und Mythen der Kelten*. Franckh-Kosmos, Stuttgart 2007

Jefferies, Richard: *Field and Hedgerow*. Longmans, Green & Co, London 1889

Keble-Martin, W.: *The Concise British Flora in Colour*. Ebury Press, London 1972

Mabey, Richard: *Flora Britannica*. Chatto and Windus, London 1996

Niesler, Ingeborg M./Niebel-Lohmann, Angela K.: *Bildatlas der Blütenpflanzen. 200 botanische Familien im Porträt*. Haupt Verlag, Bern 2017

Syme, Patrick: *Werners Nomenklatur der Farben. Angepasst an Zoologie, Botanik, Chemie, Mineralogie, Anatomie und die Kunst*. Haupt Verlag, Bern 2018

Ranke-Graves, Robert von: *Die weiße Göttin. Sprache des Mythos*. Rowohlt, Reinbek 1992

Tanner, Heather und Robin: *Woodland Plants*. Bocardo Press 1981

Dank

Mein Dank geht an meine Familie, meine Künstler- und Gärtnerkollegen sowie an Euan Adamson für Fotografien, Inspiration und Unterstützung; an Rebecca Giblin, die den Text erfasst und lektoriert hat; an das *Gracefield Arts Centre* in Dumfries sowie an die Organisatoren von Spring Fling für ihre Unterstützung und ihr Interesse an meiner Arbeit während all der Jahre – und natürlich auch an Schottland.

Bezugsquellen

Boesner
Fachhändler für Künstler-, Buchbinder- und Kunsthandwerksbedarf.

Deutschland: www.boesner.com
Schweiz: www.boesner.ch
Österreich: www.boesner.at

Gerstäcker
Fachhändler für Künstler- und Kunsthandwerksbedarf

Deutschland: www.gerstaecker.de
Schweiz: www.gerstaecker.ch
Österreich: www.gerstaecker.at

Den von der Autorin verwendeten Latex-Kleber *Copydex* finden Sie in Online-Shops im Internet.

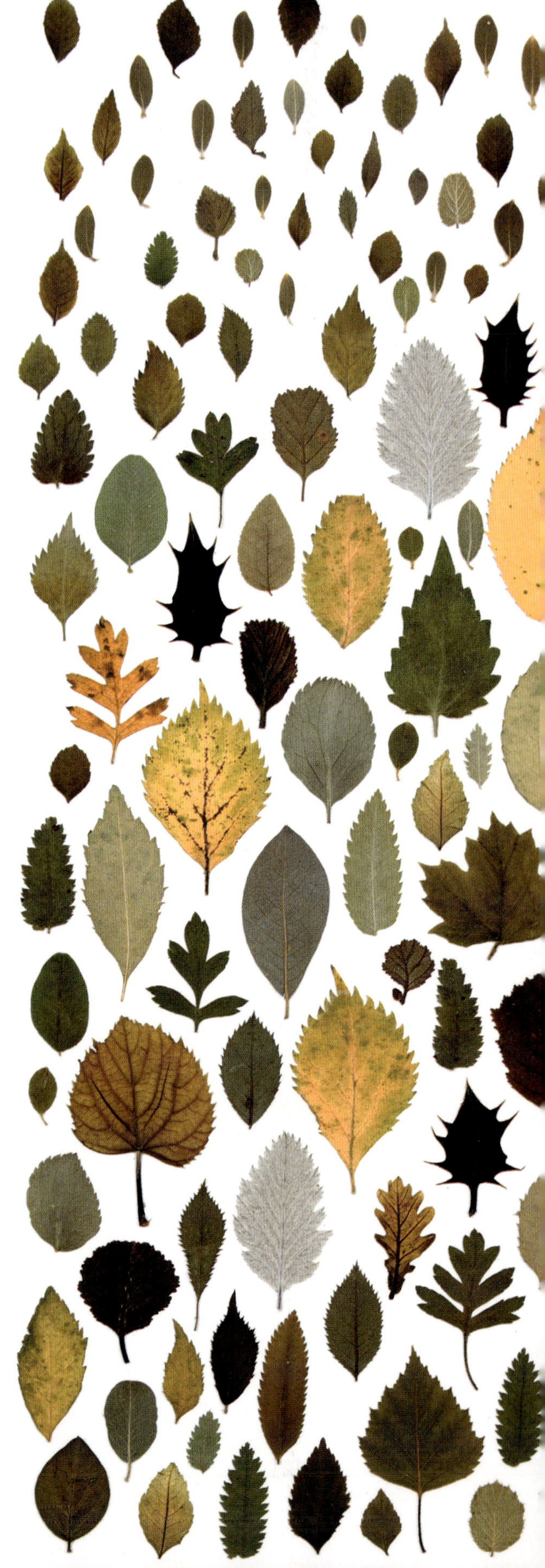